人大重阳
RDCY
RDCY Think Tank Series
人大重阳智库作品系列

◆ 2018年主题出版重点出版物
◆ 天津市重点出版扶持项目

CHINESE ECONOMY 别误读 中国经济

事实和数据给你答案!

[英] 罗思义（John Ross）◎ 著

扫一扫，与作者交流零距离

天津出版传媒集团
天津人民出版社

图书在版编目(CIP)数据

别误读中国经济 /(英)罗思义(John Ross)著
. -- 天津:天津人民出版社, 2018.12(2019.9 重印)
(人大重阳智库作品系列)
ISBN 978-7-201-14289-0

Ⅰ.①别… Ⅱ.①罗… Ⅲ.①中国经济–研究 Ⅳ.
①F12

中国版本图书馆 CIP 数据核字(2018)第 267391 号

别误读中国经济
BIEWUDU ZHONGGUO JINGJI

出　　版	天津人民出版社	
出 版 人	刘　庆	
地　　址	天津市和平区西康路 35 号康岳大厦	
邮政编码	300051	
邮购电话	(022)23332469	
网　　址	http://www.tjrmcbs.com	
电子信箱	reader@tjrmcbs.com	

策划编辑　王　康　刘敬文
责任编辑　郑　玥
特约编辑　王　倩
装帧设计　明轩文化·王　烨

印　　刷　河北鹏润印刷有限公司
经　　销　新华书店
开　　本　787 毫米×1092 毫米　1/16
印　　张　20.5
插　　页　4
字　　数　300 千字
版次印次　2018 年 12 月第 1 版　2019 年 9 月第 3 次印刷
定　　价　88.00 元

目　录

序 言

中国经济思想
已超越西方

美国新保守派与经济民族主义者
挑起中美经济对抗的行动对中美来说是双输

本书将为大家呈现从改革开放到中共十九大中国所取得的经济成就及内在逻辑。笔者是西方经济学者,曾在二十多年前准确地预测到中国当前的成功、西方经济体当前的经济增速放缓。鉴于中国表现出快速崛起势头,美国新保守派和敌视中国的其他势力正试图阻碍中国崛起。26年前的1992年,笔者发表的题为"中国的经济改革为何成功,而俄罗斯怎么会落败?"①的文章,准确预测到中国的经济改革将会取得成功,俄罗斯遵循绝大多数西方经济学家主张的"休克疗法"将会遭受失败。笔者现为中国新型智库之一的中国人民大学重阳金融研究院(以下简称"人大重阳")高级研究员,是人大重阳的首位全职外国雇员。

当绝大多数西方经济学家不断唱衰中国,不断预测"中国即将崩溃"却总遭受失败时,笔者能准确预测到中国经济将长期取得成功基于三点:首先是恪守实事求是的原则,对中国经济进行细致的实证研究,并在此基础上从历史和国际角度对中国与其他国家发展成就进行比较;其次,深入学习中国经济改革理论;最后,运用现代西方实证经济研究方法验证中国经济理论。这使得笔者可以同时分析中国改革开放以来所创造的经济奇迹及与此相关的理论。

从这些研究中得出的结论很简单。从经济增速、生活水平增速、经济快速增长时期所惠及的人口占世界比重与减贫成就等角度来看,改革开放以来中国取得了人类历史上最伟大的经济成就。这些成就不仅惠及

---

① [英]罗思义:《中国的经济改革为何成功,而俄罗斯怎么会落败?》,新浪博客,http://blog.sina.com.cn/s/blog_9893ebc80101lo3h.html。

中国,也惠及全人类。此外,本书将证明,中国经济取得成功是由于中国经济思想优于西方。也就是说,中国不仅经济表现优于西方,经济思想也优于西方。

改革开放 40 年,在中国取得人类历史上最伟大的经济成就的同时,西方经济自 2008 年国际金融危机以后便一直长期缓慢增长——国际货币基金组织(IMF)总裁克里斯蒂娜·拉加德(Christine Lagarde)将这种现象称为"新平庸"(New Mediocre)。换言之,两者的经济表现大相径庭。遗憾的是,美国新保守派和其他敌视中国的势力对此不但不反省,反而错上加错:不是设法加快自身经济发展速度,包括借鉴中国成功的经验,而是试图阻碍中国崛起。美国新保守派与经济民族主义者挑起中美经济对抗的行动,对中国与西方特别是美国来说是双输,而非双赢。

在此框架内,本书还将为大家呈现中国供给侧结构性改革的发展现状,对如何避免到 2020 年实现全面建成小康社会,以及按照世界银行界定的国际标准,10 年内成为高收入经济体前陷入中等收入陷阱予以分析。但这种分析均是基于中国和国际经济政策和理论的基本框架。相信这有助于大家了解当前中国经济发展中存在的主要问题,及什么是拉动中西方经济发展的最重要因素。本书的研究方法是:运用实事求是的方法对中国和全球经济发展趋势进行系统性的实证论述。这必然得出中国新常态与全球"新平庸"的分析结论。下文将对这种相关性所带来的重要地缘政治结果,特别是中美关系和中国"一带一路"倡议进行分析。

中国新常态与全球"新平庸"

因为本书的大部分内容聚焦当代中国经济发展问题,因此本序言将把这些问题与历史趋势相结合进行分析,这也有助于完成另一个任务。

对个人而言,适度的谦虚甚至哪怕是过度的谦虚均算是一种美德,但对经济学和地缘政治学这种重要的事情而言，谦虚就不能算是一种美德——对世界而言,没有什么比中国崛起及其对世界的影响更重要。对这种严肃的事件而言,不管乐观主义抑或悲观主义都非美德,唯有现实主义才是美德。脱离中国所取得的史无前例的经济发展成就的背景,恐怕无法正确理解中国改革开放成就、全球"新平庸"、供给侧结构性改革、以人民为中心的发展思想、从全面建成小康社会到跻身高收入经济体,以及中共十九大所确定的其他内容等问题之间的关系。对这些问题的准确评估也表明,中国的发展同世界的发展紧密相关。这在本书不同部分都有所呈现。

中国供给侧结构性改革和新常态源于中国经济发展长期向好与西方经济体当前缓慢增长之间存在强烈而直接的相关性。这一事实说明,经济分析要将当代经济问题和现实经济政策的长期趋势相结合。这种相关性源于中国和西方国家在 1978—1980 年间几乎同时确定新的发展道路所造成的截然不同的结果的事实。1978 年,中国在邓小平和陈云的带领下启动了改革开放;1980 年，西方在刚当选美国总统的里根的支持下着手起草"华盛顿共识"。这两种截然不同的政策框架一直延续到现在。中国供给侧结构性改革、新常态、过渡到高收入经济体,是 1978 年启动改革开放后经济发展的新阶段;2008 年国际金融危机与"新平庸",同样是"华盛顿共识"所引发的持续效应。

这也为了解中国供给侧结构性改革和七国集团(G7)为应对 2008 年以来的"新平庸",所采用的失败的需求侧政策的鲜明对比提供了一个框架。这种反差再次直接延续早前的趋势。实证研究证实,正如本书详细分析所示,中国特色社会主义经济政策的表现远优于"华盛顿共识",因此新自由主义者主张中国推行"华盛顿共识"。因为中国成功的经济政策是中国共产党的智慧结晶,这意味着不仅中国经济实际表现优于"华盛顿共识",而且自邓小平和陈云起发展而成的经济理论政策也优于"华盛顿共识"——事实上,这两者密不可分,因为中国和其他任何国家都不能违背经济规律。

在经济学中,要严格执行实事求是的原则。如果中国和其他任何国家遵循符合客观经济现实的政策,那么它们必将取得成功。反之,它们将遭遇挫折。因此,本序言将简要分析中国当前经济政策所面临的问题和基本趋势。

中国社会主义经济政策完胜"华盛顿共识"

从积极的角度看,中国启动改革开放后所发生的事实印证了中国改革开放的正确性。1978—2017 年,中国国内生产总值(GDP)年均增长9.5%,世界平均水平为 2.9%,发展中国家为 4.2%,美国为 2.6%。中国经济增速快于世界上任何主要国家,中国也是人类历史上经济增速最快且持续时间最长的主要经济体。通过分析国际金融危机以来最近一段时期的基本特征,中国表现远优于所有主要竞争对手的模式并未发生根本性的改变。

除正面因素外,20 世纪 90 年代初以来,在苏联发生的负面事实也印证了世界上最伟大的经济政策试验之一——中国改革开放经济政策的正确性。这归功于中国采用与苏联截然不同的政策。

中国于 1978 年启动改革开放经济政策——一项称为"中国特色社会主义"的政策,确切地说应称为"社会主义市场经济"。到 20 世纪 90 年代初, 这一政策获得巨大成功。1978—1991 年, 中国 GDP 年均增长9.1%,世界平均水平为 3.0%,所有发展中经济体平均水平为 3.3%,美国这一数据则为 2.8%。与此相反的是,从 1992 年起,俄罗斯所采用的战略是以"华盛顿共识"为依据奉行私有化、新自由主义、抛弃社会主义的"休克疗法",而非中国成功的改革政策。中国与俄罗斯两种截然不同的模式在当时引发了国际大讨论。从中国启动经济改革起就一直研究中国经济改革的笔者曾直接参与这些国际讨论,并于 1992 年发表了一篇比较中国经济政策与"休克疗法"的文章《中国的经济改革为何成功,而俄罗斯怎么会落败?》。

很少有事实如此明显地印证中国理论的正确性和西方"华盛顿共识"的错误性。1991(苏联解体前的最后一年)—2017 年,中国 GDP 年均增长 9.4%,遵循"休克疗法"和"华盛顿共识"的俄罗斯这一数据则仅为0.8%。苏联其他加盟共和国的结果更糟——1991—2015 年,乌克兰 GDP年均下降 1.5%,2017 年乌克兰 GDP 仍比其 1991 年水平低 33%。

相比于中国成功的经济政策,俄罗斯所采用的世界银行和 IMF 等西方经济机构所主导和中国新自由主义经济学家所支持的"华盛顿共识",导致其遭受工业革命以来和平时期最为严重的经济崩溃——1991—1998年,俄罗斯 GDP 缩水 39%。中国所遵循的自邓小平和陈云起发展而成的经济政策,不仅使中国免于遭受新自由主义所造成的、类似于俄罗斯的经济灾难,也使中国实现了人类历史上主要国家中最快的经济增速。现在摆在中国面前的有两条路:或者继续选择帮助其取得史无前例经济发展成就的中国特色社会主义发展道路,那么中国将有机会到 2020 年全面建成小康社会,按照世界银行标准 10 年内成为高收入经济体;或者选择导致西方发达经济体增长放缓、陷入"新平庸"的"华盛顿共识"发展道路,那么中国经济当前面临的新常态,及正在进行的供给侧结构性改革将会遭遇失败。

正如本书将要分析的,供给侧结构性改革、新常态、过渡到高收入经济体等当前中国经济面临的诸多挑战是经济发展到一定阶段的直接产物。从政策实践和经济理论两个角度来看,这印证了本书和笔者以前所写的文章和作品的分析,即中国道路是成功的。

苏联解体对中国的启示

比纯粹的经济层面更重要的是,中国选择正确的经济政策所带来的实际效应不仅关乎中国人民,也关乎其他国家人民。认为"人类发展经济的现实目标仅仅是建造高楼大厦"的想法,是犯了一个根本性的错误。正如中共十九大所强调的,增进民生福祉是发展的根本目的,但一国经济发展水平与社会和个人渴望创造高品质的生活有很大的关联。这很容易举例说明。

众所周知,平均预期寿命是衡量人类总体福祉的最敏感指标,因为其涵盖了所有正面因素(高收入、良好的医疗保障、高等教育、环境保护等)和负面因素(贫困、糟糕的医疗保障、缺乏教育、污染等)的影响。全球数据显示,70%以上的预期寿命是由人均 GDP 决定的,因为人均 GDP 不仅直接影响到收入,也是人们了解一个国家医疗、教育和环境保护能力的有效工具。按照世界银行的划分标准,低收入国家的平均预期寿命为 62 岁,中低收入国家为 67 岁,中高收入国家为 75 岁,高收入国家为 81 岁。低收入国家和高收入国家的平均预期寿命相差 20 岁——这反映了人类的繁荣和生活质量得到很大改善。按照划分标准,中国属于中高收入国家,但中国的平均预期寿命(76 岁)已超过该组水平。如果中国跻身于高收入经济体,那么中国的平均预期寿命有望进一步提高 5 岁。总之,一国经济发展水平是事关重大的生死问题,反映人类和社会状况。这是为何首先全面建成小康社会,然后成为高收入经济体,是一个对中国人民生活的方方面面带来深远影响,而非抽象的经济问题的原因。这是为何"以人民为中心"成为中共十九大报告的核心概念的原因。

这同样适用于生活水平的物质基础——消费。国际上超过 80% 的消费增长是由 GDP 增长决定的。因此,如果中国经济发展无法取得成功,那么中国就不可能达到高收入经济体的生活水平。高收入国家的环境保护、抑制污染和许多其他措施的标准均远远高于低收入或中等收入国家——保护和改善环境需要付出一定的财力和物力,高收入国家更为关注和有能力承担这项成本。总的来说,经济增长当然并非政策的最终目标,而是尽可能快地促进人类生活水平可持续增长。如果生活水平可持续增长与经济增长发生冲突,那么必须优先考虑前者。但经济可持续增长与生活水平条件密不可分。正如中国国家主席习近平强调:"带领人民创造幸福生活,是我们党始终不渝的奋斗目标。"①正是因为这一点,中国 2020 年全面建成小康社会和 10 年内按照国际标准成为高收入经济体的目标仍然是中国政策的基本目标。

从广义的角度来讲,经济发展也和中国的民族复兴密不可分。1949年后中国最具决定性的转变之一,是壮大了中国人民解放军。中国人民解放军军力已如此强大,没有哪个国家敢对中国动武——这是一个十分重要的变化,要知道一百多年前中国还经常遭到其他国家攻击。1949 年之后,即一个多世纪后,中国才首次可以决定自己的命运,这是一个历史性的大进步!

要看清中国奉行正确的经济政策、拒绝"华盛顿共识"是多么的重要,就有必要再次对中华民族复兴道路上取得的巨大进步和俄罗斯遭受的国家灾难作比较。自苏联解体后,俄罗斯经济缩水近 40%;1998 年其男性预期寿命下降 6 岁,仅 58 岁;2016 年俄罗斯人口数量仍比其 1991 年

---

① 习近平:《不忘初心,继续前进》(2016 年 7 月 1 日),《习近平谈治国理政》(第二卷),外文出版社,2017 年,第 40 页。

水平减少近 400 万。

分裂主义势力摧毁了苏联，使得俄罗斯从主导一个人口 2.9 亿的国家变为人口 1.44 亿的国家。亚美尼亚与阿塞拜疆之间、车臣、格鲁吉亚、乌克兰相继发生重大战争，造成恐怖主义猖獗，并一直持续到现在。总之，俄罗斯所遭受的不仅是经济灾难，更是社会灾难。因此，13 亿中国人的命运，以及中国是否能实现民族复兴，取决于中国是否能作出正确的经济决策，即继续坚持社会主义市场经济，拒绝"华盛顿共识"。这说明，无论从实践还是从理论角度来看，中国经济理论都具有优越性。

中国特色与普遍规律

1978 年后，中国经济的快速增长与奉行"华盛顿共识"的国家普遍遭受失败形成了鲜明的对比。这让笔者不得不提出一个问题：中国的特殊国情与普遍经济规律之间到底有什么关系？笔者提出这个问题是因为中国自身乃至那些深受中国影响的国家的表现均优于奉行"华盛顿共识"的国家。本书第一部分的主题"中国经济增长的逻辑"应运而生。笔者也曾在拙文《中国经济增长是特殊国情还是普适规律？》中提及这个问题。相信这有助于大家了解新常态与"新平庸"——中国的特殊经济国情与全球趋势之间的关系。

"中国经济增长的逻辑"对上述问题进行了详细分析，分析的首个要点是：随着时间和空间的变化，万物皆有其特殊性。中国思想家与欧洲思想家均曾对这一事实作出阐释。中国国家主席习近平也曾引用过中国古代思想家孟子的话："物之不齐，物之情也。"[①]两千多年前，古希腊哲学家

[①] 习近平：《文明因交流而多彩，文明因互鉴而丰富》(2014 年 3 月 27 日)，《习近平谈治国理政》，外文出版社，2014 年，第 259 页。

赫拉克利特(Heraclitus)有一句名言：人不可能两次踏进同一条河流。这句话是指：一切皆流，无物常驻。他的这句话和孟子的话有异曲同工之妙。欧洲哲学家斯宾诺莎(Spinoza)和莱布尼茨(Leibniz)均证明了这一原理。"随着时间和空间的变化，万物皆有其特殊性"的事实说明，中国新常态与世界经济发展趋势的关系，即中国特色和普遍经济发展规律的关系都具有独有的特征。

中国特色

中国不仅将其整体制度描述为"中国特色社会主义制度"，而且精确地将"中国特色"细化到其他层面，比如"中国特色法律体系""中国特色工业化""中国特色城市化"以及"中国梦"。[①]中国改革开放的总设计师邓小平不仅强烈坚持中国特色——一切必须从中国的国情出发，而且也指出："我们努力按照客观经济规律办事。"[②]经济规律本质上具有普适性。了解"中国的独特性与其所受制的普遍经济规律之间并不存在矛盾"，这一点至关重要，认为"每个国家都具有其特殊性，经济规律具有普适性的说法相互矛盾"的观点是错误的。

每个经济体的基本结构要素(消费、投资、储蓄、初级产业、制造业、服务业、贸易、货币等)都具有普遍性。但由于时间和空间的不同，这些要素如何组合并相互影响，对于不同的经济体来说都是完全不同的。中国

---

① "中国特色"的分类出自于温家宝在 2011 年 3 月 5 日在第十一届全国人民代表大会第四次会议上所作的《政府工作报告》，英文链接见《华尔街日报》的英文博客版《中国实时报》(China Real Time)：http://blogs.wsj.com/chinarealtime/2011/03/05/china-npc-2011-reports-full-text/，中文版链接见新华社报道：http://www.gov.cn/2011lh/content_1825233.htm。"中国梦"这个词则出自于习近平讲话。

② 邓小平：《坚持四项基本原则》(1979 年 3 月 30 日)，《邓小平文选》(第二卷)，人民出版社，1994 年，第 165 页。

和美国经济都是由投资、消费和其他许多社会要素构成的。但这些要素组合起来的方式在中国、美国、德国和其他任何国家是完全不同的。

有必要记住这一点：没有国家可以照搬另一个国家的经验和做法。如果一国照搬另一国的政策，那么必会因本国国情客观存在铸成大错——两国彼此国情不同，都有自身的特殊性。但同样，正如中国一样，一国可以向别国学习，学习如何顺应国情和客观经济规律，以及分析如何利用这些规律为本国服务。因此中国一边坚持"中国特色"政策，另一边按照普遍经济规律办事，两者并不矛盾。

中国主张其不能照搬其他国家、其他国家也不能照搬中国的说法是正确的，但中国经验对其他地方的经济政策具有重要借鉴意义。[①]因此邓小平和中国经济改革的其他设计师严谨而正确地指出，中国经济政策必须要同时兼顾自身特色和普遍经济规律。本书后面的分析将证明这一事实。

中国成功带来的国际影响：效仿中国模式的国家均成绩斐然

全球经济发展事实证明，那些借鉴中国、明确拒绝了"华盛顿共识"的国家获得了最快的经济发展增速。根据世界银行截至 2016 年的数据，自 1978 年以来，中国的人均 GDP 增速位列世界第一（见表 1）。按"华盛顿共识"问世以来的时间算，人均 GDP 增速位列世界第一的仍然是中国，位列第二、第三、第四的则分别是深受中国政策影响的柬埔寨、越南、老挝。[②]

有必要指出的是，根据世界银行数据，人均 GDP 增速位列第二的是

---

① 这一观点显然是西方思维，但严谨的思想家不会认为，每个国家推行"自由民主"或"自由市场经济"就必须照搬美国宪法或者其精确的经济结构。同样，邓小平 1978 年 9 月 16 日在吉林批判"两个凡是"的讲话并不矛盾："毛泽东思想的基本点就是实事求是，就是把马列主义的普遍原理同中国革命的具体实践相结合。"

② 参见［英］罗思义：《世行数据中隐藏着一个秘密》，观察者网，2016 年 8 月 18 日，http://www.guancha.cn/LuoSiYi/2016_08_18_371637.shtml。

缅甸,深受中国政策影响的柬埔寨、越南、老挝则位居第三、第四、第五。鉴于世界银行最新数据刚出炉,所以本书中人均GDP增速排名仍以以前数据为准。

中国的成功和越南、老挝、柬埔寨三国经济强劲发展,导致中国的经济战略影响进一步扩散到一个举足轻重的国家——印度。印度现任总理莫迪在其先前担任印度古吉拉特邦首席部长时就经常访问中国。莫迪政府任命研究中国经济的专家、彼得森国际经济研究所前研究员、《黯然失色:生活在中国经济统治的阴影下》(*Eclipse:Living in the Shadow of Chi-na's Economic Dominance*) 一书的作者阿文德·萨勃拉曼尼亚(Arvind Subramanian)为首席经济顾问。在莫迪的领导下,印度新经济政策呈现三

表1　1978年以来实际人均GDP增长率

国　　名	1978—2015 年	1989—2015 年	1993—2015 年
	人均 GDP 年均增长率		
中国	8.6%	8.8%	8.8%
柬埔寨	n.a.	n.a.	5.5%
越南	n.a.	5.4%	5.4%
老挝	n.a.	4.8%	5.2%
所有国家平均水平[1]	1.6%	1.8%	2.3%
所有国家中位数[1]	1.5%	1.6%	2.0%
	排名		
中国	1	1	1
柬埔寨	n.a.	n.a.	2
越南	n.a.	2	3
老挝	n.a.	3	4
所有国家三个阶段总数据[1]	70	85	94

注:1. 人口500万以上、非石油占主导地位的国家1993—2015年数据。
资料来源:根据世界银行发布的《世界发展指标》数据计算。

方面较为明显的特点：一是强调加大政府对基础设施投资；二是强调发展制造业；三是吸引投资，让卢比汇率更具竞争力。可以明显看出，这些政策在效仿中国模式。正如拙文《在全球新常态下政府投资是中印两国经济快速增长的关键》分析所示，印度经济增长成绩斐然，使其与中国一道成为世界上增长最快的主要经济体。就世界经济增长而言，深受中国影响的国家已起着决定性的作用——按照当前美元汇率计算，2007—2016 年，单单中国和印度的 GDP 增量加起来就高达 8.7 万亿美元，美国的这一数据为 4.1 万亿美元。中国经济政策的影响已开始扩散到欧洲，比如欧洲经济增长最快的经济体——波兰就已采用林毅夫的新结构经济学作为发展战略理论。

就消除贫困而言，中国经济发展模式和资本主义发展模式同样形成鲜明对比。按照世界银行界定的国际贫困线标准，1981 年至今，中国带领 8.53 亿人摆脱贫困，另一个社会主义国家越南则带领 3000 多万人摆脱贫困，世界其他地区仅带领 1.2 亿人摆脱贫困。简言之，中国对世界减贫的贡献率为 75%，中越两个社会主义国家的减贫贡献率合起来为 78%，资本主义国家对世界减贫的贡献率仅为 22%。

受中国成功经验影响的经济体取得世界最快经济发展增速，直接归功于它们正确地意识到何谓拉动经济发展的最重要因素，其在制定政策时也立足于此。正如拙文《西方经济学界的"哥白尼革命"对中国大有裨益》分析所示，关于这个问题有一个有趣的现象，西方现代计量经济学正越来越接近习近平所强调的马克思主义中国化经济学（详见本书中《改革开放到中共十九大以来中国所取得的辉煌成就是马克思主义中国化的胜利》的分析）。也就是说，中国经济发展的成功经验已扩散至国际，并开始对世界经济发展产生重要影响。

新常态对中国过渡到高收入经济体的挑战

现在谈谈新常态与"新平庸",至于详细分析请见本书第二部分。要了解新常态与"新平庸"之间的关系,就有必要从时间维度分析"特殊性"。中国不是德国、英国、美国。同样的,2018年的中国也不是1949年或者1978年的中国——每个时期的情况都有其特殊性。正如上文已经指出的,中国当前面临的问题是1978—1980年以来的两种趋势——中国的成功和西方的放缓相互作用的结果。笔者将首先分析中国层面的问题,然后再分析国际层面的问题。

中国所面临的新任务、新挑战和新问题起因于其1949年以来所取得的世界上最伟大的社会和经济成就这一事实。回顾历史,能让脉络更清晰明了。截至1949年的一个多世纪以来,由于多次外来入侵和内战,中国几乎是世界上最贫穷的国家之一。1950年,世界141个经济体中只有10个国家的人均GDP低于中国,它们是非洲的8个国家(博茨瓦纳、布隆迪、埃塞俄比亚、几内亚、几内亚比绍、莱索托、马拉维和坦桑尼亚)和亚洲的2个国家(缅甸、蒙古国)。[①]这里有一个有趣的比较:世界著名经济学家安格斯·麦迪森(Angus Maddison)从世界上最大的发展中经济体的比较中发现,1950年印度人均GDP高于中国近40%。按照购买力平价(PPP)计算,1950年中国的GDP不到美国的1/5,人均GDP则不到美国的5%。但到2017年,中国已成功过渡到中高收入经济体,并正迈向高收入经济体——世界上过半国家的人均GDP都已低于中国。1978—

---

① 前面的数据根据[英]安格斯·麦迪森所著的《世界经济千年史》(*Historical Statistics of the World Economy 1–2008 AD*)数据计算。世界大型企业联合会发布的 *The Total Economy Database 2015* 对此数据做了修正。结果显示,20世纪50年代埃塞俄比亚和坦桑尼亚的人均GDP略高于中国——但显然,结果并无明显区别。

2018 年,中国是世界上经济增长最快的国家。如果分别按照当前汇率和购买力平价计算,中国现已分别为第二大和最大经济体。此外,这个人口占世界人口 1/5 的国家所经历的经济快速增长持续时间超过任何国家。整个人类历史上还从未见证过这样规模的经济奇迹。

但中国经济政策取得成功是其面临新挑战的原因。按照世界银行数据,按照当前汇率计算,1978—2016 年,中国人均 GDP 从 156 美元升至8123 美元,或者根据世界银行按照 2010 年不变美元计算,从 307 美元升至 6894 美元——增长 21 倍以上。中国国内目标是到 2020 年全面建成小康社会。此外,按照世界银行界定的高收入经济体标准(人均国民总收入 12235 美元),据保守估计,中国应可在 2022—2023 年,即 10 年内成为高收入经济体。中国人口约占世界的 19%,而不到 19% 的世界人口将生活在高收入经济体中。也就是说,中国跻身高收入经济体将使世界高收入人口的数量翻一番,相当一大部分的世界人口因此受益——这对中国乃至世界来说都是一项无与伦比的成就。

这个转变明显意味着,中国经济在诸多方面发生了根本性的变化,最明显的是技术领域。但这也意味着城镇化程度大幅度提高,医疗、教育和社会保障体系大幅度扩张,以及出现民众用于购买生活必需品的支出占其收入比重呈下降趋势的新消费需求模式。

西方"新平庸"

中国迈向高收入经济体之路是处在一种全新的、更不利的国际环境背景下——西方发达经济体正陷入"新平庸"。事实上,正如本书中的《中国供给侧结构性改革应吸取"里根经济学"的教训》分析所示,西方经济体经济增速已放缓 50 年。自 2008 年国际金融危机以来,西方经济体经济增长急剧恶化,并一直持续到现在。值得注意的是,自最后一个经济周期高峰——2007 年第四季度以来的 10 年时间里,美国 GDP 年均仅增长0.7%,不到 1%。这是中国新常态面临的国际背景。

　　与当前西方"新平庸"时期相比,1978—2008 年西方经济体经济增速相对快得多。同期中国经济增速远远快于西方,国际经济环境也对中国有利,比如这帮助中国出口快速扩张。但自 2008 年国际金融危机以来,国际形势发生了根本性的变化。这是习近平不得不面临的最新客观形势。正如本书中的《西方经济"新平庸"与中国经济新常态》分析所示,西方的"新平庸"将会持续很长一段时间。在西方经济陷入缓慢增长的不利条件下,中国要过渡到高收入经济体,就必须克服中等收入陷阱。因此,中国面临双重挑战——过渡到高收入经济体的过程中适逢西方经济体经济增速放缓。

　　正如本书中的《中国要突破"中等收入陷阱"就不能照搬西方模式》详细分析所示,只有遵循完全不同于西方经济体的发展模式,中国才有可能避免中等收入陷阱。但在西方经济体经济增长异常缓慢的背景下,中国要突破中等收入陷阱面临着不小的难度。现在摆在中国面前的决定性问题是,如何在西方经济缓慢增长的情况下过渡到高收入经济体?

西方应对"新平庸"的需求侧政策遭受失败
凸显中国社会主义经济制度的优越性

　　这催生了本书第三部分的主题"供给侧结构性改革"。笔者在本部分中对中国的供给侧结构性改革和 G7 尝试解决"新平庸"的需求侧政策进行了详细比较。2007 年后西方遭遇严重经济衰退和缓慢增长的事实证明,中国经济结构和思想相较西方具有优越性。至于中国不会遭遇硬着陆的原因,请见本书中的《为何西方会遭遇硬着陆而中国不会》详细分析。中国自然不能完全避免国际金融危机和"新平庸"的负面影响,但即使在新常态下,中国的经济增速也远远高于正陷入"新平庸"的西方经济体。

中国表现优越,归功于中国的社会主义经济结构比西方的资本主义经济结构具有优越性。因此,与西方的需求侧应对(也称之为"半个凯恩斯主义政策")相比,中国有能力推动供给侧结构性改革。正如本书中的《中国供给侧结构性改革应吸取"里根经济学"的教训》分析所示,这也意味着中国的供给侧结构性改革从根本上不同于西方的供给政策。系统地比较中西应对国际金融危机的表现清楚地说明,中国社会主义经济制度具有优越性。

"半个凯恩斯主义"为何遭遇失败?

西方所有主要经济体所采用的试图应对国际金融危机影响的基本政策工具是货币量化宽松(QE)。央行一直购买大规模资产(尤其是债券)的目的是试图降低利率。

量化宽松是典型的凯恩斯主义政策,这源自于他的观察——在现代经济中,投资资金基本上来源于借贷。因此,投资意愿取决于利润与利率之间的关系。降低利率的目的是削减借贷成本,提高利润,从而增加投资吸引力,刺激投资需求。关注投资需求的"半个凯恩斯主义"分析及政策确实是源自这一观点。

但遗憾的是,当代西方经济政策缺乏连贯性在于仅体现了"半个凯恩斯主义"。凯恩斯认为,单靠降低利率增加投资需求的措施是不够的,政府应发挥直接的作用,确保投资供给充足。他明确指出:"我现在对仅仅用货币政策直接影响利率会取得成功有点怀疑……我希望看到政府承担更大的责任来直接组织投资。"因此,凯恩斯认为,调控投资水平的重任应由政府而非私营企业承担。他还指出:"决定现时投资量的责任不能交与私人之手,而应由社会控制投资率。"他因此得出结论:"单靠银行利率政策带来的影响不足以决定最合理的投资率。因此,我设想,某种程度的投资全面社会化将是确保充分就业的唯一手段。"凯恩斯明确指出,"某种程度的投资全面社会化"并不意味着消灭私营企业,而是政府投资和私人投资协同合作——这与习近平"'看得见的手'和'看不见的手'都要用好"的论断如出一辙。正如他强调指出:"这并不排除政府当局和私人主动性合作的一切折中和馈赠的形式……但除调节消费与刺激投资必须由中央控制之外,更多的社会化经济生活则没有必要……当然,确保充分就业所需的中央控制会扩大政府的传统职能。"

本书不愿对凯恩斯进行全面分析的主要原因是,他是一个贸易保护主义者,主张经济联系减少到最低限度。但如上文所述,视凯恩斯为一个纯粹的需求学派经济学家是错误的。确切来说,西方自国际金融危机以来所采用的"凯恩斯主义"应称之为"半个凯恩斯主义"。美国和其他西方经济体积极运用凯恩斯的需求侧管理措施——利用量化宽松降低利率,它们却拒绝凯恩斯的供给侧管理措施——某种程度的投资全面社会化。因为这需要"社会控制投资率"。

但很明显,国际金融危机以来所发生的事件证明了凯恩斯所说的"我现在对仅仅用货币政策直接影响利率会取得成功有点怀疑"是正确的。数个世纪以来,西方国家数次推出大规模量化宽松计划,虽然达到了利率降到最低点的目的,但并未能重振其投资和增长,仍然陷入"新平庸"。尽管如此,西方国家却拒绝凯恩斯的供给侧政策——决定现时投资量的重任不能交与私人手中。直接的原因是西方国家是资本主义制度,私人投资必须占据主导地位。

奉行社会主义经济制度的中国则可以毫无顾忌地使用"看得见的手"和"看不见的手",同时发挥好政府和私营企业的作用。正如拙文《改革开放到中共十九大以来中国所取得的辉煌成就是马克思主义中国化的胜利》和《国企给中国巨大优势,改革后呢?》分析所示,中国拥有国有企业,使中国相对于西方拥有决定性的优势。但一旦政府开始承担投资的角色,就不能胡乱投资。其必须决定投资的优先方向,而这需要其具有产业战略眼光。鉴于中国当前的发展水平,中国的优先发展方向必须特别包括如下方面:

● 大力发展基础设施建设,为更有效率的市场运作和劳动分工奠定基础。比如,中国的人均铁路里程仅约相当于美国的 7%,人均公路里程相当于美国的 16%,人均电力消费不到美国的 1/3。这使得中国的物流和市场基础设施功能不如美国有效。

● 通过关闭低生产率/低利润率行业的过剩产能提高生产率和利润率。

● 正如本书中的《中国"互联网+"要吸取美国教训》分析所示,投资应重点关注技术升级,而非扩大现有技术水平产品的生产。

正如习近平所强调的,这就需要结合运用好"看得见的手"和"看不见的手"。

国际金融危机以来所发生的事实证明,中国应对危机的措施优于西方。但这不应仅仅归功于实用主义,更应归功于中国特色经济理论,以及中国的社会主义经济结构相较西方资本主义国家具有优越性。

"一带一路"倡议:
中国在全球化倡议方面的思想领导力已超过美国

中国的"一带一路"(OBOR)倡议,是一种顺应中国供给侧结构性改革的国际政策,也是本书第四部分的主题。"一带一路"倡议说明,中国在全球化倡议方面的思想领导力已超过美国。美国在推动《关贸总协定》(GATT)和世界贸易组织(WTO)建立时提出的倡议主要基于关税、法律变化、监管等。它们并没有解决创造贸易物质基础的实际问题。中国的"一带一路"倡议和亚投行(AIIB)倡议为贸易实际发展,特别是基础设施投资奠定了基础。正是因为这一原因,甚至在特朗普当选美国总统前,"一带一路"倡议和亚投行就吸引了国际社会,甚至包括英国和德国等美国传统盟友的极大关注。

中国与全球治理:中国应提高在全球经济治理中的话语权

中国经济发展取得巨大成就,改变了世界经济形势,那么中国在全球经济治理中的地位是否也与其经济实力相匹配? 这是本书第五部分的主题"中国与全球治理"将要分析的问题。自 2008 年以来,世界经济形势变化尤为明显:发展中国家的整体地位特别是中国的地位发生了重大变化。然而这些变化却没能在全球经济治理体系中得到充分反映。

总结过去 40 年的趋势可以明显看出, 中国在发展中国家乃至全球的地位大幅度提高:

- 按照市场汇率计算, 中国 GDP 占世界的份额从 1978 年的 2% 升至 2016 年的 15%;按照购买力平价计算则升至 18%。

- 按照市场汇率计算,2016 年中国 GDP 占发展中国家的份额为 41%;按照购买力平价计算则为 33%。

由于中国取得的发展成就, 以及其他发展中国家经济快速增长,发展中国家在世界经济中的整体权重大幅度提高:

- 按照市场汇率计算,发展中国家 GDP 占世界的份额从 1978 年的

20%升至 2016 年的 36%；

● 按照购买力平价计算，2016 年发展中国家占世界 GDP 的份额升至 54%。

既然本书所提供的事实证明中国经济发展战略远优于"华盛顿共识"，那么我们不得不提出一个严肃的问题：为什么国际货币基金组织和世界银行要继续推销这种失败的经济模式？答案很大程度上在于当前一些全球经济治理体制存在结构性的问题，不再顺应世界经济潮流。

国际货币基金组织和世界银行最为重要的附属贷款机构国际复兴开发银行（IBRD）投票权份额和世界 GDP 份额之间的差距悬殊。主要特点如下：

● 美国在 IMF 的投票权份额为 16.6%。在 IMF，重大决策需要 85% 的投票支持才能通过，这意味着美国在 IMF 中是唯一拥有否决权的成员国。在世界银行的结构中，美国也同样是唯一一个拥有否决权的国家。

● 除美国外的其他 G7 成员国相对于它们占世界 GDP 的份额享受了过多的表决权。它们在 IMF 的投票权份额为 24.9%。但不管是按市场汇率，还是按照购买力平价计算，它们在 IMF 的投票权份额大大超过其占世界 GDP 的份额。

● 相比之下，金砖五国（巴西、俄罗斯、印度、中国、南非）在 IMF 的投票权份额远远低于其占世界 GDP 的份额。这主要是由于中国的投票权份额被低估——按照市场汇率计算中国占世界 GDP 的份额为 14.8%，按照购买力平价计算则为 17.2%，但中国在 IMF 的投票权份额仅为 6.1%。

重要的发展中国家，特别是中国，在 IMF 和世界银行的投票权份额被低估，凸显全球治理机构的代表性不足、合理性不足。这无疑导致诸如"华盛顿共识"这样失败的发展策略而非中国所奉行的被证明更为成功的政策继续存在。

正如本书中的《举办 G20，中国期待设置全球议程》分析所示，全球治理的这一现状在中国杭州举办的二十国集团（G20）峰会上受到特别关注。鉴于 IMF 和世界银行的转变需要漫长的时间，我们需要加强 G20 的作用，贴近全球经济治理格局并更好地反映世界经济格局新现实。

中美关系：中国越强大，中美关系越稳定

最后，除全球治理的新变化外，中国的崛起也面临地缘政治和中美关系等重要问题。这在本书的最后一部分"中美关系"中有详细分析。美国在 19 世纪 80 年代期间成为世界最大经济体。但这种情况明显即将结束。IMF 和世界银行根据购买力平价计算，中国已是世界最大经济体。中国不喜欢这种测算方式，而是偏爱市场汇率计算。但即使这样，中国也已是世界第二大经济体。按照中国当前的增长率估算，中国有望在 10 年内成为世界最大经济体。中国相对美国快速崛起，导致"中美爆发严重冲突不可避免"（即所谓"修昔底德陷阱"）的说法甚嚣尘上。

中国快速崛起的确导致世界经济形势发生重大变化。比如，第二次世界大战后 60 年来，美国一直是主要支持全球化的国家。在进一步推动世界贸易自由化的《关贸总协定》的前七轮谈判中，美国发挥了决定性作用。谈判最终于 1995 年尘埃落定，世界贸易组织亦在当年正式成立。从杜鲁门到奥巴马的每一位美国总统不仅在口头上支持自由贸易，而且在行动上也是如此。过去的 71 年，每位美国总统起码是做到了口头承诺支持自由贸易，特朗普却打破了这一惯例。特朗普的当选让中国成为支持全球化最重要的支柱。

虽然世界经济形势发生重大变化不可避免，但是中美之间不会爆发暴力冲突。这一原因在本书中的《中国要避免"修昔底德陷阱"唯有足够

强大》中有详细分析。但最重要的一点是,中美之间是否可避免暴力冲突取决于中国的实力,而非美国的一面之词。中国越强大,美国民众为对抗中国所付出的牺牲就越大,因此他们就越不愿意忍受这一点,认为"中国增强实力会激怒美国"的想法完全违背事实。中国实力减弱才会使美国敢于对中国动武,即中美走向"修昔底德陷阱"。正如习近平在美国的演讲中所言,世界上本无"修昔底德陷阱"。[①] 相反,如《改革开放到中共十九大以来中国所取得的辉煌成就是马克思主义中国化的胜利》的分析所示,他强调"构建人类命运共同体"。但中国的发展实力反过来取决于中国供给侧结构性改革经济政策的成败。

总之,中国能否实现繁荣和维护和平稳定的生活环境,与中国的发展能否取得成功息息相关。中国发展取得成功,不仅符合中国的利益,而且符合全世界的利益。

地缘政治总体形势也许可以概括为一个精确的公式。中国自 1949年以来所取得的史无前例的发展成就说明,中国实现民族复兴或难或易取决于国际环境。这就是中国寻求与其他国家实现合作共赢的原因。中国所取得的成就意味着,现在没有任何外部势力足够强大到阻止中国实现民族复兴,唯有中国自身推行错误的政策才能阻止中国成功实现民族复兴。这也是为何中国的对手试图忽悠中国放弃社会主义市场经济的发展道路,采用失败的"华盛顿共识"的原因。他们知道,没有哪个国家足够强大到扼杀中国。因此他们必须忽悠中国实施自杀!

---

① 参见习近平 2015 年 9 月 24 日访问美国西雅图时就中美关系发表的讲话,英闻天下网,2015 年 9 月 24 日,http://english.cri.cn/12394/2015/09/24/3746s897214.htm。

第一部分

中国经济增长的逻辑

01 中国经济增长是特殊国情还是普适规律？ *

自 1978 年以来，中国一直都是世界历史上经济发展最为迅速的大国，国内人民生活水平也在稳步提升。不仅如此，中国在全球金融危机中的表现也令人瞩目，远远胜过其他的主要经济体。从 2007 年第二季度到 2014 年第二季度，在这 7 年中，中国经济增长 78%，而美国仅有 8%。根据世界银行的界定标准，仅仅一代人，中国就从"低收入"经济体几乎完全转型至"中等偏上收入"经济体。

这种史无前例的经济增长常被称为独一无二的"中国特色"，但历时 30 年的西方经济研究也证实了中国经济增长其实根植于普世的经济发展进程。进一步说，当全球范围内的各种力量集聚在一起，共同创造出独一无二的中国经济增长和"中国特色"时，这些推动中国发展的力量其实是贯穿于世界经济发展运行之中的。

西方对经济增长成因的计量分析研究进展与研究中国有一定的关联。中国的经济学家声称，中国的经济腾飞是"不同寻常的"，不符合一般

---

* 本文写于 2014 年 9 月。

的经济理论。他们还认为,中国必须从依赖高投资高出口的增长发展模式转向依赖高生产率,或者说是依赖全要素生产率(TFP)的经济增长模式。然而这种经济学方法和概念事实上已经过时了 30 年,早已被联合国、美国和经合组织弃用了。

TFP 增长率是指全部生产要素(包括资本、劳动、土地,但通常分析时都略去土地不计)的投入量不变时,而生产量仍能增加的部分,通常是指纯技术进步带来的生产率的增长,因而常常被视为科技进步的指标。

现代经济学认为,世界经济的增长,包括中国,显著地受高投资和全球化的驱动,后者特指国际范围内的劳动力分工。本文主要的目标便是,概述西方最新的经济学模型及其在中国的应用。首先会简要地介绍中国经济成就的特征,因为这些成就开拓了经济学理论的基本含义;之后将分析西方经济研究是如何理解中国经济增长的。

这里要特别推荐一本书,新加坡经济学家姜明武(Vu Minh Khoung)所著的《经济增长动力:对亚洲经济政策的比较分析》(*The Dynamics of Economic Growth:Policy Insights from Comparative Analyses in Asia*)。这本书不仅研究全球经济增长,也是同类书籍中研究中国和亚洲经济增长最为全面和深刻的书。

估算经济增速要考虑人口规模

自 1978 年以来,中国取得了史无前例的经济增长成就。如下总结几个重要参数:

表 1-1 所示的是处于经济持续快速增长初期的世界各大经济体人口占世界人口比重。根本没有哪个经济体能与中国 1978 年经济开始持续快速发展时的人口相比,当时中国人口占世界人口比重为 22%,相当

于美国或日本人口的 7 倍,经济腾飞时期的苏联人口的近 3 倍。

表 1-1 经济持续快速增长初期的国家与地区人口占世界人口比重

国家	年份	占世界人口比重
英国	1820	2.0%
美国	1870	3.2%
德国	1870	3.1%
苏联[1]	1929	8.4%
日本	1950	3.3%
亚洲"四小龙"[2]	1960	1.4%
中国	1978	22.3%

注:1. 1920 年(8.3%)和 1940 年(8.5%)的平均水平。

   2. 韩国(0.8%)、中国台湾(0.4%)、中国香港(0.1%)和新加坡(0.1%)的总和。

资料来源:根据安格斯·麦迪森 2009 年所著的《世界经济千年史》数据计算。

中国单年经济增长率也绝对远远高于历史上任何国家。以国际可比价格,即购买力平价计算,中国之外单年最高的实际 GDP 增长纪录是由美国在 1999 年创下的,当时其产出增长总额为 5670 亿美元。单年最高的产出增长纪录则是由常被认为创造了二战后"经济奇迹"的日本实现的,其产出增长总额为 2120 亿美元。但中国 2010 年产出增长总额高达 11260 亿美元。也就是说,中国单年 GDP 总额是美国的 2 倍多、日本的 5 倍。

中国经济快速增长已改变了中国在世界经济中的地位。事实上,由于使用了误导性的分类和国家排名方式,中国的变化规模一向被低估了。因为这种方式未将人口因素考虑在内。

把人口不到 8 万、人均 GDP 高于中国的摩纳哥与人口分别为 12 亿和近 2.4 亿,人均 GDP 均低于中国的印度和印度尼西亚放置于同等位置与中国比较是有悖逻辑的,这只会弄混而不是弄清中国在世界经济中的地位。因此,要严谨计算中国在世界经济中的地位就必须将人口因素考虑在内。

根据世界人口计算,中国 1978 年开始实行改革开放时,不到 1% 的世界人口居住在人均 GDP 低于中国的国家——以当时美元汇率计价,74% 的人口居住在人均 GDP 高于中国的国家。但到 2012 年时,这一情况发生了变化——29% 的人口居住在人均 GDP 高于中国的国家,51% 的世界人口居住在人均 GDP 低于中国的国家(如图 1-1 所示)。

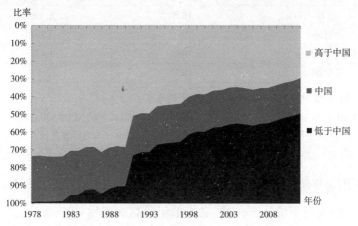

图 1-1　1978—2012 年人均 GDP 高于和低于中国的世界人口比重
(所有国家数据均以当时美元汇率计价)

资料来源:根据世界银行发布的《世界发展指标》数据计算。

因此,就经济发展水平而言,中国已处于世界的中上水平,仅有不到 1/3 的世界人口居住在比中国经济发达的国家。如果不做比较,就不会知道人类史上曾有如此大比例的世界人口生活得到了改善。

除了长期增长率外,中国在应对国际金融危机方面也远比其他主要经济体成功得多。在 2007 年第二季度至 2014 年第二季度期间,中国经济增长 78%,美国经济则仅增长 8%——美国是主要发达经济体中表现最好的国家(如图 1-2 所示)。因此,中国不仅在长期增长率方面高于其他经济体,而且在短期应对危机时出台的宏观经济政策也优于其他主要经济体。

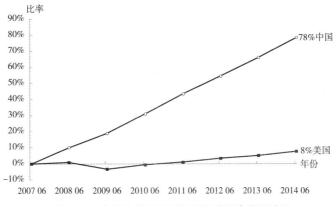

图 1-2　中国和美国 GDP 同比增速变化百分比

资料来源:根据美国经济分析局发布的《国民账户》表 1.3.3 和《贸易经济学》数据计算所得。

经济规律和特殊国情矛盾吗?

鉴于中国的经济增速史无前例,它对经济学理论的启示作用便显得尤为重要——并不是没有经济学理论可以来解释中国的成功。然而中国经济的发展与普适的经济理论之间的关系存在的主要问题在于,中国经济发展到底是全盘特殊,还是建立在全球都起作用的经济力量之上? 如果无一例外都是特殊的,就没有什么经验可供他国借鉴了。

中国坚持自身发展的特殊性——中国有中国特色社会主义的说法,比如政体、法律体系、工业化发展、城市化以及中国梦等都具有中国特色。正如邓小平强调的:"为了实现中国式现代化,我们必须从中国特殊国情出发。"林毅夫也在讨论经济政策的实践时强调:我们运用外国理论时一定要谨慎,因为先决条件不同,结果都会迥然不同。

这种强调特殊性的看法无疑是正确的。事实上,用最简单的话来说,不仅每个国家不同,而且每个国家自身在每个时间点也是不同的——特殊性不仅是地理上的,也是时间序列上的。不仅德国与中国不同,1949 年的中国与 2014 年的中国也不同。正如赫拉克利特的名言,人不能两次踏入同一条河流。

对特殊性与经济发展规律的关系邓小平有清晰的论述,他不仅谈到中国与众不同的特点,谈到"中国特色"时还会说"我们努力按照客观经济规律办事"。中国的整体特殊性和"普遍的"经济发展过程相互矛盾吗?如果矛盾,想用经济发展的一般规律去理解中国经济发展便显得毫无意义。因为中国是完全特殊的,完全不受经济规律制约的。

事实上,中国的独特性与其所受制的普遍经济规律之间并不存在矛盾。任何实际的经济分析都不是一个抽象的概念,而是根植于现实的。每个经济体的基本结构性要素(消费、投资、储蓄、第一产业、制造业、服务业、贸易、货币等)都具有普遍性。但这些普遍要素如何结合并相互作用,对于不同的经济体来说,无论在时间上还是地点上都是完全不同的。

没有哪个国家可以照搬他国的模式。如果一国照搬了另一国的政策,必然要铸成大错——两国彼此国情不同,都有自身的特殊性。但是一国可以从别国学习获得经验教训,就像中国所做的那样,它研究别国经济的构成,并分析这些构成要素又是如何在他国具体的形势下以不同的方式组合起来的。

中国改革开放的总设计师邓小平曾精确地描述过这二者的关系,中国的政策是全盘特殊的,但它们同时也按照客观经济规律运作。

西方计量经济学的最新发现

为了理解经济增长的普遍要素,以及它们在中国如何有机组合,并向其他国家提供可资借鉴的经验,以下两点显得尤为必要:①研究这些普遍原理及其运作规律。②分析这些普遍原理要素在中国是如何组合起来的。

想要最为精确地分析这些"普适的"全球适用的要素,我们需要了解近年来最新的有关经济增长的成因及计量方法的经济学研究成果。

近三十年来,有关经济增长的成因计量研究取得了巨大的进展,使得我们可以更加清晰地理解经济发展和中国经济增长的原因。这些进展现在已经正式被联合国、美国和经合组织采纳,下面简单总结一下这些进展。

关于经济增长的成因和计量研究,理论上被称作"增长核算",起初是由罗伯特·索罗于20世纪50年代提出的。索罗提出了推动经济增长的两项投入——资本和劳动力,他的理论框架有一个优势,那就是其他要素可以继续加入。他的观点在当时"振聋发聩",但也犯了两个错误,后来有经济学家对此做了修正。这两处问题与经济增长成因分析直接相关,也与分析中国乃至亚洲的经济腾飞有着重要的联系。

第一,索罗并未将"中间产品"纳入他的研究中,而中间产品在量化研究中是尤其重要的。实际研究表明,中间产品在经济发展过程中比资本、劳动力、产量增长都要快,中间产品的增长是国内国际中劳动力分工不断加强的重要指标。

第二,索罗的模型未将投资质量的改善和劳动力的提升纳入考量之中,出现了一个错误的推论:经济增长主要来源于TFP的提高,中国也常犯这种错误。后来这一错误被纠正,更为准确的经济增长研究方法逐渐被美国、联合国和经合组织所采纳。

以上修正不仅对于把握一般经济体十分重要,而且与考察中国状况密切相关。阐释中国经济增长中持续出现的许多错误并非是中国自身的问题所致,而是人们使用不准确的计量方法使然。在中国,一些人错误地认为生产率,严格来说为TFP,它是中国经济增长的主要推动力量。以下笔者会详细地证明这个观点是错误的。在经济增长要素中,资本投入远比TFP更为重要,而且经济发展的水平越高,情况越是如此。

我们很容易发现,以西方最先进的计量经济学方法精准考察中国经济增长,中国完全遵循了一个可以理解的模式,也再一次肯定了邓小平的论断,即中国走出了一条融合中国特色又遵循一般经济规律的独特发展道路。

中间产品投入对产出的贡献

索罗忽略的中间产品这一要素在随后的经验研究中被高度重视。研究表明,中间产品的增长,即日益细化的劳动分工,是经济发展中扩张最为迅速的因素。比如,通过考察最发达的国家——美国,哈佛大学经济学教授戴尔·乔根森(Dale W. Jorgenson)、弗兰克·戈洛普(Formk Gollop)和芭芭拉·弗劳梅尼(Barbara Fraumeni)发现,中间投入是目前对产出贡献最大的增长要素。他们调查了 45 种行业,其中有 36 种行业,单单中间投入一项对经济增长的贡献就超过 TFP 增长的贡献。

乔根森对美国经济进行了细致的观察,他得出结论:"比较中间投入和其他增长要素对经济增长的贡献率,我们发现中间投入是目前增长要素中最为关键的一环。中间投入的贡献率超过了 TFP 增长、资本以及劳动力投入的贡献率。"

为了更清晰地说明以上结论,表 1–2 罗列了索罗最初的增长核算范畴,即资本、劳动力、TFP,而且另设一栏展示了中间投入的增长。如表所示,1977—2000 年,中间投入增长率的中值是美国 GDP 增长率的 115%,大大高出其他投入。

表 1-2 美国产出增长来源

年份	GDP 增长	TFP	劳动力	资本	中间投入
	年均变化率				
1977—2000 年（中位数）	2.3%				2.7%
1985—1995 年	2.4%	0.3%	1.0%	1.2%	
1996—2000 年	4.3%	0.9%	1.3%	2.1%	
2000—2006 年	2.8%	1.0%	0.3%	1.4%	

资料来源：根据戴尔·乔根森与姜明武 2007 年所著的《技术与世界增长复苏》表 2 以及乔根森、斯蒂尔霍等人 2005 年所著的《生产力》表 4.8 数据计算。

其他经济体也发现了与美国相同的结果，特别是中国。让我们来看看其他发展迅速的亚洲经济体：

三位韩国经济学家 Hak K. Pyo、Keun-Hee Rhee 和 Bongchan Ha 发现，考虑到原材料的中间投入，"韩国经济中，不同要素对于产出增长贡献率依次为原材料、资本、劳动力、全要素增长率、能源"。

中国台湾经济学家梁启源通过考察 1981—1999 年中国台湾 26 个部门的发展状况，在将中间原材料的投入纳入核算后发现，"原材料投入是 1981—1999 年间所有部门中对产出增长贡献最大的要素"。

中国大陆学者、北京航空航天大学教授任若恩和孙琳琳把 1981—2000 年细分为 1981—1988 年、1988—1994 年和 1994—2000 年三个阶段后发现，中间投入增长是绝大部分工业领域中产出增长的主要因素。

劳动分工和中国的开放政策

从全球性、普适性的经济角度明白了劳动分工的重要性，也就容易理解中国开放政策的意义所在。劳动分工并不纯粹存在于国内。全球化的核心趋势，诸如 GDP 中逐步增长的贸易份额，日渐扩大的外国直接投资占 GDP 的比重，以及某些特定行业研究成果的国际交流日益频繁，都是愈益扩张的国际劳动分工有力的证据。

这些事实是中国开放战略取得成果的原因。特别是,事实上的劳动分工是经济增长中至为重要的量化因素,它直接决定发展战略的成败。

劳动分工是经济增长中最具分量的要素,分工的结果将助推全球化,使进口替代战略难以执行,进口替代战略一直是后发国家尝试建立自足型经济的主导形式。

以上事实,反过来有助于我们正确理解出口对中国经济增长所起的关键作用。但这并不意味着中国应为实现国际收支顺差,下更大气力促进出口。相反,中国应为实现国际收支平衡,像大力发展出口一样扩大进口。因为在现代经济发展中,劳动分工的规模要比自足型的国内经济更大。只有坚持出口和进口并重,才能充分利用国际劳动分工的优势。基于此,坚持出口推动经济仍然至关重要,这直接关系到一国经济的效率和生产率。

大量的实证研究支持了这一理论,即越是外向型的经济体,越是能够取得显著的 GDP 增长。这些都验证了出口对于中国的重大意义。中国摒弃"进口替代"战略是其经济政策的首要特点。

中国开放政策的成效显而易见,毋庸赘言。不过值得注意的是,中国对国际贸易的开放程度要高于美国。鉴于日本是世界第三大经济体,我们可以与日本来进行比较。

如图 1-3 所示,2012 年,中国出口占 GDP 的比重为 27%,而日本和美国分别为 15% 和 14%。由此可见,中国出口在其经济中所占的比重几乎是美国的两倍。中国在贸易上比美、日都更为开放,使得中国在高速增长方面比美、日更具竞争优势。中国对外贸易的开放程度,也比许多其他规模较大的发展中国家要高得多。

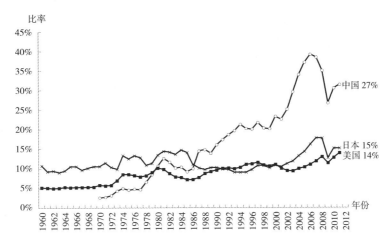

图 1-3　货物和服务出口占 GDP 比重

资料来源：根据世界银行发布的《世界发展指标》数据计算。

发达经济体更像投资拉动型经济

现代经济学研究表明,资本投入是继劳动分工后第二大影响经济增长的要素。这与研究中国和普适的经济增长紧密相关。也正是在这一点上,中国国内有关经济问题的讨论出现了误区。人们一直坚持认为在经济增长中最具分量的要素是 TFP 增长,而不是资本投入,而这已被现代经济学研究证明是错误的。

投资是影响经济增长的第二大因素,它显著超越 TFP 对经济增长的贡献。这一发现不仅适用于中国,同样也适用于所有高速发展的亚洲国家。亚洲是全球唯一一个只靠一代人的努力就从贫穷飞跃至富裕的地区。因此,研究"亚洲奇迹"的成因不仅对于中国意义重大,而且对于全球经济政策的制定也意义非凡。

用最新经济学方法研究亚洲崛起成果卓著,这为中国经济腾飞的成因分析提供了帮助。从开放的特性中不难看出,继全球劳动分工之后,亚洲经济走向繁荣离不开投资的巨额积累这一重要原因。姜明武的《经济增长动力：对亚洲经济政策的比较分析》是目前研究亚洲经济增长最全面的书，正如作者在书中所说：

> 就经济增长而言，资本积累是……发展中亚洲经济增长领先世界其他地区的基本动力。在成功的亚洲国家中，无一例外。密集的资本投资推动快速增长的模式……长期不变，并且根据规模、位置和发展水平逐渐演绎出不同的经济类型。

中国的资本投资占经济增长的 54%，在亚洲发展中国家中处于领先地位，也超越了西方国家工业化时代的投资占比。在解释亚洲经济增长发展领先于先进经济体发展的原因中，超高资本投资是最重要的原因之一，而且其贡献率几乎是 TFP 贡献的两倍。在亚洲模式中，资本投资在经济增长中占据主导地位，远远高于 TFP。这一结果与美国的乔根森等经济学家的研究结果相一致。

因此，高额资本积累拉动经济增长的中国模式正是"亚洲奇迹"中的典型例子。它清晰地显示了，在中国，各生产要素的结合如此独特，并且不断创造着"中国特色"，但中国经济增长的经济驱动力又是具有全球普适意义的。就像姜明武所说："这种模式的特点是，固定资产投资占 GDP 的比例快速扩张，比如在 1990—2010 年间经济快速增长时期的中国就是如此。"

与此同时，姜明武还给出具体的统计数据："在 1990—2010 年间，发展中的亚洲国家在全球 GDP 中的份额增长了 14.9%，同时固定资产投资在全球的份额也增长了 29.1%……中国 GDP 占全球的比重增长了 10.1%，其固定资产投资占全球比重增长了 24.7%。"是投资推动了中国及亚洲经济走向繁荣,明白这一点是非常关键的。现代计量经济学告诉我们,在世界经济范围内,投资是继劳动分工/中间产品之后经济增长的主要推动因素。

姜明武还在他的著作中写道:

> 资本积累作为经济增长驱动力,并不仅仅对亚洲重要,对世界其他国家也很重要……这一增长源泉不仅对人均资本存量低的发展中国家重要,对人均资本存量高的发达国家也起着很大的作用……在 G7 经济体中, 有形资产投资是经济增长中最重要的来源,同时,对任何阶段的任何国家而言,资本投入的贡献都超越了 TFP 的贡献。

中国经济的快速增长与东亚经济的繁荣,其具体特征并不是投资导向模式,而是中国所能调动积累起的巨大投资数额。探究经济增长原因的权威学者乔根森曾推动美国、经合组织和联合国改变了其官方测量经济生产率及经济增长的方法,他在介绍姜明武的研究时写道:

> 亚洲的崛起……是我们这个时代最大的经济成果,它创建了一种建立在全球化,与资本长期累积之上的新经济增长模式,这里的资本包括了人力资本和非人力资本。

对亚洲的研究也印证了之前的研究结果——当一个国家向先进经济体发展的同时,投资对经济增长的贡献也随之增长。这个结论在图 1-4 中会有所展示。以国家经济发展升序排列,由投资拉动的经济增长比例在非亚洲发展中经济体为 50%,在亚洲发展中经济体为 55%,而在发达

别误读中国经济

经济体则高达 57%。可以看出,发达经济体比发展中经济体更像投资拉
动型经济。即当发展中经济体向发达经济体迈进时,投资对其经济增长
的贡献率将会增加。

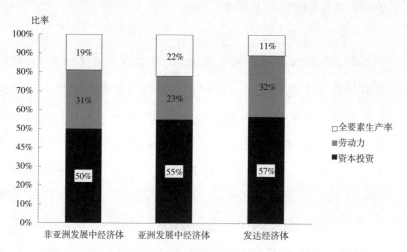

图 1–4　全要素生产率、劳动力和资本投资对 GDP 增长的贡献率

资料来源:根据姜明武所著的《经济增长动力:对亚洲经济政策的比较分析》数据
计算。

中国和西方两种增长战略

上述事实对中国及一般经济体增长都有重要意义。TFP 在经济增长
中所占的比例是微乎其微的,成熟经济体中这个比例仅有 11%,与 57%
的资本投资比例的贡献相比,TFP 不可能成为经济增长的主导因素。因
此,任何主要依赖提高 TFP 来促进经济增长的政策都是行不通的。

经济增长计算方法的更新和经济增长的决定因素已经被世界最权
威的统计机构采纳,并且确认了这一发现,即资本投资在经济增长中的
贡献远大于 TFP 的提高。因此,在中国,当你发现那些已经被官方颠覆的
经济增长测算方法仍在大行其道,而且仍旧有人声明 TFP 才是经济增长

的决定性因素时,会非常震惊。

这些当代经济测量方法和经济增长研究的进步,以及中国和亚洲经济的增长实践,清晰地展示了两种发展战略的区别,解释了为什么相对于中国和有活力的亚洲经济体,西方经济体增长缓慢的原因。两种战略之间的区别已经为中国当前和未来的经济政策指明了方向。

第一种战略,事实证明,其经济增长的基本因素是资本和劳动力积累(要素积累),以及TFP(TFP已经被证实没有要素积累那么重要)。这样的增长策略被亚洲的发展中国家尤其是中国所采用。

如这些事实所说,政策的核心目标是维持合理的TFP增长率,其根本是确保参与国际分工及生产要素的调动(资本与劳动力)处于特别高的投资水平之下。

由于和生产要素的增长相一致,这一战略已经取得了惊人的成功,创造了有史以来最快的人类生活水平的提高, 使数亿人摆脱了贫困,让一个原先属于"第三世界"的国家享有了"第一世界"国家的生活水准, 使中国从一个贫穷国家的边缘进入世界银行定义的 "中等偏上收入"国家。

另一种策略的构想是基于资本和劳动力的要素积累对增长的重要性不如TFP。这种策略普遍被发达经济体采用,并且伴随着这些经济体的经济衰退。乔根森提道:"许多发达国家的经济增长策略强调创新,这种做法在过去十分恰当,但是忽视了人力和非资本领域的投资,导致这些要素对经济增长贡献的持续下降。"

第二种战略的失败是不可避免的,因为TFP的增长对整个经济增长来说只占很小的一部分。

不同战略的分析导致了两种不同的政策:

一个开放的经济体参与国际分工之后,如果经济增长的最重要推动力是要素积累,那么最重要的政策就是促进要素快速增长,包括高储蓄率(金融资本投资)、扩大劳动力参与率市场(因为这增加劳动力供给)、提升教育水平(通过提高劳动力质量而增加劳动力收入)等政策。

维持合理的 TFP 增长率很有必要,但是定量来说,并不如促进要素积累那么重要。正如姜明武所总结的:"亚洲经济体发展模式的秘密不是依靠获得很高的 TFP 增长率,而是维持合理的 TFP 增长,因为密集地调动要素投入需要很长的周期。"

资本积累的重要性作为经济增长的驱动力,并不是唯一存在于亚洲,也在世界范围内普及。如同戴尔·乔根森、凯文·斯德尔(Kevin Siroh)、斯蒂芬·奥利纳(Stephen Oliner)和丹尼尔·西塞尔(Domiel Sichel)所发现的,对大多数经济体的增长来说,资本投入是最重要的来源。这种增长来源不仅对人均资本存量很低的发展中国家很重要,对人均资本存量相对较高的发达国家也很重要。即使是对 G7 国家来说,有形资产投资也是经济增长的最重要的来源。在任何国家任何一个阶段,资本投入的贡献都超过了 TFP 对经济增长的贡献。

事实上,在先进的经济体中,TFP 增长偏低。经济越扩张,要素调动尤其是投资的调动就越重要。

与此相对, 如果错误地认为 TFP 增长才是经济增长的主要动力,就会采取政策去提高 TFP,而不是积极地增加要素积累(高储蓄率、扩大人口的劳动参与率等)。

事实证明,近些年来发达国家不重视资本投资和劳动力发展,造成的后果就是,由于 TFP 对经济增长贡献太小,以至于无法支撑经济增长。

这种不可避免的后果乔根森也提到过,亚洲国家尤其是中国成功的经济增长战略已经证明了中国政策组合的优越性,同基于 TFP 增长(创新、创业)战略的欧洲国家和美国形成了明显的对比。

乔根森指出:"经济评论员们,尤其是亚洲之外的经济评论员,一直不愿认可产生于亚洲的经济增长新模式,因为这意味着承认西方经济发展战略的失败。"

02 在全球新常态下政府投资是中印两国经济快速增长的关键*

中国和印度是目前世界上增速最快的两大主要经济体,两者发展模式有相同之处,但截然不同于增长缓慢的西方经济体。在中国和印度经济快速扩张的过程中,政府投资均快速增长,民间投资则要么增长非常缓慢,要么下降。相反,倚重于民间投资、政府投资增长迟缓的西方经济体则经济增长缓慢。

正如下文所示,在新常态全球经济形势之下,政府投资快速扩张与经济快速增长之间存在正相关关系,而过分依赖民间投资则会导致经济增长放缓。

这一经济现实凸显中国名言"实事求是"的重要性。这也对中国推行实际的经济政策至关重要,因为中国计划将在 2020 年实现全面建成小康社会的目标,以及随后不久按照世界银行标准成为高收入经济体。相信这有助于认清最近热议的政府投资与民间投资在中国当前经济发展中的作用。

---

* 本文写于 2016 年 7 月。

但全球经济的现实趋势也对经济理论与分析非常重要。根据"新自由主义"与"华盛顿共识"的教条,民间投资是有益的,政府投资是无益的。事实证明,截然相反的趋势正在出现。

中国和印度的经济表现说明,经济快速增长与政府投资快速增长之间呈正相关关系;美国、欧盟与日本的经济表现说明,倚重民间投资与经济缓慢增长之间呈相关性。这些趋势对解读中国与世界的新常态非常重要。

本着实事求是的原则,笔者将首先概述全球经济的现实趋势,然后分析这一趋势产生的原因。

快速增长的中国和印度

2015 年,中国人均 GDP 增长 6.4%,印度则为 5.9%。中印两国的增速无疑快于任何主要经济体,这也推动两国的家庭消费和总消费增速同样快于任何主要经济体。

特别是两国人均 GDP 增速远快于西方经济体——2015 年,欧盟人均 GDP 仅增长 1.7%,美国为 1.6%,日本为 0.6%。正如下文所示,根据 2016 年最新数据,中国和印度保持同样的快速增长模式,而美国、欧盟和日本则同样增长缓慢。

回头看中国和印度的宏观经济发展模式。根据中欧国际工商学院经济学和决策科学系主任、经济学教授朱天提供的数据(来自中国国家统计局)显示,2016 年 1—6 月份,中国国有固定资产投资同比名义增长 23.5%,民间固定投资则仅同比名义增长 2.8%(如图 2-1 所示)。

另一个快速增长的主要经济体——印度的增长模式也同中国一样。汇丰银行首席印度经济学家班达里(Pranjul Bhandari)2016 年 7 月 22 日提供的数据显示,2016 年 1—6 月份印度国有投资同比名义增长 21%,

民间投资实际下跌 1.4%（如图 2-2 所示）。

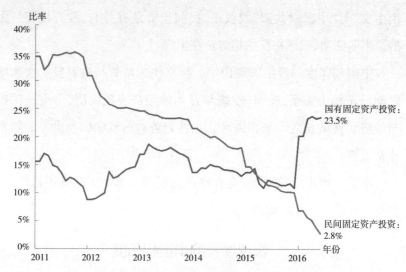

图 2-1　2016 年 1—6 月份中国国有固定资产投资和
民间固定投资同比名义增长变化对比

资料来源：中欧国际工商学院经济学和决策科学系主任、经济学教授朱天。

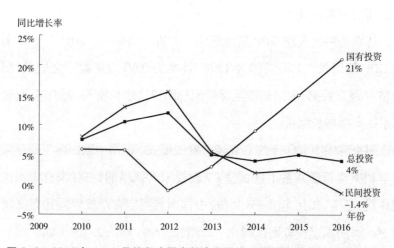

图 2-2　2016 年 1—6 月份印度国有投资同比名义增长变化与民间投资对比

　　概括地说，世界增速最快的两个主要经济体——中国和印度的快速
增长，均是由国有投资拉动，而民间投资增长则非常缓慢，甚至有所下降。

缓慢增长的西方经济体

与中国和印度不同,西方经济体经济增长非常缓慢。如图 2-3 所示,根据国际最新可比数据,2016 年第一季度中国人均 GDP 同比增长 6.2%,印度为 6.6%,欧盟仅为 1.6%,美国为 1.3%,日本为 0.2%。2016 年第二季度的数据显示,中国人均 GDP 同样同比增长 6.2%。

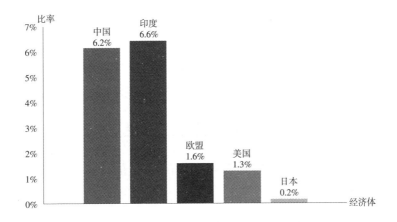

图 2-3 2015 年第一季度至 2016 年第一季度各经济体人均 GDP 同比增长变化对比
资料来源:经合组织和国际货币基金组织。

从国际金融危机以后较长时期的数据来看,西方经济体总体增速相较中国和印度慢得多。正如图 2-4 所示,2007—2015 年,中国人均 GDP 增长 85.3%,印度增长 52.3%,美国仅增长 3.2%,欧盟和日本均增长不足 2%。

显然,中国和印度的人均 GDP 增长表现完胜西方经济体。

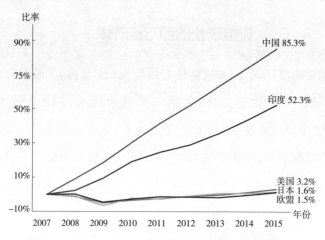

图 2-4　2007—2015 年各经济体人均 GDP 增长变化对比

资料来源:根据国际货币基金组织 2016 年 4 月发布的《世界经济展望》数据计算。

西方政府投资低迷

综上所述,可以清楚地看到,中国和印度的高速增长,与政府投资快速增长呈正相关关系。那么西方经济体缓慢增长的模式到底是什么原因造成的呢? 也许从西方经济体表现最好的美国的数据可以窥一斑而知全豹。

首先按名义价格计算,对中美政府投资和民间投资作一个比较。如图 2-5 所示,2016 年第一季度美国民间投资同比名义增长 2.4%,政府投资同比名义增长仅 5.8%,均低于中国和印度。美国民间投资增长也呈稳步下降趋势。

虽然中国和印度民间投资也增长缓慢,但政府投资快速增长(逾 20%),弥补了民间投资增长的下降。

美国也发表了剔除通胀因素后的民间投资与政府投资数据:2016 年第一季度美国民间投资同比实际增长 2.2%,政府投资同比实际增长 6.4%。两组数据指明了一个结论:与中国和印度不同,美国政府投资增长不足以弥补民间投资的下降。

事实很明显,中国和印度政府投资快速增长与经济快速增长之间存在相关性,美国政府投资增长较慢,与经济增长缓慢之间亦存在相关性。

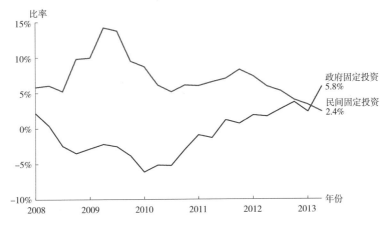

图 2-5 2016 年第一季度美国政府投资与民间投资同比名义增长率

资料来源:根据美国经济分析统计局发布的《国民账户》表 1.5.5 数据计算。

政府投资的作用

逻辑很清楚:政府投资快速增长与经济快速增长之间、倚重民间投资与经济增长缓慢之间存在相关性的因果关系,是政府投资的快速增长推动了经济快速增长,而不是相反。政府投资直接受政府管理,不会受市场力量的影响。中印两国政府均已明确指出,它们对增加政府投资的经济刺激计划决策很谨慎,而美国则是从意识形态角度出发反对政府投资。

中国在 2016 年年初有计划地启动了数个项目的政府投资,特别是基础设施投资。

2016 年 5 月,中国国家发展改革委、交通运输部联合印发《交通基础设施重大工程建设三年行动计划》,拟重点推进铁路、公路、水路、机场、城市轨道交通等 303 个项目。其中,2016 年 131 个项目,2017 年 92 个项目,2018年80个项目。

众所周知,2015年年底至2016年年初,中国经济一直呈放缓趋势。所以这轮政府投资的快速启动,并非为缓解GDP增长下行压力的临时之策,而是一个稳定经济形势、防止经济衰退的深思熟虑的措施。

在印度,莫迪政府任命研究中国经济的专家、彼得森国际经济研究所前研究员、著有《黯然失色:生活在中国经济统治的阴影下》的作者阿文德·萨勃拉曼尼亚为首席经济顾问。

2014年10月,萨勃拉曼尼亚甫一上任便明确表示,政府投资是拉动印度经济增长的关键。他的主张受到印度财政部部长阿伦·贾特里(Arun Jaitley)的明确支持。

印度顶级经济思想家所做的一系列报告也对此表示支持,比如印度一家研究所(Thought Arbitrage Research Institute)发布的报告《印度2040发展路径规划》(*India Development Pathways 2040*)。对该报告的出炉亦有贡献的还包括规划委员会成员普罗纳布·森(Pronab Sen)与苏米特拉·乔杜里 (Saumitra Chaudhari),前首席经济顾问阿什克·拉希瑞(Ashok Lahiri),财政部前秘书瓦苏迪瓦(C.M.Vasudeva),财务委员会前成员斯里瓦斯塔瓦(D.K.Srivastava)、帕尔塔·查特吉(Partha Chatterjee)与乔治·马修(George Matthew),等等。

报告总结道:"公共投资将是拉动经济增长的主要驱动力……目前基础设施支出约占GDP的6%,同比增长率应提高至9%,从长远、可持续性角度来看应提高至8%。"印度政府投资快速增长在数据上得到了体现。也就是说,印度政府所推行的政策——投资是拉动经济增长的最关键因素,是完全有计划和经过深思熟虑的。

然而在美国,其意识形态奉行"国有=坏、私有=好"。基于此,现在美国拒绝重大的政府投资,美国当然也不具备这样的制度安排——国有经济占据主导地位,使其有能力快速启动政府投资。

笔者在拙著《一盘大棋?——中国新命运解析》第十六章"'看不见的手'不好用"中,对这种错误的意识形态和经济结构严重阻碍美国从国际金融危机中复苏的原因,进行了详细的分析。当然,美国一直试图忽悠其他经济体推行"华盛顿共识"所倡导的"国有=坏、私有=好"这样的政策。

较小型经济体也适用

中国和印度无疑是最重要的例子,但除此之外,政府投资政策在其他经济体也取得了显著成功。比如,哈佛大学国际政治经济学教授丹尼·罗德里克(Dani Rodrik)指出:

> 在非洲,埃塞俄比亚是过去十年中最引人注目的成功故事。自2004年以来,该国经济年均增长率超过了10%,并因此实现了贫困状况和医疗卫生条件的显著改善。该国资源较为贫乏,并未像其他许多非洲国家那样从大宗商品繁荣中获益,其经济自由化进程和体制改革也并未像世界银行和其他捐助者一贯建议的那样扮演主要角色。
>
> 这一快速增长实际上是大幅度增加公共投资的结果——从20世纪90年代占GDP的5%,到2011年的19%,增速全球排名第三。埃塞俄比亚政府发动了一场预算支出高潮,修建公路、铁路、电站,以及一项令大部分贫困农村地区生产力显著提升的农业技术推广体系。这些支出一部分来自国外援助,另一部分则来自引导私人储蓄向政府提供资金的非常规政策(如融资管制)。

他也对拉丁美洲的情况指出:

至于拉丁美洲,玻利维亚是稀有矿产出口国,在当前商品价格低迷时期还不至于爆发危机。在拉美总产出萎缩(约 0.3%,根据国际货币基金组织的最新预测)的背景下,该国 2015 年全年 GDP 增长预计将保持在 4%以上。其中很大一部分源自于公共投资,而总统莫拉莱斯也将此认定为本国经济的增长引擎。从 2005 年到 2014 年,玻利维亚的公共投资总额相对于国民收入的比率增加了一倍多,从 6%提升到 13%,而政府则计划在未来几年进一步提高该比例。

中国新常态与世界"新平庸"的关系

回到中国新常态与这些趋势之间的关系。众所周知,新常态的主要特征是,在未来可预见的时期内,中国经济增速将从 1978 年后 9%~10%左右的高速增长转为 7%~8%的中高速增长。中国之所以进入新常态的部分原因是全球经济增长极为缓慢。国际货币基金组织总裁克里斯蒂娜·拉加德将这种全球新常态称为"新平庸"。

中国经济放缓远不及西方发达经济体严重。如上文所述,2016 年第一季度中国人均 GDP 增长 6.2%,这一增速是欧盟的近四倍、美国的近五倍、日本的二十多倍。2007—2015 年,美国人均 GDP 年均增长率仅为 0.5%,日本为 0.2%,欧盟为 0.1%。

毫无疑问,西方经济体增长极为缓慢的原因是其固定投资增长率极低。事实上,2015 年经合组织地区发达经济体的整体固定投资水平仍低于其 2007 年的水平!

正如上文分析的美国案例一样,经合组织地区经济放缓的原因是政府投资未见快速增长,不足以弥补民间投资增长停滞或下降。相反,中国和印度则通过快速增加政府投资,从而实现了更高的增长率。

政府投资在中国和全球新常态中的作用显而易见。

结论:"看得见的手""看不见的手"都要用好

事实显示,全球新常态下的经济增长模式显而易见:

• 政府投资增长率较高的主要经济体(如中国、印度)经济增长率较高;

• 政府投资增长率较低的主要经济体(如美国)经济增长率较低。

这些趋势也解释了印度近年来实现经济加速增长、取得巨大经济成就的原因。印度打破了"华盛顿共识"所奉行的"国有=坏、私有=好"的教条,利用政府投资作为拉动经济发展的驱动力。印度任命"中国通"为首席经济顾问,靠拢中国的"政府投资拉动经济增长"的发展模式并不是偶然的。

这些全球事实对中国制定经济政策,以及与此有关的讨论具有显著意义:

• 国际比较显示,中国所采取的增加定向的政府投资的政策显然是正确的;

• 正如美国、日本和欧盟的经验证明,纯粹依赖于民间投资的政策几乎不可能成功。

为什么不刺激民间投资?经济发展有其现实的因素——正如笔者在其他文章中所一再强调过的,民间投资下降的最根本原因是消费拉动增长的错误理论。但全球趋势的分析也清楚表明,政府投资将会在中国当前的经济发展当中发挥关键作用。

此外,全球实际趋势也显示,中国国家主席习近平在早前的经济讨论中所提出的,"中国经济要取得成功,就要同时用好'看得见的手'和

'看不见的手'"。这是正确的。这与给西方经济带来极大危害的"国有=坏、私有=好"的教条是相对立的。

这一经济事实显然具有政治意义,这会使中国的执政党——中国共产党的作用更为重要。作为一个非中国公民,讨论这样的政策并不合时宜。但很显然,在这种情况下,政府投资发挥着关键作用。从政治和经济角度而言,加强投资作用的政策对中国共产党非常关键。

当然在全球范围内,"政府投资是当前经济发展新常态的关键因素"的事实也令奉行"华盛顿共识"的新自由主义者深恶痛绝。正是由于这个原因,新自由主义者不愿意讨论这一事实,而是更喜欢说一些与现实无关的千篇一律的空话。

"新自由主义""华盛顿共识"的教条与现实脱节,与全球经济发展事实不符,与经济理论有关的内容也是错误的。但关于这些经济理论的最基本错误的分析,需要另写一篇单独的文章。因此,本文将仅论述与这些教条无关的事实。

中国的经济政策不是关乎一个大学课堂的学生是否获得真知,而是关乎 13 亿人的命运。如果中国采用"国有=坏、私有=好"的错误经济理论,那么将损害中国经济,进而损害 13 亿人的福祉。如上文所分析的,在当前全球大环境下,这种损害可能会立竿见影,而且特别严重。

03 中国要突破"中等收入陷阱" 就不能照搬西方模式 *

中国如何突破"中等收入陷阱",实现从中等偏上收入到高收入经济体的转变,已成为一个热门话题,并写入"十三五"规划。但遗憾的是,部分新自由主义者建议,中国要避免"中等收入陷阱",就应听从世界银行与国际货币基金组织所倡导的政策——国际上熟知的"华盛顿共识",这不符合中国格言所说的"实事求是"。

林毅夫在其文章《中国经济学家非得学习西方吗?》中谈及"华盛顿共识"时曾精准地指出:"到现在为止,我还没有看到一个发展中经济体按照西方主流的发展理论来制定推行政策获得了成功。少数几个发展绩效比较好,或者转型绩效比较好的经济体,它们推行的政策在主流的经济学理论来看都是错误的。"林毅夫认为,二十多年过去了,按照"新自由主义"推行私有化、市场化、自由化的国家并未获得成功。相反,它们普遍遭遇经济崩溃或停滞,危机不断,它们的平均经济增长率比 20 世纪六七十年代结构主义的时候还低,而且发生危机的频率比 20 世纪六七十年

---

* 本文写于 2016 年 4 月。

代还高。

哪些经济体已实现快速发展

就批评"华盛顿共识"时所提及的"西方主流发展理论",笔者与林毅夫的解释有所不同,更重要的是,笔者认为邓小平一手缔造的中国的经济改革更为成功,拙文《邓小平理论和凯恩斯主义的经济理论框架对比研究》对此原因作了详细分析。

撇开术语问题不谈,林毅夫的基本观点完全正确,也合乎事实。事实上,正如下文将要给出的数据,推行"华盛顿共识"的国家所遭遇的情况,甚至比林毅夫所说的更糟。相对而言,大多数国家变得更不发达,即事实上它们更进一步落后于大多数发达经济体。

正如下述数据所示,只有极少数发展中国家实现了经济持续快速增长,和/或从低收入到中等收入再到高收入经济体的转变。但实现最快速增长的所有经济体都来自亚洲。这一事实,有利于近水楼台先得月的中国从中借鉴经验。

从发展中国家实现经济持续快速增长,过渡到高收入经济体的国家如此凤毛麟角,意味着绝大多数发展中国家遭遇失败。也就是说,在亚洲之外深受"新自由主义"推崇的"华盛顿共识"事实上已被证明为失败的发展理论。因此,中国应学习实事求是的方法而非失败的理论:

• 从正面角度而言,应侧重分析实现经济快速增长、成为高收入经济体的那些少数发展中国家的成功经验;

• 从负面角度而言,应侧重分析听从世界银行与国际货币基金组织倡导的"华盛顿共识",而未能实现经济快速增长,未能成功过渡到高收入经济体的那些国家的失败教训。

本文旨在论述发展中经济体实现经济增长的国际事实。当然,这样的实证研究会得出结论,实事求是对中国乃至所有国家来说是唯一正确的方法。

事实证明,依据事实的发展战略才能取得成功,也是任何理论取得成功不可或缺的前提条件。理论必须符合事实,不应罔顾事实或为适应错误的理论试图改变事实。如果一种理论不符合事实,那么它就是错误的,理应被抛弃。

这对中国具有重要的现实意义,因为中国与其他任何国家一样,都不能违背经济规律。如果中国依据过渡到高收入经济体的错误理论实施政策,那么这种政策必将失败,由此带来的负面后果将波及逾十亿中国人,阻止中国实现民族复兴。因此,论述发展中经济体成败经验的事实,是判断一种理论正确与否的前提。

"中等收入陷阱"是否存在

应该指出的是,西方曾就是否事实上存在"中等收入陷阱"展开过激烈的讨论。例如,《经济学人》杂志曾讨论过这一问题,并得出结论:并不存在"中等收入陷阱"。

文章说,"支持中等收入陷阱理论的人认为,中等收入国家的经济增长率往往低于富裕国家和贫穷国家。其实并非如此,相反,他们增长得更快。他们根据佩恩表对各国1950—2010年间的收入进行了对比。人均收入在13000~14000美元(根据购买力平价计算,即中等收入国家)间的国家在下一个10年间的平均增长率基本为2.9%,快于其他任何收入水平国家的平均值。发展是一个漫长而艰巨的过程。在此过程中,经济体的规模会持续不断发展。潜在的陷阱隐藏在各种收入水平的经济体中,单单拿中等水平说事没有道理"。

表 3-1　世界银行按人均国民收入水平 (美元)

对成员国家或地区的分类标准 (部分年份)

据年份	低收入	中下收入	中上收入	高收入
1987	480 及以下	481~1940	1941~6000	6000
1992	675 及以下	676~2695	2696~8355	8355
1997	785 及以下	786~3125	3126~9655	9655
2002	735 及以下	736~2935	2936~9075	9075
2007	935 及以下	936~3705	3706~11455	11455
2012	1035 及以下	1036~4085	4086~12615	12615

资料来源:世界银行。

不过,笔者无意用更多篇幅谈论这种争论。笔者只想说明,发展中国家跻身于高收入国家非常困难。因此,"为何仅极少数国家实现经济快速发展,从低收入到中等收入再到高收入经济体的转变?"这个问题将被视为一种实证检验。

何谓高收入经济体

毫无疑问,第一个问题是高收入经济体的标准。从国际上来看,有 68 个国家或地区符合世界银行界定的"高收入经济体"的官方标准——人均 GDP 为 12736 美元 (约 82478 元人民币)。但支持中国借鉴这些国家的经验具有明显的误导成分,主要原因有两个:

• 首先, 这 68 个高收入经济体中的大多数都是非常小的国家,35 个国家的人口不到 500 万, 仅 22 个高收入经济体或者地区的人口超过 1000 万;

• 许多国家成为高收入经济体, 完全是由于其拥有非常少的人口或是避税天堂,比如开曼群岛、摩纳哥、列支敦士登、百慕大群岛、马恩岛等国家和地区,或者由于拥有大量的单一商品——石油,比如沙特阿拉伯、阿联酋等国家。

显然这种类型经济体的发展模式不适合中国,因为中国既不具备人口少的条件,也不能推行逃税天堂的战略,更不具备以石油为主的经济条件。

这样的事实说明,部分中国媒体有时讨论中国的国际排名时非常具有误导性,因为它们未将人口基数、经济规模或者一个国家的经济是否是以石油出口为主考虑在内。中国实现向高收入经济体的过渡这样严肃的问题不能依据草率的统计,而是需要准确的信息。

哪些国家已跻身于高收入经济体

首先谈经济发展事实。英国、美国、德国、法国等国家跻身于最重要的高收入经济体已有数十年以上(通常都超过一个世纪)的时间,并且一直以相对慢的速度增长。

例如,就整个 20 世纪而论,美国的人均 GDP 年均增长率仅为 1.9%、德国为 1.8%、英国为 1.5%。显然,这样慢的增长路径中国不会以此作为发展模式。因为中国计划到 2020 年全面建成小康社会,在未来 5~10 年达到高收入经济体的国际标准。

接下来谈中国自 1978 年启动改革开放以来的发展条件。可以指出的是,事实上大多数大型发展中经济体在此期间进一步落后于美国。以人口至少不低于 500 万的国家和 1978 年其人均 GDP 相当于美国的 40% 为例,1978—2015 年符合此类条件的 53 个国家中,28 个国家的人均 GDP 进一步落后于美国,25 个国家的地位则相对于美国有所提高。也就是说,大部分发展中国家相对于美国更不发达了。这说明,经济持续快速增长存在难度。

但也应该注意到,在较长的时期内,许多前发达经济体退步为发展中经济体地位,或者遭受了灾难性的挫折。例如,阿根廷的人均 GDP 从 1938 年相当于美国的 67% 到 2015 年跌至 30%;智利的人均 GDP 从 1910 年相当于美国的 60% 到 2015 年跌至 50%;俄罗斯的人均 GDP 从 1975 年相当于美国的 43% 到 2015 年跌至 28%。[①]

特别引人注目的是,仅有少数几个国家的人均 GDP 相对于美国大幅增长。中国自 1978 年启动改革开放以来,只有 6 个至少有 500 万人口的国家或地区(中国大陆、马来西亚、中国台湾、中国香港、新加坡与韩国)人均 GDP 与美国的差距至少缩小了 20%。这 6 个经济体都来自亚洲。

1978—2015 年,中国大陆的人均 GDP 增速快于任何国家和地区。亚洲"四小龙"(韩国、新加坡、中国台湾、中国香港)的人均 GDP 起点均远远高于中国大陆,而且已实现了中国的目标——从低收入到中等收入再到高收入经济体的转变。

表 3-2　1978—2015 年人均 GDP 增长最快的经济体一览表

排名	国家/地区	1978—2015 年总增长率	年均增长率	与美国增速之比
1	中国大陆	1396%	7.4%	461%
2	缅甸	660%	5.2%	326%
3	韩国	632%	5.1%	319%
4	中国台湾	566%	4.8%	299%
5	越南	484%	4.4%	272%
6	泰国	443%	4.1%	256%
7	印度	431%	4.0%	251%
8	斯里兰卡	430%	4.0%	251%
9	新加坡	418%	3.9%	246%
10	柬埔寨	394%	3.8%	235%
11	中国香港	382%	3.7%	230%

[①] 1950 年前的数据引自安格斯·麦迪森所著的《世界经济千年史》,所有数据均按 1990 年国际元计算。2015 年的数据引用自世界大型企业联合会发布的 *The Total Economy Database 2015*。

排名	国家/地区	1978—2015 年总增长率	年均增长率	与美国增速之比
12	马来西亚	369%	3.6%	224%
13	印度尼西亚	346%	3.4%	213%
14	智利	330%	3.3%	204%
15	莫桑比克	293%	2.9%	184%
与美国数据作比较				
39	美国	180%	1.6%	100%

注：根据 2014 年购买力平价计算，不包括人口低于 500 万的国家。

资料来源：根据世界大型企业联合会发布的 *The Total Economy Database 2015* 数据计算。

就快速增长的经济体数量而言，亚洲经济体占据压倒性优势。如表 3-2 所示，世界增速最快的 10 个经济体全部来自亚洲——事实上，前 13 位增速最快的经济体均来自亚洲。

因此，亚洲经济发展取得巨大成功，并非因为推行了世界银行与 IMF 所倡导的"华盛顿共识"。这说明，中国要确保成为高收入经济体，就不能听信世界银行的教条，而是要侧重学习何种因素能确保本国经济增速超过所有其他国家，然后要了解是何种因素导致亚洲经济快速增长。

中国与亚洲"四小龙"的人均 GDP 差距缩小

既然中国的人均 GDP 增速快于其他任何经济体，为何其仍未达到高收入经济体的国际标准？答案当然是取决于不同经济体的起点。

1929 年，中国是世界上最不发达的国家之一，人均 GDP 仅相当于美国的 8%，彼时印度的人均 GDP 高于中国 30%。就经济发展而言，清王朝与 1911 年后成立的中华民国在追赶发达经济体上是失败的——1900 年中国的人均 GDP 相当于美国的 13%，1913 年这一数据为 10%。

自日本侵华、中国内战到 1950 年，中国几乎是世界上最贫穷的国家之一，当时中国的人均 GDP 仅相当于美国的 5%。1950 年，世界 141 个经济体中只有 10 个国家的人均 GDP 低于中国，它们是非洲的 8 个国家（博茨瓦纳、布隆迪、埃塞俄比亚、几内亚、几内亚比绍、莱索托、马拉维、坦桑尼亚）和亚洲的 2 个国家（缅甸、蒙古国）。

这里有一个有趣的比较：据麦迪森计算，1950 年时印度的人均 GDP 高于中国近 40%；据世界大型企业联合会计算，1950 年时印度的人均 GDP 高于中国近 80%。

到 1978 年，中国取得了了不起的社会成就，比如中国的平均预期寿命增速快于世界上有史以来的其他任何主要国家，笔者曾在拙文《为何毛泽东思想对世界不可或缺？》中对此有过详细分析。

那个时期，中国也为工业化奠定了基础，大幅度缩小了与其他大型发展中经济体，如印度人均 GDP 的差距：据世界大型企业联合会根据购买力平价计算，印度的人均 GDP 从 1950 年领先中国 80% 到 1978 年缩小至 30%。

据麦迪森计算，印度的人均 GDP 从 1950 年领先中国近 40% 到 1978 年缩小至 0。这是相当可观的经济成就。当然，这也是了不起的社会成就，但中国的人均 GDP 仍远远落后于其他快速增长的经济体。

自 1978 年以来，中国的经济增速快于其他任何国家，也快速缩小了与所有发达经济体和快速增长的经济体的人均 GDP 差距。如表 3-3 所示，1978 年时美国的人均 GDP 是中国的 30 倍，2015 年时这一差距缩小至 4 倍。表 3-3 同时显示，中国在多项数据上已缩小与所有快速增长的发展中经济体之间的差距，有些数据甚至已超过后者。

表 3-3 1978 年与 2015 年,各经济体人均 GDP 与中国大陆人均GDP 的对比比例

国家/地区	1978 年	2015 年
中国大陆	—	—
缅甸	76%	37%
韩国	599%	273%
中国台湾	817%	332%
越南	112%	42%
泰国	362%	118%
印度	113%	40%
斯里兰卡	238%	75%
新加坡	2028%	598%
柬埔寨	85%	25%
中国香港	1518%	408%
马来西亚	715%	190%
印度尼西亚	318%	81%
智利	738%	174%
莫桑比克	44%	10%
美国	3010%	404%

注:根据 2014 年购买力平价计算,不包括人口低于 500 万的国家。

资料来源:根据世界大型企业联合会发布的 *The Total Economy Database 2015* 数据计算。

但亚洲"四小龙"的人均 GDP 起点均高于中国,这是它们早已达到高收入经济体的国际标准,仍领先中国 5~10 年的原因。

从 1978—2015 年,中国与亚洲"四小龙"的人均 GDP 差距均有所缩小,具体情况如下:

- 中国大陆与中国台湾的人均 GDP 差距已从逾 8 倍缩小至仅略超过 3 倍;
- 中国内地与中国香港的人均 GDP 差距已从 15 倍缩小至 4 倍;
- 中国与新加坡的人均 GDP 差距已从逾 20 倍缩小至不到 6 倍;
- 中国与韩国的人均 GDP 差距已从近 6 倍缩小至不到 3 倍。

综上所述，自 1978 年以来，中国的经济表现远远优于亚洲"四小龙"，但后者经济增速继续远远快于老牌发达经济体。因此，中国最终要缩小与亚洲"四小龙"的人均 GDP 差距，就必须要继续长期（数十年）保持良好的表现。

中国与发达经济体发展战略的比较

上文所述的是中国与快速增长的发展中经济体的比较，本节将主要比较中国与发达经济体的发展战略。

上文已指出，最重要的老牌发达经济体的人均 GDP 年增长率在非常长的一段时间内（通常已超过一个世纪）不到 2%。

表 3-4　1978—2015 年中国与发达经济体人均 GDP 比较

国家	1978—2015 年总增长率	年均增长率	发达经济体与中国的增长率差距	1978 年中国与发达经济体的人均 GDP 差距	2015 年中国与发达经济体的人均 GDP 差距
日本	182%	1.6%	22%	2078%	—
法国	156%	1.2%	16%	2465%	286%
英国	189%	1.7%	23%	2123%	298%
德国	177%	1.6%	21%	2625%	340%
美国	180%	1.6%	22%	3010%	404%
中国	1396%	7.4%	—	—	—

注：根据 2014 年购买力平价计算，数据不包括人口低于 500 万的国家。
资料来源：根据世界大型企业联合会发布的 *The Total Economy Database 2015* 数据计算。

如表 3-4 所示，这种基本的模式并未改变。以最重要的发达经济体 1978—2015 年的人均 GDP 年均增长率为例，英国为 1.7%，美国、德国、日本为 1.6%，法国为 1.2%。

中国人均 GDP 年均增长率超过所有这些经济体的 4 倍。结果是，中国缩小了与这些经济体的人均 GDP 差距。

但也需要清楚地注意到，这些发达经济体的人均 GDP 年增长率相差无几，都低于 2%，最高的为 1.7%，最低的为 1.2%。1978—2015 年，中国与这些发达经济体的人均 GDP 差距缩小具体如下：

- 中国与美国的人均 GDP 差距已从 30 倍缩小至 4 倍；
- 中国与德国的人均 GDP 差距已从 26 倍缩小至不到 3.5 倍；
- 中国与英国的人均 GDP 差距已从 21 倍缩小至不到 3 倍；
- 中国与法国的人均 GDP 差距已从 25 倍缩小至不到 3 倍；
- 中国与日本的人均 GDP 差距已从近 21 倍缩小至不到 3 倍。

中国快速缩小与这些发达经济体的人均 GDP 差距是必然结果，但也具有一定的历史背景原因。

发达经济体经济缓慢增长已是长期现象，包括人均 GDP 增长缓慢仅是冰山一角。

也就是说，发达经济体年均增长率缓慢增长，并非由于其当前较高的人均 GDP 水平，而是当其人均 GDP 水平甚至明显低于中国当前水平的更早时期就存在这一现象。鉴于所有发达经济体基本上超过一个世纪都维持相同且非常慢的增长率，如果中国采用其增长模式，那么中国也将会陷入缓慢增长。

结　论

综上所述，全球经济发展状况显而易见。因此，任何突破"中等收入陷阱"的经济理论和战略必须符合事实。可以看到：

- 如果目标是追赶发达经济体，那么全盘照搬发达经济体的任何模式都是错误的。主要发达经济体的模式是数十年(超过一个世纪)维持缓慢增长。

中国采用这样的缓慢增长模式就无法在 5~10 年后达到高收入经济体的国际标准，或者缩小与发达经济体的差距。因此，中国必须利用已被普遍证明的快速增长经济模式——成功的发展中经济体就是采用这种模式。

发展中经济体所采用的这些模式如下：

•到目前为止，中国在促进经济快速增长方面拥有最成功的战略。1950—2015年与1978—2015年期间，中国的人均GDP增长率优于所有其他经济体。

•继中国后的第二成功的经济发展战略，通常被称为"亚洲发展模式"，拙文《为什么亚当·斯密的"古典经济理论"可以很好地诠释亚洲的增长？》曾对亚洲模式的主要特征进行了详细的分析。

•世界银行与国际货币基金组织倡导、新自由主义所推崇的"华盛顿共识"，与中国的发展模式和那些快速增长的亚洲经济体相比是一种失败，正如林毅夫在上文的精准评价。

事实是，中国经济发展的任何理论与政策必须立足于克服"中等收入陷阱"。就全球经济增长而论，任何经济理论与发展战略，必须能对下述三个基本事实给出答案。这三个决定性的问题如下：

•为什么中国的人均GDP增长率会优于所有其他经济体？

•为什么人均GDP起点高于中国，已达到高收入经济体国际标准的少数亚洲经济体表现不如中国，但优于所有其他发展中经济体？

•为什么遵循"华盛顿共识"的大多数发展中经济体未能实现经济快速增长，或者虽然成功跻身于高收入经济体，却在大多数情况下进一步落后于大多数发达经济体？

中国经济发展的任何政策都不能以"华盛顿共识"的教条为基础。因为全球增长数据显示，"华盛顿共识"是一种失败的发展战略。相反，实现经济快速增长的那些国家并非基于"华盛顿共识"。应对如何克服"中等收入陷阱"这样严肃问题的唯一正确方法是实事求是。

04 改革开放到中共十九大以来中国所取得的辉煌成就是马克思主义中国化的胜利[*]

　　95 年来,中国共产党之所以能够完成近代以来各种政治力量不可能完成的艰巨任务,就在于始终把马克思主义这一科学理论作为自己的行动指南,并坚持在实践中不断丰富和发展马克思主义。这使我们党得以摆脱以往一切政治力量追求自身特殊利益的局限,以唯物辩证的科学精神、无私无畏的博大胸怀领导和推动中国革命、建设、改革,不断坚持真理、修正错误。无论是处于顺境还是逆境,我们党从未动摇对马克思主义的信仰。

　　……

　　马克思主义是我们立党立国的根本指导思想。背离或放弃马克思主义,我们党就会失去灵魂、迷失方向。在坚持马克思主义指导地位这一根本问题上,我们必须坚定不移,任何时候任何情况下都不能有丝毫动摇。[1]

---

　　* 本文写于 2018 年 5 月。

　　[1] 习近平:《不忘初心,继续前进》(2016 年 7 月 1 日),《习近平谈治国理政》(第二卷),外文出版社,2017 年,第 33 页。

中共中央总书记习近平在庆祝中国共产党成立 95 周年大会上的上述讲话,尤其适用于庆祝中国改革开放 40 周年。原因是:尽管中国、中国共产党与马克思主义之间的关系显而易见,但西方一些势力,甚至中国国内一些势力,均宣称"中国改革开放取得巨大成功并非因为坚持马克思主义"。出现这种说法的原因很简单,稍后再对此进行分析。在此将首先从经济增速、生活水平增速、经济快速增长时期所惠及的人口占世界比重与减贫成就等方面,对改革开放以来中国与其他国家发展成就进行历史与国际比较,以证明中国所取得的成就在人类历史上是没有先例的。换言之,改革开放以来中国取得人类历史上最伟大的经济成就,不仅惠及中国,而且惠及全人类。这种制度获得的空前成功,对中国乃至全世界都具有重要意义。因为:

• 如果中国取得成功是因为选择马克思主义和社会主义道路,那么就正如习近平在 2017 年 10 月召开的中共十九大上所指出的:"中国特色社会主义,给世界上那些既希望加快发展又希望保持自身独立性的国家和民族提供了全新选择。"[①] 事实上,改革开放以来中国所取得的空前成就证明,社会主义发展道路优于资本主义发展道路。

• 但承认这一点对西方来说是无法接受的,因为这样一来西方制度将在国际和国内失去合法性。这导致西方只能硬着头皮宣称,改革开放以来中国特色社会主义制度取得前所未有的辉煌成就不是因为中国坚持马克思主义,而是因为中国放弃或背离马克思主义。

鉴于此,本文的目的很简单,只想证明中国选择马克思主义和社会主

---

① 习近平:《决胜全面建成小康社会 夺取新时代中国特色社会主义伟大胜利——在中国共产党第十九次全国代表大会上的报告》(2017 年 10 月 18 日),新华网,2017 年 10 月 27 日,http://www.xinhuanet.com/politics/2017-10/271C-1121867529.htm。

义道路是正确的，西方试图维护资本主义的合法性的说法则是错误的。为此，下文将根据四个相互关联的章节进行论述：

- 第一部分将证明，改革开放以来中国所取得的经济成就在人类历史上是没有先例的。

- 第二部分将证明，改革开放完全符合马克思主义，这是改革开放取得成功的关键。事实上，改革开放标志着中国从跟随苏联背离马克思主义，到回归马克思主义。也就是说，改革开放令马克思主义中国化得到进一步发展。

- 第三部分将通过西方资本主义国家的实证研究证明，马克思主义不是教条，而是发展着的理论。因此，改革开放取得的成功是坚持马克思主义和实事求是的思想路线的结果。

- 第四部分将证明，由于意识形态原因，西方资本主义国家被迫拒绝马克思主义，进而被迫否认经济发展事实，这削弱了西方解决自身经济问题的能力。这就是为何过去40年中国取得人类历史上最伟大的经济成就，而西方却陷入"新平庸"和国际金融危机泥潭不能自拔的原因。

概括来说，分析改革开放所体现的马克思主义基本原理，有助于了解中国为何能取得成功，而西方经济体陷入"新平庸"——长期缓慢增长。因此，从理论和实践角度看，改革开放以来中国所取得的空前成就，对中国乃至全世界都具有重要意义。

下文将遵循实事求是的原则，首先对改革开放以来中国取得的成就与其他国家发展成就进行历史与国际比较，其次用马克思主义经济学与西方经济学术语分析中国取得成功的理论原因，最后将简要总结为何一些国家不接受马克思主义，却仍可从中国改革开放经济模式中受益的原因。

一、中国改革开放 40 年成就斐然

对于评估中国经济发展成就这样严肃的事件而言,乐观主义抑或悲观主义都非美德,唯有现实主义才是美德。因此,有必要根据经济发展速度、受益人口占全人类比例、生活水平增速、减贫成就等方面,对改革开放以来中国取得的成就与其他国家发展成就进行历史与国际比较,以验证上文所述的"改革开放 40 年来中国取得了人类历史上最伟大的经济成就"这一说法是否属实。

论述这些客观事实非常重要。首先,它事关中国能否对自己所取得的成就作出准确判断,并证明中国制度何以值得自信。美国新保守派、经济民族主义者等希望掩盖中国所取得的成就,因为他们承认这一点将改变世界对中国的认知,包括改变美国民众对中国的看法。其次,因为它事关中国改革开放对经济理论的意义。如果改革开放的结果只是中小规模经济事件,那么分析其成功的原因没有什么特别意义。但相反,改革开放取得伟大成就,从理论上分析它成功的原因是绝对有必要的。普遍来看:

• 占世界绝大多数人口的发展中国家公开承认,中国取得了人类历史上最伟大的经济成就。这说明到目前为止,中国特色社会主义经济模式是实现经济增长,大规模、快速地提高民众平均生活水平,从根本上消除贫困的最有效、可行的方式。

• 对发达经济体来说,兼具起决定性作用的国有企业和民营企业的中国特色社会主义市场经济,远比失败的新自由主义"华盛顿共识"与发达经济体所奉行的紧缩政策成功,不失为另一种选择。

• 对于美国新保守派与经济民族主义者来说,最可怕的是在提高经济增速与改善民众生活水平方面，最成功的国家——中国是社会主义国家，而非资本主义国家。因为美国民众了解这种形势将改变美国的政治格局。

中国国内的买办知识分子，即其利益与外国而非中国紧密相连的那些人，也希望掩盖中国所取得的发展成就。这是因为他们知道，中国民众准确了解了中国所取得的成就，将令"外国模式优于中国"的说法破产。

为让大家对此有直观的认识，下文将首先对改革开放以来中国所取得的成就进行系统性的历史与国际比较。

改革开放前中国比世界上绝大多数国家穷

要准确评估改革开放的影响，就有必要结合当时的历史和国际背景来进行分析。为避免文章过于冗长，在此对 1949—1978 年改革开放前的发展阶段就不作详细分析了，仅对改革开放大背景下的若干关键点进行概述。拙著《一盘大棋？——中国新命运解析》对此有详细介绍，感兴趣的读者可自行前往查阅。

首先，有必要了解，历经外国列强一个多世纪的干预和入侵后，1949 年中华人民共和国成立时的国家是多么的贫穷。安格斯·麦迪森的经典著作《世界经济千年史》提供的数据显示，1950 年仅有 2 个亚洲国家（缅甸、蒙古国）和 8 个非洲国家（博茨瓦纳、布隆迪、埃塞俄比亚、几内亚、几内亚比绍、莱索托、马拉维、坦桑尼亚）人均 GDP 低于中国，当时印度人均 GDP 高于中国 38%。与麦迪森的结果有所不同的是，世界大型企业联合会同年的分析数据则显示，坦桑尼亚人均 GDP 略高于中国，但布基纳法索、柬埔寨、莫桑比克人均 GDP 低于中国，印度人均 GDP 高于中国。但这样细小的差异不会改变结果——1949 年的中国不仅是不发达的国家，而且是世界上最贫穷的国家之一。

鉴于 1949 年的中国极度贫穷落后，部分学者强调，1949—1978 年为

国际比较表明，人均 GDP 差异对国家间预期寿命差异高低的影响率超过 70%。因此，习近平指出："发展是党执政兴国的第一要务，是解决中国所有问题的关键。"[1]

同样的原则也适用于人类生活水平的直接物质基础——消费。经济发展的目标是促进消费增长的可持续性。可持续性包括保护而非损害环境，这令消费快速增长持续很长一段时间成为可能。但这方面的目标应是消费增长，而非 GDP 增长。消费增长与 GDP 增长之间存在极强的相关性，意味着 GDP 增长是实现消费增长不可或缺的手段。正如下文所示，GDP 增长对中长期消费增长的贡献率超过 80%。

国际媒体和部分中国媒体对消费存在误读

改革开放以来，国际媒体和部分中国媒体对消费增长问题存在误读，它们时不时宣称"中国消费增长疲软"。但这是因为它们混淆了"消费占 GDP 比重"与"消费增长率"这两个不同的概念。正如下文所示，改革开放以来中国消费增速超过世界任何国家。厘清这个问题非常重要，因为正如习近平所强调的："带领人民创造幸福生活，是我们党始终不渝的奋斗目标。"[2]

中国与发展中经济体居民消费增速比较

遗憾的是，现在可查到的居民消费增长数据不如 GDP 数据多。世界银行提供的居民消费国际可比数据普遍是从 1960 年开始的，且不包括

---

① 习近平:《不忘初心，继续前进》(2016 年 7 月 1 日)，《习近平谈治国理政》(第二卷)，外文出版社，2017 年，第 38 页。
② 同上，第 40 页。

中国台湾的数据。但幸运的是,数据的局限性对于形势的分析,事实上并未产生重大影响。主要原因有两个:

- 中国居民消费增速领先其他国家太多,导致将其他数据包括在内也不会改变形势;
- 发展中经济体经济增长最快的时期是在二战后和 20 世纪 60 年代以后。[①]

下文将首先对中国与经济快速增长之初的其他发展中经济体居民消费增长进行比较,然后再对中国与发达经济体居民消费增长作比较。

鉴于此,图 4-3 为大家呈现 1960—2016 年期间十大发展中经济体各自 38 年居民消费增长最快时期增长率比较。有必要指出的是,主要经济体是指人口超过 500 万的经济体。可以看出,1978—2016 年中国居民消费增长 1816%,年均增长 7.9%,增速超过任何发展中国家;第二高的是中国香港,1961—1999 年其居民消费增长 1605%。但 2017 年中国香港人口仅有 740 万人,只刚好满足主要经济体的人口标准。就居民消费增长而言,继中国后第一个真正意义上的大经济体是韩国,2017 年韩国人口为 5140 万人,1964—2002 年韩国居民消费增长 1479%。与中国最具可比性的真正的大经济体则是印度尼西亚和印度,1966—2000 年印度尼西亚居民消费增长 920%,年均增长 6.0%;1978—2016 年印度居民消费增长 752%,年均增长 5.5%。

---

① 以增速仅次于中国的亚洲"四小龙"为例,1950—1960 年中国台湾 GDP 年均仅增长 8.0%,1960—1970 年为 9.6%,1980—1990 年为 9.8%;1950—1960 年新加坡 GDP 年均仅增长 5.3%,1960—1970 年为 9.2%,1970—1980 年为 9.0%;1950—1960 年中国香港 GDP 年均仅增长 6.9%,1960—1970 年为 8.9%,1970—1980 年为 9.0%;1950—1960 年韩国 GDP 年均仅增长 5%,1960—1970 年为 8.7%,1970—1980 年为 8.4%。

显而易见,中国居民消费增速远远超过其他主要发展中经济体。

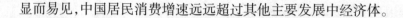

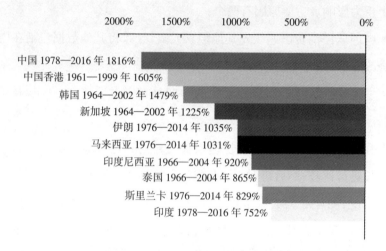

图 4-3 1960—2016 年期间十大发展中经济体各自 38 年居民消费增长最快时期增长率比较(以剔除通胀因素后的美元计价)

资料来源:根据世界银行发布的《世界发展指标》,《中国统计年鉴 2017》表 3-16 数据计算。

中国与发达经济体居民消费增速比较

本节谈中国与发达经济体居民消费增速比较,并非所有发达经济体二战前很长一段时间的数据都可查到,但仍然可以看出,发达经济体居民消费增速都不如中国。这显然有两个原因:

• 大型发达经济体中居民消费增速最快的是二战后的日本,但长期数据显示,日本居民消费增速没有中国快;

• 发达经济体居民消费增长最快时期是在二战期间或二战后,而非二战前,而且主要经济体这一时期的数据都可查到。

图 4-4 呈现的是中国与美国、日本、英国三个发达经济体各自 38 年居民消费增长最快时期增长率比较,包括二战前后数据。可以看出,日本

居民消费增速远超美国和英国:1946—1984 年日本居民消费增长
1554%。有必要指出的是,由于二战战败后经济遭受毁灭性的破坏,1946
年日本经济起点很低,当年日本居民消费能力受到严重抑制。也就是说,
由于统计效应,1946—1984 年日本居民消费增长 1554% 这一数据有所失
真。但即使将二战战败后经济遭受毁灭性的破坏令消费受到严重抑制这
一例外情况排除在外, 日本居民消费增速仍远超其他任何发达经济体。
比如,1950—1988 年和平时期,日本居民消费仍增长 1236%。1978—2016
年中国居民消费增长 1816%, 远超 1946 年起点很低数据有所失真的日
本消费增速。这一事实显示,中国居民消费增速远超其他任何发达经济
体。再者,1933—1971 年美国居民消费增长 473%,1969—2007 年英国为
281%,显然远落后于中国。也就是说,中国居民消费增速是美国的近四
倍,英国的六倍多。

概括地说,改革开放以来中国居民消费增速快于任何发展中或发达
经济体,创造了人类历史上主要经济体中最快的居民消费增速。

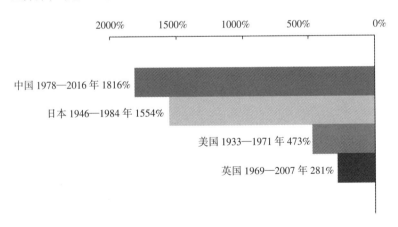

图 4-4 中国、美国、英国、日本,各自 38 年居民消费增长最快时期增长率比较
(以剔除通胀因素后的美元计价)

资料来源:根据世界银行发布的《世界发展指标》、莱斯纳《百年经济统计》、美国经济
分析局发布的《国民账户》表 1.1.3 数据计算。

中国与发展中经济体总消费增长比较

上文对居民消费进行了分析，本节谈谈总消费（居民消费+政府消费）。虽然居民消费占消费的最大一部分，也是 GDP 的重要组成部分，但消费还包括政府消费——通常集中在医疗、教育、治安、环保、消防、救灾等领域。遗憾的是，大多数国家的总消费长期数据并不完整。世界银行提供的总消费国际可比数据仅从 1990 年起。鉴于此，只能对 1990 年以来中国与其他国家总消费进行比较。但正如居民消费比较一样，中国总消费增速远高于其他任何国家。

为了让大家对此有更深的了解，图 4–5 为大家呈现 1990—2016 年发展中经济体总消费增长比较。可以看出，1990—2016 年中国总消费增长 990%，远超其他任何主要经济体，总消费增长 490% 的马来西亚则居第二位。也就是说，这一阶段中国总消费增速是排名第二的马来西亚的两倍多。

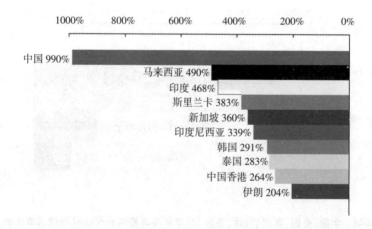

图 4–5　1990—2016 年期间十大发展中经济体总消费增长比较
（以剔除通胀因素后的美元计价）

资料来源：根据世界银行发布的《世界发展指标》数据计算。

为体现完整性,特在比较分析中加入非洲、拉丁美洲和加勒比地区发展中经济体。应指出的是,1990 年后非洲、拉丁美洲和加勒比地区许多经济体总消费增长特别强劲,表现远优于亚洲一些发展中经济体。正如图 4-6 所示,1990—2016 年中国总消费增长 990%,无疑仍为世界最快增速。总消费分别增长 490% 和 468% 的马来西亚和印度则居于第二位和第三位。但莫桑比克、卢旺达、乌干达、智利和多米尼加也跻身总消费增长最快前十的国家。

因此,就总消费增长变化而言,世界前十国家构成情况,不会改变 1990—2016 年中国总消费增速是其他任何国家的两倍多这一现实。

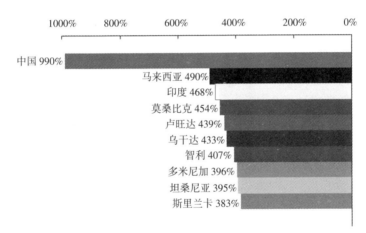

图 4-6　1990—2016 年中国与发展中经济体总消费增长比较
(以剔除通胀因素后的美元计价)

资料来源:根据世界银行发布的《世界发展指标》数据计算。

中国与发达经济体总消费增长比较

本节谈中国与发达经济体总消费增长比较。正如图 4-7 所示,1990—2016 年中国总消费增长 990%,美国为 188%。中国总消费增速是美国的 5 倍多,更是超过英国、法国、德国和日本。换言之,中国总消费增速远超主要发达经济体。

　　总的来说,改革开放以来中国总消费与居民消费增速快于任何主要国家。也就是说,改革开放完全实现了习近平所作的"带领人民创造幸福生活,是我们党始终不渝的奋斗目标"的承诺。

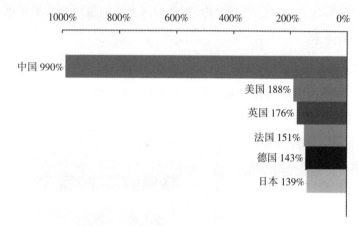

图 4-7　1990—2016 年中国与发达经济体总消费增长比较
（以剔除通胀因素后的美元计价）

资料来源:根据世界银行发布的《世界发展指标》数据计算。

纠正对邓小平关于 GDP 增长与
生活水平之间关系论述的一些误读

　　从上述分析中可以明显地看出,改革开放以来中国所取得的成就令人惊叹。这是马克思主义中国化不断发展的一个标志,相信中国社会各界围绕习近平所作的中共十九大报告进行的讨论有助于进一步消除对邓小平一些设想的误解。从理论上讲,这与 GDP 增长和经济发展目标之间的关系这个问题密切相关。邓小平在《建设有中国特色的社会主义》的讲话中指出:

　　社会主义阶段的最根本任务就是发展生产力,社会主义的优越性归根到底要体现在它的生产力比资本主义发展得更快一些,更高一些,并且在发展生产力的基础上不断改善人民的物质文化。①

　　"社会主义阶段的最根本任务就是发展生产力"这句话有时遭到一些人的误读,他们笼统地理解为"中国制定经济政策的目的是实现 GDP 增长,而非提高中国老百姓生活条件和实现中华民族伟大复兴"。习近平所强调的"坚持以人民为中心"有助于消除这种误解。这说明,中国经济理论在中共十九大得到了进一步的澄清和发展。

改革开放以来中国对全球减贫的贡献率最大

　　中国最重要的承诺之一是到 2020 年实现贫困人口全部脱贫。这将是改革开放 40 年的主要成果之一。这对中国乃至全人类都有着极其重大的意义。因为世界上绝大多数人口面临的最大问题仍然是低收入与贫困。

　　低收入与贫困问题关乎寿命长短。正如图 4-8 呈现的最新国际可比数据所示,低收入经济体人均预期寿命为 61.7 岁,高收入经济体人均预期寿命为 80.8 岁——两者之间相差 19.1 岁。也就是说,生活在低收入经济体的人比生活在高收入经济体的人早死很多年。

---

　　① 邓小平:《建设有中国特色的社会主义》(1984 年 6 月 30 日),《邓小平文选》(第三卷),人民出版社,1993 年,第 63 页。

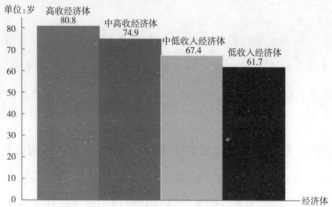

图 4-8　2015 年不同类型经济体人均预期寿命比较

资料来源:根据世界银行发布的《世界发展指标》数据计算。

改革开放以来中国对全球减贫的贡献率高达 75%。换言之,中国减贫人数超过世界上其他任何一个国家。这难道不是中国最伟大的成就之一吗?

世界银行的国际贫困标准

世界银行定期修订其设定的国际贫困标准。本文所引用的数据基于世界银行的最新国际贫困标准——2011 年购买力平价 1.9 美元。下文将根据这一标准,首先对 1981—2013 年中国与其他国家减贫数据进行比较,进而计算出中国对全球减贫的贡献率。鉴于有些国家这一阶段的减贫数据有所缺失,且有些国家贫困人口数量长期持续上升,因此为体现公平性,后面将对各国减贫人口峰值进行比较。

图 4-9 和图 4-10 为大家呈现如下基本数据:

• 中国减贫人数为 8.53 亿,占全世界减贫人数的 75%,对世界减贫的贡献率具有压倒性优势;

• 中南半岛的社会主义国家减贫人数占全世界减贫人数的 3%;

• 所有资本主义发展中国家减贫人数仅占全世界减贫人数的 22%。

上述数据无疑体现了中国在世界减贫方面所发挥的决定性作用。正如上文所述,中国对世界减贫贡献率高达 3/4。同时,数据也显示,社会主义国家对减贫起到决定性的作用,相较之下资本主义国家则是失败的。如果资本主义在减贫方面具有高效率,那么资本主义发展中国家(如印度、印度尼西亚或者撒哈拉以南非洲国家)的减贫人数应是最多的。但事实正好相反,到目前为止社会主义国家减贫人数是最多的。

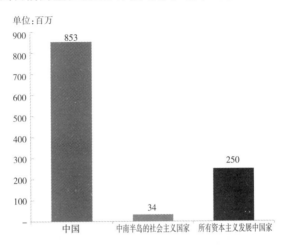

图 4-9 1981—2013 年世界减贫人口数量比较

资料来源:根据世界银行发布的《世界发展指标》数据计算。

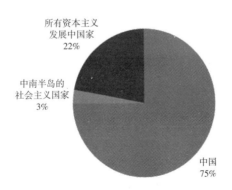

图 4-10 1981—2013 年中国、中南半岛的社会主义国家、
所有资本主义发展中国家减贫人口占世界比例比较

资料来源:根据世界银行发布的《世界发展指标》数据计算。

最新减贫数据

为避免有人认为截至 2013 年的数据过时而影响比较结果,图 4-11 为大家呈现 10 个国家/地区最新减贫数据,以便计算世界减贫贡献率。

当然从人类福祉角度看,2004 年后印度终于开始减少贫困人口,这是一件令人欣慰的事。但即便如此,印度减贫人数不及中国的 1/5。撒哈拉以南非洲国家减贫人数也比中国少得多。

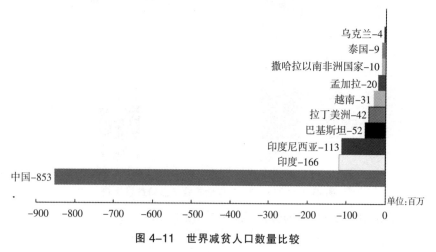

图 4-11 世界减贫人口数量比较

资料来源:根据世界银行发布的《世界发展指标》数据计算。

社会主义国家在世界减贫方面起到了决定性作用

从上述数据和如下呈现的图 4-12 与表 4-2 数据可以明显看出,中国和其他社会主义国家在世界减贫方面起到了决定性作用,相较之下资本主义国家则显得无能:

● 按照世界银行国际贫困标准,1981 年有 19.03 亿人陷于贫困之中。从 1981—2013 年,中国贫困人口从 8.78 亿降到 2500 万,即下降 97%。同期世界其他地区贫困人口则从 10.25 亿降到 7.41 亿,仅下降

28%。显然易见,社会主义国家——中国在减贫方面远比包含世界绝大多数贫困人口的资本主义发展中国家成功。

● 但即便如此,这些数据也抬高了资本主义发展中国家的减贫表现。这是因为 1981 年中南半岛的社会主义国家(越南、老挝),以及深受共产主义影响的国家——柬埔寨的减贫数据在世界银行数据库未查到,越南、老挝和柬埔寨的减贫数据分别在 1992 年和 1994 年首次出现在世界银行数据库。假设 1981—1992/1994 年中南半岛的社会主义国家的贫困人口没有减少,那么同期资本主义发展中国家贫困人口就仅仅下降了 25%。资本主义发展中国家减贫表现更糟。

● 换言之,中国减贫人数下降 97%,中南半岛的社会主义国家减贫人数下降 91%,资本主义发展中国家减贫人数仅下降 25%。没有什么比这更能证明社会主义国家优于资本主义国家了!

这样的事实对于发展中国家具有重大意义。它确切地表明,社会主义而非资本主义,是消除贫困的最有效途径。它也凸显了社会主义国家——中国对世界减贫的贡献率具有压倒性优势。

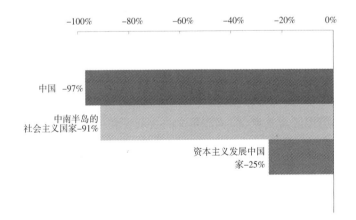

图 4-12　中国、中南半岛的社会主义国家和资本主义发展中国家减贫率比较

资料来源:根据世界银行发布的《世界发展指标》数据计算。

表4-2 世界、中国、中南半岛的社会主义国家和资本主义发展中国家减贫率比较

世界、国家	贫困人口数(单位:百万)		减贫率
	1981 年	2013 年	
世界	1903	766	
中国	878	25	-97%
不包括中国在内的世界贫困人口	1025	741	-28%
1992/1994—2012 年中南半岛的社会主义国家 [1]	38	4	-91%
资本主义发展中国家	987	737	-25%

注:1.假设中南半岛的社会主义国家1981年的贫困人口数量与1992/1994年相同。
资料来源:根据世界银行发布的《世界发展指标》数据计算。

中国在世界减贫方面起到了决定性作用

本节对世界减贫成果进行一下总结:

• 中国减贫人数占全世界减贫人数的 3/4,是印度的 5 倍多,印度尼西亚的 7 倍多,拉丁美洲的 20 多倍,撒哈拉以南非洲国家的 85 倍。

• 这 8.53 亿人的生活水平得到了极大的改善,大大拓宽了他们在实际生活中的选择,与西方定义的荒谬的人权概念相比,中国对人类福祉的贡献更大。如果问一个正常的中国人或者印度人,他们是愿意选择在穷困潦倒中度过,但有权用 Facebook(除了他们真的一贫如洗买不起电脑外),还是可以脱离贫困,但不能用 Facebook? 相信他们的答案会让你很快明白,西方定义的人权概念是个天大的笑话。

• 这个问题同样适用于其他发展中国家民众。如果你问他们,一个人是多活 19 年更重要,还是能用 Facebook 更重要?相信他们的答案会让你再次看清,西方定义的人权概念只是笑话而已。

中国减贫人数超过欧盟和拉美大陆的人口总和。这样的减贫成就令

其他国家相形见绌。

结论:改革开放以来中国所取得的
经济成就在世界经济发展史上是没有先例的

综上所述,改革开放 40 年以来中国取得的人类历史上最伟大的经济成就体现在以下四个方面:

- 人类历史上主要国家中最快的经济增速;

- 经济持续快速增长阶段,大幅度地提高生活水平所惠及的人口,远超人类历史上其他任何国家同期人口;

- 人类历史上主要国家中最快的生活水平增速;

- 减贫成就。

改革开放以来,中国取得了人类历史上最伟大的经济成就,不仅为实现中华民族伟大复兴奠定了坚实的物质基础,而且为提高人类整体生活水平做出了巨大的贡献。这一说法并非为迎合中国的民族主义者,也并非为取悦中国媒体而有意说的客套话,只是简单陈述事实而已。

西方媒体和中国买办知识分子有意隐瞒中国增速远超人类历史上其他任何国家这一事实,有一个重要原因:因为创造无与伦比的经济发展速度和规模的是一个社会主义国家,而非资本主义国家。如果这成为广为人知的事实,那么将改变世界对中国的看法。因此,西方媒体和中国买办阶层极力炮制假新闻与隐瞒事实——中国改革开放以来所取得的经济发展成就在世界经济发展史上是没有先例的。

想中,公有制和私有制将在一段时间内同时存在。

马克思在其后来的作品中,对资本主义社会过渡到社会主义/共产主义社会将需要很长一段时间做了更详尽的分析,与《共产党宣言》所做的分析完全一致。他在最后一部作品《哥达纲领批判》中就后资本主义社会过渡到共产主义社会予以分析指出:

> 我们这里所说的是这样的共产主义社会,它不是在它自身基础上已经发展了的,恰好相反,是刚刚从资本主义社会中产生出来的。因此它在各方面,在经济、道德和精神方面都还带着它脱胎出来的那个旧社会的痕迹。[①]

马克思就这种过渡提出,社会报酬、产品与服务的分配,必须要"按劳分配"(这是交换价值的基础),即便是在国有经济框架内:

> 所以,每一个生产者,在作了各项扣除以后,从社会领回的,正好是他给予社会的。他给予社会的,就是他个人的劳动量……

> 显然,这里通行的就是调节商品交换(就它是等价的交换而言)的同一原则……至于消费资料在各个生产者中间的分配,那么这里通行的是商品等价物的交换中通行的同一原则,即一种形式的一定量的劳动同另一种形式的同量劳动相交换。

---

① [德]马克思:《哥达纲领批判》(1875 年),《马克思恩格斯全集》(第 25 卷),人民出版社,2001 年,第 18 页。

所以,在这里平等的权利按照原则仍然是资产阶级权利……生产者的权利是同他们提供的劳动成比例的;平等就在于以同一尺度——劳动——来计量。①

在这样的社会,不平等现象必然仍将存在:

一个人在体力或智力上胜过另一个人,因此在同一时间内提供较多的劳动,或者能够劳动较长的时间;而劳动,要当作尺度来用,就必须按照它的时间或强度来确定,不然它就不成其为尺度了。这种平等的权利,对不同等的劳动来说是不平等的权利。它不承认任何阶级差别,因为每个人都像其他人一样只是劳动者;但是它默认,劳动者的不同等的个人天赋,从而不同等的工作能力,是天然特权。所以就它的内容来讲,它像一切权利一样是一种不平等的权利。权利,就它的本性来讲,只在于使用同一尺度;但是不同等的个人(而如果他们不是不同等的,他们就不成其为不同的个人)要用同一的尺度去计量,就只有从同一个角度去看待他们,从一个特定的方面去对待他们,例如在现在所讲的这个场合,把他们只当作劳动者,再不把他们看作别的什么,把其他一切都撇开了。其次,一个劳动者已经结婚,另一个则没有;一个劳动者的子女较多,另一个的子女较少,如此等等。因此,在提供的劳动相同、从而由社会消费基金中分得的份额相同的条件下, 某一个人事实上所得到的比另一个人多些,也就比另一个人富些,如此等等。要避免所有这些弊病,权利就

---

① [德]马克思:《哥达纲领批判》(1875 年),《马克思恩格斯全集》(第 25 卷),人民出版社,2001 年,第 18~19 页。

不应当是平等的,而应当是不平等的。[①]

马克思认为,只有经过长时间的过渡时期,才会实现按需分配取代按劳分配的最终目标:

> 权利永远不能超出社会的经济结构以及由经济结构所制约的社会的文化发展。

> 在共产主义社会高级阶段……在随着个人的全面发展,他们的生产力也增长起来,而集体财富的一切源泉都充分涌流之后,——只有在那个时候,才能完全超出资产阶级权利的狭隘眼界,社会才能在自己的旗帜上写上:各尽所能,按需分配![②]

邓小平理论与马克思主义的比较分析

看看马克思的上述观点就可以清楚地看出,邓小平是严格按照马克思主义理论制定改革开放政策的。事实上,众所周知,邓小平曾指出,中国经济政策的制定必须立足于马克思主义与中国国情相结合。确切地说,正如他指出的:

> 中国革命取得成功,就是因为把马列主义的普遍原则用到自己

---

① [德]马克思:《哥达纲领批判》(1875年),《马克思恩格斯全集》(第25卷),人民出版社,2001年,第19页。
② 同上,第19~20页。

的实际中去。①

西方有一种观点认为,邓小平的经济政策与马克思主义的理论框架不是一脉相承的。但正如下文所示,中国的经济政策明显与苏联在 1929 年出台的第一个五年计划——全面实行计划经济,基本上是单一国有制的模式不同。显然,中国的经济政策是在马克思主义理论框架下制定的,即改革开放以来中国的经济政策符合马克思主义理论,但与苏联 1929 年以后的经济政策大相径庭。

邓小平就中国经济改革政策指出:

用马克思的话来说,中国正处于社会主义,而非更高级的共产主义发展阶段。中国要想实现向共产主义社会的过渡,前提条件是要大规模发展生产力/产出。

事实上,很明显,邓小平几乎是一字不变地引用了马克思在《哥达纲领批判》中的观点:

共产主义是没有人剥削人的制度,产品极大丰富,各尽所能,按需分配。按需分配,没有极大丰富的物质条件是不可能的。要实现共产主义,一定要完成社会主义阶段的任务。社会主义的任务很多,但根本一条就是发展生产力。②

①邓小平:《改革是中国发展生产力的必由之路》(1985 年 8 月 28 日),《邓小平文选》(第三卷),人民出版社,1993 年,第 139 页。
②同上,第 137 页。

更确切地说，从中国目前的发展特点来看，中国正处于社会主义初级阶段，这是制定政策的基本原则：

> 我们党的十三大要阐述中国社会主义是处在一个什么阶段，就是处在初级阶段，是初级阶段的社会主义。社会主义本身是共产主义的初级阶段，而我们中国又处在社会主义的初级阶段，就是不发达的阶段。一切都要从这个实际出发，根据这个实际来制订规划。[①]

社会主义初级发展阶段分配原则与共产主义社会分配原则（各尽所能，按需分配）相反，现阶段的社会主义分配原则是"按劳分配"："我们一定要坚持按劳分配的社会主义原则。按劳分配就是按劳动的数量和质量进行分配。"[②] 这正符合马克思在《哥达纲领批判》中所作的分析。马克思在《资本论》第一章所概述的马克思主义理论中指出，按劳分配是商品生产的基本原则——商品必然意味着市场经济的形成。在社会主义阶段，市场经济会因此存在。中国社会主义市场经济体制便是在此理论基础之上发展而成。

可以看出，邓小平制定的改革开放政策严格遵循马克思主义基本原理。

1929 年以后，苏联经济制度为何遭受失败？

上文对马克思主义理论的回顾，有助于我们评估 1929 年以后的苏联经济制度。1929 年后苏联建立的经济结构在人类历史上是没有先例

---

① 邓小平：《一切从社会主义初级阶段的实际出发》(1987 年 8 月 29 日)，《邓小平文选》(第三卷)，人民出版社，1993 年，第 252 页。
② 邓小平：《坚持按劳分配原则》(1978 年 3 月 28 日)，《邓小平文选》(第二卷)，人民出版社，1994 年，第 101 页。

的。在这个体系中：

- 所有产品的价格都由政府制定,在莫斯科与海参崴以不同的价格销售小产品是非法的,尽管莫斯科与海参崴相距六千多千米;

- 几乎所有重要的城市经济单位如当地商店和餐馆等都属于国有;而在农村,个体农场主的持有权几乎都被取消,改为国有或大型合作社;

- 在这种经济制度下,资源是通过物料平衡原则而非市场进行分配;

- 由于世界经济难以预测,所以国际贸易在这种经济制度下遭到重创,降低到极低水平。

这种制度有时被称为"计划经济",但更准确的说法是"管制经济"。因为计划经济只处理几个关键变量,同时允许市场决定其他大部分变量,而在苏联制度中,成千上万的经济变量被严格地集中控制。

从基本的经济角度看,苏联 1929 年实施的经济调控政策是用计划分配原材料一步取代价格分配,用马克思主义术语来说,就是用"使用价值"一步取代"交换价值"。但正如马克思所说,这种过渡将是一个长期的过程,而苏联在 1929 年第一个五年计划里一步就完成了这种过渡。同时,马克思在《共产党宣言》中就财产关系指出:"无产阶级将利用自己的政治统治,一步一步地夺取资产阶级的全部资本。"即在马克思的设想中,财产权的过渡将是一个长期的过程,公有制和私有制将在一段时间内同时存在。与此相反的是,1929 年苏联在很短的时间内就基本上将所有的财产充公国有了。

显然,这样的制度不符合马克思主义理论。除上文提到的基本标准外,马克思在《资本论》中也明确指出,"社会主义"这个词是派生自"社会化"(即大型)生产。他还就资本的过渡指出:

一旦这一转化过程使旧社会在深度和广度上充分瓦解,一旦劳

业都属于国有企业,中国实行了"抓大放小"的政策,保留了大型国有企业,对小型国有企业则放开为非国有/私有制,即国有和私有企业并存的经济结构。显然,这种经济结构比1929年后苏联实行的单一公有制经济制度更符合马克思的设想。当然,这同样适用于家庭联产承包责任制。邓小平主张在过渡期间实行按劳分配,而非按需分配,这同样符合马克思主义理论。正如上文所述,改革开放通过回归马克思主义创建的新经济制度——社会主义市场经济,为中国取得世界历史上最伟大的经济成就奠定了基础。

马克思主义经济学与边际主义经济学的比较分析

上文谈到改革开放以来,中国的经济政策比苏联的经济政策更符合马克思主义,本节谈马克思主义经济学与西方资本主义国家主导的经济理论的比较分析。

两者有时被称为"马克思主义经济学"和"西方经济学",但这种称谓具有误导性。出生于德国,大半生在英国度过的马克思不仅是西方人,而且他的经济理论也是源于现代经济学创始人亚当·斯密(Adam Smith)与大卫·李嘉图,并在此基础上发展而成的。正确的术语称谓应是"马克思主义经济学"与"边际主义经济学"。

要认识这种区别的意义,就有必要了解马克思所分析的问题,认为马克思不关心市场与供需平衡是一种误解。相反,马克思在《资本论》中的整体分析是基于市场运行的假设。确切地说,《资本论》里的价值分析是假设市场供需平衡。马克思提出的问题令人深思,他问道:"如果供需处于平衡,那么经济将会呈现何种态势?我们又该如何发展经济?"也就是说,马克思问了这样一个问题:"假设供需处于平衡,那么经济会发生什么变化?"

当然，这并不意味着马克思认为在任何时间点供需都是处于平衡状态的——他清楚地知道事实并非如此。马克思只是假设分析的目的：①在竞争性市场中，市场会随着时间的推移而逐步解决供需失衡。②在非竞争性市场中，高于平均水平的利润将以租金的形式产生（包括地租和经济租金——《资本论》第三卷以大部分篇幅对垄断产生的经济租金进行了分析）。也就是说，马克思并非无视市场或供需平衡，他只是想分析供需处于平衡时经济发展的动力是什么。

西方经济学，或者确切地说边际主义经济学对供需关系的分析，并不一定与马克思主义经济学相反——这取决于其整体框架的其他特征。正如下文所示，这一研究领域出现了一些有趣的进展，这仅仅是因为马克思所分析的另一个更重要的问题。如果要了解马克思主义的形成历史，就有必要回顾李嘉图和现代经济学奠基人亚当·斯密的著作，以及马克思与他们之间的关系。

亚当·斯密

矛盾之处在于亚当·斯密所著的《国富论》与马克思所著的《资本论》均毫无疑问同为经济学经典著作，但后者的传阅度比前者更高。这是因为几乎所有的马克思主义经济学家都读过《资本论》，而只有少数西方经济学家读过斯密的《国富论》。

尽管大多数西方经济学家没有看过斯密的《国富论》，但马克思却用心品读了这部作品，他对此的笔记和评论长达数百页。事实上，斯密相当一部分的分析成为马克思主义的最重要来源之一。因此，有必要对马克思与斯密之间的关系进行分析。唯其如此，才能看清他们之间的密切关系，以及马克思的观点比边际主义经济学更接近斯密的观点。

马克思与亚当·斯密

斯密在《国富论》的开篇第一句话明确指出：

> 劳动生产力、人类劳动技能以及思维判断力的大幅提高，都是劳动分工的结果。

按其一贯说法来看，其著作的其他主要结论都是依据此话推导而来的。马克思在他最初的著作里，如《德意志意识形态》仍沿用斯密的劳动分工说法，但在其后期的著作里则用"劳动社会化"[1]或"社会化生产"[2]取代了"劳动分工"，但两种说法可谓异曲同工。当然马克思把劳动社会化／劳动分工视为最重要的生产力，以及把提高劳动社会化程度视为人类进步的最重要来源，正如他指出的："劳动分工提升了社会文明程度。"

如下文所示，马克思与斯密的经济理念并非彼此互不相干，而是不约而同地阐释了劳动分工／劳动社会化细化所带来的影响。西方经济学家，或者确切地说边际主义经济学家很难领会这一点，因为他们中的绝大部分人从未读过《国富论》，也不知道马克思在其后期的著作里用"劳动社会化"取代了"劳动分工"。但正如下文所示，马克思的分析是在劳动分工理论之上发展而成的，这令任何从未读过斯密作品的人都能了解这一过程。因此，下文将对斯密与马克思之间的关系进行系统性的分析。

---

[1] ［德］马克思：《资本论》（第 1 卷），Penguin 出版社，1988 年，第 750 页。
[2] 同上，第 751 页。

马克思对劳动社会化的分析

斯密并不是第一个注意到劳动分工的人，他的才华在于他是第一个阐明其影响的人，从而创建了现代经济学。如下文所示，虽然马克思纠正了斯密的一些错误，但他并未改变斯密的基本结论——劳动分工/劳动社会化是拉动经济发展的最重要因素。马克思的才华则在于他了解这一点的重要性，而且他的说法比斯密的更易令人明白。事实上，认为"作为现代经济学之父的斯密与马克思是对立的，以及两者阐释的是完全不同的东西"的想法是完全错误的。遗憾的是，只有那些从未读过斯密巨著的人（大多数西方经济学家）才持之以恒地坚持这样的想法！正如下文所述，与边际主义经济学相比，马克思对经济动态的分析更接近斯密的分析。

劳动社会化对社会的重要意义

在论述马克思对劳动社会化的分析之前，有必要了解它们所带来的重要意义。劳动社会化/劳动分工细化意味着每个生产者，即作为生产消费者的每一个个体，越来越依赖于他人的生产。更具体来说，这意味着：

- 其他人的生产在单个生产者投入中所占的比例越来越大。用经济术语来说，就是间接投入（其他人的生产）相对直接投入（单个生产者的生产）有所增加。经济学对此有不同的表述，比如流动资本/中间产品的作用呈上升趋势，资本有机构成呈上升趋势，劳动力技能（即教育和培训）的作用呈上升趋势，技术研发占经济比重呈上升趋势，但它们只不过是体现劳动社会化/劳动分工细化这一重要过程而已。

- 每个国家都越来越依赖于其他国家的生产与其他国家的互动，这形成了习近平提出的"人类命运共同体"。

劳动社会化呈上升趋势这一过程的分析到此就结束了。正如马克思与斯密指出的,劳动社会化/劳动分工细化具有诸多意义。但为避免本文篇幅过长,对于马克思与斯密对劳动社会化/劳动分工的详细分析,有兴趣的朋友请查阅拙著《一盘大棋?——中国新命运解析》与拙文《为什么亚当·斯密的"古典经济理论"可以很好地诠释亚洲的增长?》。因此,下文将仅就此进行概述,以及就其与马克思主义中国化之间的关系作出结论。两种结果均将显示,马克思主义中国化的理论具有优越性,以及改革开放以来的中国经济理论是源于马克思主义理论。

劳动分工受市场规模的限制

根据劳动社会化/劳动分工是发展生产力的最重要因素这一事实得出的第一个结论是,市场越大,劳动分工细化程度越高。正如斯密将《国富论》第三章的标题定为"劳动分工受市场范围限制"。因为最大的市场是全球市场,斯密是全球化的明确支持者。众所周知,他曾猛烈抨击贸易保护主义。

马克思完全支持斯密的分析,这为他自己的理论形成奠定了坚实的基础。事实上,他先后在《德意志意识形态》与《共产党宣言》部分篇幅里引用斯密的劳动分工这一说法,就清楚地表明了这一点。基于此,值得详尽地引用马克思的分析,因为这有助于表明,马克思的观点源自斯密的分析。确切地说,如下所示,马克思的劳动分工提升了社会文明程度这一观点,源自斯密的劳动分工日益细化的设想:

> 一个民族生产力的发展水平,最明显地表现在该民族分工的发展程度上。任何新的生产力都会引起分工的进一步发展,因为它不仅仅是现有生产力的量的增加(例如开垦新的土地)。

在早期阶段：

> 某一民族内部的分工，首先引起工商业劳动和农业劳动的分离，从而也引起城乡的分离和城乡利益的对立。分工的进一步发展导致商业劳动和工业劳动的分离。同时，由于这些不同部门内部的分工，在某一劳动部门共同劳动的个人之间的分工也愈来愈细致了。①

接着马克思分析，劳动分工/劳动社会化在每个领域的进一步扩张，创造了新的生产关系和财产关系：

> 分工发展的各个不同阶段，同时也就是所有制的各种不同形式。这就是说，分工的每一个阶段还根据个人与劳动的材料、工具和产品的关系决定他们相互之间的关系。第一种所有制形式是部落所有制。它是与生产的不发达的阶段相适应的，当时人们是靠狩猎、捕鱼、牧畜，或者最多是靠务农生活的……

> 第二种所有制形式是古代公社所有制和国家所有制。这种所有制是由于几个部落通过契约或征服联合为一个城市而产生的。在这种所有制下仍然保存着奴隶制……分工已经比较发达……公民和奴隶之间的阶级关系已经充分发展……

---

① ［德］马克思、恩格斯：《德意志意识形态》，《马克思恩格斯全集》（第 6 卷），Lawrence and Wishant 出版社，1976 年，第 32~34 页。

  第三种形式是封建的或等级的所有制。古代的起点是城市及其狭小的领地,而中世纪的起点则是乡村。地广人稀,居住分散,而征服者的入侵也没有使人口大量增加。因此,与希腊和罗马相反,封建制度的发展是在一个宽广得多的地盘上开始的,而这个地盘是由罗马的征服以及起初与此有关的农业的普及所准备好了的……随着封建制度的充分发展,也产生了与城市对立的现象。[1]

这一过程反过来促成资本主义和现代机器生产的兴起——首先是纺织工业发展起来,它最终成为英国工业革命的第一核心产业,使英国成为第一个现代化资本主义国家:

  不同城市之间分工的直接结果就是工场手工业的产生,即超出行会制度范围的生产部门的产生。工场手工业的初期繁荣——先是在意大利,然后是在佛兰德——历史前提是同外国各民族的交往。

  那种一开始就以机器,尽管还是以具有最粗陋形式的机器为前提的劳动,很快就显出它是最有发展能力的。过去农民为了得到自己必需的衣着而在乡村中附带从事的织布业,是由于交往的扩大才获得了动力并得到进一步发展的第一种劳动……除了为自身需要而一直在继续从事纺织的农民外,在城市里产生了一个新的织工阶级,他们所生产的布匹被用来供应整个国内市场,通常还供应国外市场。织布是一种多半不需要很高技能并很快就分化成无数部门的

---

  [1] [德]马克思、恩格斯:《德意志意识形态》,《马克思恩格斯全集》(第 6 卷),Lawrence and Wishant 出版社,1976 年,第 32~34 页。

劳动，由于自己的整个特性，它抵制行会的束缚。因此，织布业多半在没有行会组织的乡村和小市镇上经营，这些地方逐渐变为城市，而且很快就成为每个国家最繁荣的城市。

　　随着摆脱了行会束缚的工场手工业的出现，所有制关系也立即发生了变化。越过自然形成的等级资本而向前迈出的第一步，是由商人的出现所促成的，商人的资本一开始就是活动的，如果针对当时的情况来讲，可以说是现代意义上的资本。第二步是随着工场手工业的出现而迈出的，工场手工业又运用了大量自然形成的资本，并且同自然形成的资本的数量比较起来，一般是增加了活动资本的数量。

　　随着美洲和通往东印度的航线的发现，交往扩大了，工场手工业和整个生产运动有了巨大的发展……

　　商业和工场手工业的扩大，加速了活动资本的积累……商业和工场手工业产生了大资产阶级。①

根据劳动分工呈上升趋势的分析，马克思得出了著名结论——奴隶制、封建制、资本主义向社会主义过渡，是从一种生产方式到另一种生产方式的过渡。这一结论在他后来的著作中得到了重申：

---

　　① [德] 马克思、恩格斯：《德意志意识形态》，《马克思恩格斯全集》（第6卷），Lawrence and Wishart 出版社，1976 年，第 67~70 页。

这些不同的形式同时也是劳动组织的形式，也就是所有制的形式。在每一个时期都发生与现存的生产力相结合的现象，因为需求使这种结合成为必要。

生产力和交往形式之间的这种矛盾——正如我们所见到的，它在迄今为止的历史中曾多次发生过，然而并没有威胁交往形式的基础——每一次都不免要爆发为革命，同时也采取各种附带形式，如冲突的总和，不同阶级之间的冲突，意识的矛盾，思想斗争，政治斗争，等等……

因此，按照我们的观点，一切历史冲突都根源于生产力和交往形式之间的矛盾。[1]

马克思的这些构想是以斯密的劳动分工理论为基础的，并促成他后期的著作——《共产党宣言》《政治经济学批判》和《资本论》问世。

这些构想清楚地说明，马克思并不反对斯密的劳动分工理论，相反，他的理论是源于斯密的劳动分工理论，并在此基础之上发展而成。马克思根据斯密的分析得出的结论斯密从未实现过，但马克思的分析与斯密的分析并不是对立的。相反，可以说，马克思是斯密的继承者。大多数西方经济学家没有意识到这一点的唯一原因在于他们从未真正读过斯密的《国富论》！

---

[1] [德]马克思、恩格斯：《德意志意识形态》，《马克思恩格斯全集》(第6卷)，Lawrence and Wishart 出版社，1976年，第74页。

基于这样的基础，马克思强烈支持全球化，就如斯密一样。例如，马克思曾猛烈抨击过19世纪贸易保护主义经济政策的主要倡导者之一——弗里德里希·李斯特（Friedrich List）。

实证研究表明，经济贸易的开放性与经济发展速度之间存在极强的正相关性。正如第三部分将要分析到的，两者之间这种极强的相关性，体现了国内劳动分工与中间产品/流动资本所发挥的重要作用。这表明，马克思/斯密对国际劳动分工起到重要作用的分析得到了当前众多实证研究的充分印证。此外正如上文所述，1929年后苏联经济制度的特征之一是国际贸易参与度极低，这意味着苏联自绝于广泛地参与国际劳动分工。这显然有悖于马克思主义理论。与此相反的是，支持全球化是马克思主义中国化经济政策的最重要特征之一——这是改革开放名称的由来。从中共十九大报告内容看，中国将进一步支持全球化。

命运共同体

习近平对全球化的解读非常明确，他说："经济全球化是社会生产力发展的客观要求和科技进步的必然结果。"[①] 他的这一立足于改革开放框架的说法显然完全符合马克思主义理论。改革开放以来，中国的经济政策立足于马克思主义理论，显然与1929年后苏联所推行的经济制度是不同的。根据马克思/斯密的分析，劳动分工/劳动社会化是最重要的过程，它蕴含的意义必然远远超出了经济学的范畴。比如，中共十九大报告

---

① 见习近平2017年1月18日在联合国日内瓦总部的演讲《共同构建人类命运共同体》："经济全球化是历史大势，促成了贸易大繁荣、投资大便利、人员大流动、技术大发展。21世纪初以来，在联合国主导下，借助经济全球化，国际社会制定和实施了千年发展目标和2030年可持续发展议程，推动11亿人口脱贫，19亿人口获得安全饮用水，35亿人口用上互联网等，还将在2030年实现零贫困。这充分说明，经济全球化的大方向是正确的。当然，发展失衡、治理困境、数字鸿沟、公平赤字等问题也客观存在。这些是前进中的问题，我们要正视并设法解决，但不能因噎废食。"

强调,中国将继续坚持改革开放,推进马克思主义中国化的进一步发展,便是基于此。特别在习近平所提出的人类命运共同体理念——中国外交政策的最重要基础之一里得到了体现。这一理念是在马克思主义理论基础上发展而成的,对全球事务作出了非常理性的分析。习近平在 2017 年 1 月出席达沃斯世界经济论坛时发表了相关主旨演讲,其所倡导的"共同构建人类命运共同体"理念产生了巨大的影响力,得到国际社会的普遍认同,其中甚至包括对华态度强硬的人士。

白宫前任首席战略专家史蒂夫·班农是反华先锋,他曾表示:"对习近平主席的达沃斯主旨演讲和特朗普总统的就职演说进行对比阅读是件有意义的事情。"[①]《金融时报》首席外交事务评论员吉迪恩·拉赫曼近来指出:"特朗普总统决定出席今年世界经济论坛的一个重要原因就是,中国国家主席习近平在前一年的论坛上备受瞩目,习主席在论坛上把中国塑造成自由贸易的旗手,强调'搞保护主义如同把自己关进黑屋子',这一观点深受听众欢迎。"[②]此外,美国总统国家安全事务助理麦克马斯特和国家经济委员会主席科恩还在美国《华尔街日报》上共同撰写文章,试图提出一个能够取代"人类命运共同体"的概念。

正如上文所述,与自称为"经济民族主义者"的班农和与奉行边际主义理念的麦克马斯特/科恩不同,习近平明确支持全球化。但支持全球化的外交政策直接与劳动分工/劳动社会化有关。正如马克思与斯密的分析所示,劳动分工/劳动社会化的优势在于,生产者能够在生产活动中通过

①见罗伯特·科斯塔 2018 年 1 月 20 日发表在《华盛顿邮报》的文章《班农称特朗普的讲话充满杰克逊主义》,《华盛顿邮报》网站,https://www.washingtonpost.com/local/2017/live-updates/politics/live-coverage-of-trumps-inauguration/bannon-calls-trumps-speech-jacksonian/?utm_term=.6e5405e6289c。

②[英]吉迪恩·拉赫曼:《解读特朗普在达沃斯论坛晚宴上的讲话基调》(Trump's speech to set tone at Davos party),《金融时报》,2018 年 1 月 21 日,https://www.ft.com/content/a9b6a1f6-db74-11e7-9504-59efdb70e12f。

沟通交流,实现比单独工作更大的产出。习近平也曾用"一加一大于二"来形象地描述分工的优势。①这种理念必然重创国际关系是"零和游戏"的理念。经济现实已经证明,国际关系不是"零和游戏",而是在劳动分工的基础上实现双边乃至多边的共赢。

当然,人类命运共同体并不意味着完全消弭矛盾,而是通过国际分工,让各个国家拥有更多的共同利益,实现繁荣发展的目标。大家只有互相依靠,才能实现繁荣,而这个过程,就是共同建设国际社会,也就是"共同构建人类命运共同体"。

多样性和平等性

这样的现实带来了一个新问题。劳动分工之所以能产生许许多多的好处,是因为参与分工的国家之间存在诸多差异,如果彼此没有差异,分工的好处会大打折扣。当今世界的劳动分工必然是国际化的,仅凭一己之力实现发展的时代早已一去不复返,哪怕是世界最大经济体也做不到。正如习近平所说:"当今世界,各国相互依存、休戚与共。"②

世界文明多样性的现状是人类命运共同体理念的另一个有力支撑。文明多样性是人类发展的助推器,而不是阻碍,所以不必担心。习近平曾在讲话中引用《三国志》名句"和羹之美,在于合异"来阐述自己对文明差异的看法:

---

① 参见习近平:《顺应时代前进潮流,促进世界和平发展》(2013年3月23日),《习近平谈治国理政》(第一卷),外文出版社,2018年,第276页。

② 习近平:《携手构建合作共赢新伙伴,同心打造人类命运共同体》(2015年9月28日),《习近平谈治国理政》(第二卷),外文出版社,2017年,第522页。

人类文明多样性是世界的基本特征,也是人类进步的源泉……文明没有高下、优劣之分,只有特色、地域之别。文明差异不应该成为世界冲突的根源,而应该成为人类文明进步的动力。

……

不同文明要取长补短、共同进步,让文明交流互鉴成为推动人类社会进步的动力、维护世界和平的纽带。①

中国外交政策一贯旗帜鲜明地支持文明多样性,中国从不强求一致,不会强求不同文化的一致性,自视优越,强加于人。

习近平新时代中国特色社会主义思想是世界上最先进的

总而言之,习近平新时代中国特色社会主义思想是在马克思与斯密理论基础之上发展而成的,深刻反映了国际劳动分工的互补优势是人类社会繁荣发展的基础,将推动各国携手打造人类命运共同体,认同文明的多样性和维护国家平等原则。

要想充分理解习近平新时代中国特色社会主义思想,可以把他的观点和国际上的其他重要观点进行对比。在习近平出席达沃斯峰会并发表主旨演讲之后,美国总统国家安全事务助理麦克马斯特和国家经济委员会主席科恩在《华尔街日报》上共同发表了一篇文章,他们的行动和观点应该是获得过白宫认可的。他们在文章中声称,"世界不是一个'全球共同体',而是各个国家、非政府行为体和企业参与并相互竞争以夺取利益的角斗场",同时还强调"'美国优先'政策意味着美国将重拾世界领导

---

① 习近平:《共同构建人类命运共同体》(2017 年 1 月 18 日),《习近平谈治国理政》(第二卷),外文出版社,2017 年,第 543~544 页。

权"。①这是一种极度不平等的国际关系理念,"烂国"(shithole countries)这种极为荒诞词汇的出现便是这种理念的体现。②

"世界并非一个全球共同体"这样的观点是直接立足于边际主义/新自由主义经济学的。在边际主义经济学理念中,经济社会的最重要因素并非斯密/马克思所推崇的劳动分工/社会劳动化,经济社会只是由个体单位组成。麦克马斯特和科恩的出发点是再次声明,以及试图在国际领域捍卫新自由主义的观点。正如英国前首相玛格丽特·撒切尔(Margaret Thatcher)宣布道:"没有社会这种东西。有的是个体的男人和女人。"因此,边际主义经济学理念及其结论,与斯密/马克思的理念是根本对立的。

这清楚地表明,习近平新时代中国特色社会主义思想与当代中国马克思主义均源自马克思主义,并在此基础上发展而成。基于此,习近平新时代中国特色社会主义思想是世界上最先进的。甚至可以说,在西方各国领袖中,还没有人提出过与之对等的理论观点。因为习近平的思想构成了一个完整的理论体系,从宏观的经济基础到具体的国与国之间关系无所不包,能够为中国外交政策的制定提供有力的长远指导,并契合相关各国的利益诉求。中国的外交政策绝对不是孤立割裂的,大到宏观战略,小到具体方法,都具有高度的连贯性和统一性。

---

① [美]麦克马斯特、科恩:《美国优先并非意味着美国独行》,《华尔街日报》,2017 年 5 月 30 日。

② 见哥伦比亚广播公司新闻频道 2018 年 1 月 26 日报道《在"下三滥国家"说法惹祸后,特朗普致信非洲国家示好》,https://www.cbsnews.com/news/donald-trump-rwanda-paul-kagame-african-union-warmest-regards-shithole-countries/。

三、用西方实证研究检验改革开放理论

劳动分工／劳动社会化与经济发展潜力

第二部分根据马克思主义经济原理,就马克思对劳动社会化所带来影响的分析,及其对中国改革开放发展的影响,以及资本主义向社会主义过渡及全球化/地缘政治的特征进行了论述。这说明,中国的改革开放完全符合马克思主义理论——确切地说,是从借鉴 1929 年后极"左"的苏联模式回归马克思主义。这也说明,人类命运共同体理念是在马克思主义基础之上进一步发展而成的。这也表明,中国的改革开放符合马克思主义经济学原理。这引出另外一个问题:马克思主义经济学是否就是真理, 即马克思主义经济学如每种理论一样是否经受得住事实的检验?改革开放帮助中国取得人类历史上最快经济增速和生活水平提高这一事实,是马克思主义经济学正确性的初步证据,但仍有必要结合最新实证研究进一步检验马克思主义经济学。即如每一个科学理论一样,马克思主义理论所作的预测应经受得住事实的检验。

正如上文所述,马克思与斯密对经济学术语的详细分类,只是体现劳动分工/劳动社会化所带来的影响而已。正如下文所示,这些马克思主义理论均得到了实证研究的充分验证,也解释了改革开放以来马克思主义中国化取得空前实践成就的原因。相比于前两部分内容,这些经济学问题更具专业性。但它表明,现代计量经济学研究充分印证了马克思的分析。马克思和斯密分析的最大优点之一,是它们充分遵循科学原理——理论应得到实践的检验,或者用中国成语来说,就是"实事求是"。事实上,正如下文所述,深受边际主义影响的西方经济学花了很长一段时间才接近马克思主义——它最终被迫这样做是因为需要更准确地分析经济增长成因。

供需平衡分析

第二部分内容与下文的详细分析已经或即将证明，中共十九大之前与之后中国重视供给侧结构性改革，完全符合马克思主义。应该指出的是，重视供给侧结构性改革并不意味着忽视需求侧改革，但它意味着承认供给侧是最重要的决定性因素。也就是说，中共十九大报告内容完全符合马克思的结论：

> 我们得到的结论并不是说，生产、分配、交换、消费是同一个的东西，而是说它们构成一个总体的各个环节，在总体内部具有差别。生产起决定性作用，它既支配着生产本身，也支配着其他要素，经济过程总是从生产重新开始……交换和消费是不能起支配作用的东西……生产(模式)决定一定的消费、分配、交换(模式)。[1]

短期需求变化显著的话，可以用短期经济管理手段进行调控。但从长期来看，供给端变化是决定性因子。

同样，马克思在分析最主要的经济动态时假定，供需在微观经济和宏观经济层面均维持平衡。这当然并不意味着马克思认为供需在任何时间点都必须维持平衡。相反，马克思比凯恩斯早75年证明了萨伊定律（Say's Law）——供给自动创造需求这一理论的错误性。马克思接着问了

---

① ［德］马克思：《1857—1858 年经济学手稿》，《马克思恩格斯全集》(第 28 卷)，伦敦 Lawrence and Wishart 出版社，1986 年，第 36 页。

一个更重要的问题："如果供需在微观经济和宏观经济层面均维持平衡，那么经济发展会呈现什么样的态势？"用技术术语来说，马克思问的是，如果假设一般均衡存在（不同时期边际主义经济学的代表人物瓦尔拉斯、杰文斯、马歇尔的关注重点），以及没有赤字或盈余的有效需求（凯恩斯的关注重点），那么经济将会呈现何种态势？我们又该如何发展经济？这一问题反映了马克思的观点：生产是最重要的经济因素。马克思很清楚，不太重要的因素也能发挥作用，但他只想关注最重要的发展因素。

因此，中国强调供给侧结构性改革完全符合马克思主义。

劳动分工细化与生产率提高之间的关系

谈到劳动分工就不能避开亚当·斯密。斯密在《国富论》开头从别针工厂的角度分析了劳动分工这一著名例子：

> 且让我们从小规模的制造业中举出一个例子。就让我们以别针制造业为例，因为经常有人注意到这个行业的分工情形。一个未曾受过这个行业训练的工匠（由于分工，制作别针已成为一种特殊行业），如果又不熟悉这个行业里所使用的机器（也许是为了分工，才发明了这些机器），那么即使竭尽所能工作，一整天也许都做不成一枚别针，若想做二十枚，就更不可能了。以目前这个行业经营的方式来说，不仅整个工作已经成为特殊行业，而且它又被分解成若干部门，其中大多数同样也已成为特殊行业。一人抽铁线，另一人拉直，第三人切断，第四人削尖，第五人研磨顶端以便装头；而制作针头则需要三个特别的工序，这里就不逐一介绍了。装头是一项特别工作，将别针涂成白色又是另一项，甚至把别针用纸包好，也是一项特殊工作。于是，制作别针的主要工作就这样大约分成十八个特别工序。

有些工厂，这十八个工序分别由十八个特定工人完成，但也有些工厂，一个工人会兼做两三个工序。我曾经见过一个这种小工厂，只雇用了十个工人，因此当中几个必须负责两个或三个工序。尽管他们很穷，一些必需的机械配备显然捉襟见肘，但如果他们努力工作，一整天下来却能做出约十二磅的别针。以中型别针每磅约有四千余枚来计算，这十个工人每天就可做出四万八千余枚别针。

如果以每个人都制作这四万八千枚别针当中的 1/10 来算，等于每人每天做了四千八百枚别针。但如果他们每个人都各自独立工作，而且都未曾接受过这个行业的特殊训练，那么他们当中无论是谁，都不可能在一天内做出二十枚别针，说不定连一枚都做不出来。

斯密由此得出结论，劳动分工随经济发展呈上升趋势：

在其他行业或制造业，分工效果都会和前述那个小行业相似；虽然在许多行业，分工程度不能达到那么细密，工序也无法简化到那么单纯。然而任何一种行业，若能引进分工，都会因分工而使劳动生产力得到相当比例的提高。而且不同行业与职业之所以相互分离出来，似乎也是由于分工有这种好处。一般来说，产业最发达进步的国家，通常也是分工程度最高的国家。①

或者，正如马克思言简意赅地总结道："劳动分工提升了社会文明程度。"②

---

① ［英］亚当·斯密：《国富论》（第 1 卷），自由基金出版社，1981 年，第 14~15 页。
② ［德］马克思：《1844 年经济学哲学手稿》，《马克思恩格斯文集》（第 3 卷），莫斯科进步出版社，1975 年，第 221~228 页。

马克思在斯密分析的基础上进行了更详细的分析,这在《资本论》第
1卷第13—15章得到了体现。但马克思的分析是斯密分析的进一步发
展,而非与斯密分析对立。马克思的结论与斯密的结论完全一致:"构成
工场手工业活机构的结合总体工人,完全是由这些片面的局部工人组成
的。"①因此,与独立的手工业比较,在较短时间内能生产出较多的东西,
或者说,劳动生产力提高了。

正是因为了解"结合总体工人"的构成来源,马克思在其后来的著作
中用"劳动社会化"取代了"劳动分工"。但正如上文所述,马克思的基本
理念是在斯密的劳动分工理论基础之上发展而成的。"劳动社会化"与
"劳动分工"虽是两种不同的说法,但所表达的其实是同一个意思。

市场与非市场劳动分工

马克思甚至比斯密自己更清晰地指出,劳动分工/劳动社会化可以通
过市场或单个生产单位两种不同的机制发生:

> 社会内部的分工以不同劳动部门的买卖为媒介,工场内各局部
> 劳动之间的联系,以不同的劳动力出卖给同一个资本家,而这个资
> 本家把它们作为一个结合劳动力来使用为媒介。工场分工以生产资
> 料积聚在一个资本家手中为前提;社会分工则以生产资料分散在许
> 多互不依赖的商品生产者中间为前提。②

---

① [德] 马克思:《资本论》(第1卷),《马克思恩格斯文集》(第35卷),伦敦 Lawrence and
Wishart 出版社,1996年,第760~761页。

② 同上,第360页。

根据马克思/斯密的分析，如果劳动社会化/劳动分工是提高生产力的最重要因素，那么市场和非市场劳动社会化/劳动分工均应产生有益的影响。现代计量经济学研究充分印证了马克思/斯密的这一分析。

中间产品

本节首先将分析市场劳动分工/劳动社会化。它将清楚地说明，马克思与斯密对经济学术语的分类，仅仅是劳动分工/劳动社会化的另一种表现形式而已。

市场劳动分工/劳动社会化的最简单形式，是在单个生产周期完全完成产品的使用和交换，比如汽车零部件制造商生产的汽车方向盘、电脑硬盘、工厂在生产中使用的电力，等等。马克思将这样的产品称为流动资本，现代西方经济学则称之为中间产品。但两种称谓仅仅是名称不同，意思并无不同。如果马克思/斯密的分析——劳动分工随经济增长/发展呈上升趋势是正确的，那么在生产过程中应看到反映劳动分工细化/劳动社会化细化的中间产品生产呈上升趋势。这一动态得到了现代计量经济学研究的充分印证。

乔根森对美国经济进行更为细致的研究后指出：

> 比较中间投入和其他增长要素对经济增长的贡献率，我们发现中间投入是目前增长要素中最为关键的一环。中间投入的贡献率超过了全要素生产率、资本以及劳动力投入的贡献率。

> 分行业来看，这种观点更具说服力。根据 51 个行业其中的 46 个

行业数据,中间产品、资本与劳动力投入是产出增长的主要来源。①

需要指出的是,美国经济增长趋势也同样适用于包括中国在内的其他经济体。快速增长的亚洲经济体的表现如下:

• 三位韩国经济学家 HaK K.Pyo 、Keun-Hee Rhee 和 Bongchan Ha 对原材料中间投入的研究发现:"韩国经济中,不同要素对于产出增长的贡献率依次为原材料、资本、劳动力、TFP、能源。"②

• 中国台湾经济学家梁启源对 1981—1999 年台湾地区 26 个行业的原材料中间投入所作的研究发现,"除 7 个行业外,原材料投入对 1981—1999 年所有行业产出增长的贡献最大"③。

• 北京航空航天大学教授任若恩和孙琳琳把 1981—2000 年细分为 1984—1988 年、1988—1994 年和 1994—2000 年三个阶段后发现:"中间投入增长是大多数行业产出增长的主要来源。"④

总之,马克思/斯密对市场劳动社会化/劳动分工的作用,即流动资本/中间产品的作用的分析,得到了实证研究的充分验证。

还应指出的是,这些实证研究说明,20 世纪 50 年代索洛创建西方增长核算法时犯的一个重大错误,是未将中间产品包括进去。即用马克思

① [美]戴尔·乔根森、弗兰克·戈洛普、芭芭拉·弗劳梅尼:《生产率与美国经济增长》(*Productivity and US Economic Growth*),弗劳经济科学出版社,1987 年,第 5 页。

② [韩]HaK K.Pyo 、Keun-Hee Rhee 和 Bongchan Ha:《韩国 33 个工业部门增长核算和生产率分析 (1984—2002 年)》(Growth Accounting and Productivity Analysis by 33 Industrial Sectors in Korea) (1984—2002),[美] 戴尔·乔根森等之主编:《亚洲生产率研究: 经济增长和竞争力》(*Productivity in Asia: Economic Growth and Competitiveness*),Edward Elgar 出版社,2007 年,第 113~145 页。

③ 梁启源:《台湾全行业全要素生产率和产出增长之间关系的研究(1981—1999 年)》(Industry-Wide Total Factor Productivity and Output Growth in Taiwan, 1981–1999),[美]戴尔·乔根森等主编:《亚洲生产率研究: 经济增长和竞争力》(*Productivity in Asia: Economic Growth and Competitiveness*),Edward Elgar 出版社,2007 年,第 146~184 页。

④ 任若恩、孙琳琳:《1981—2000 年中国工业的全要素生产率增长研究》(Total Factor Productivity Growth in Chinese industries, 1981–2000),2005 年 6 月 27 日—7 月 1 日在第五届国际投入产出会议上的演讲。

主义经济学术语来说,就是索洛的错误是遗漏了流动资本与固定投资。中间产品研究与分析,如全要素比较项目(KLEMS)现已纠正了这一错误。有必要解释一下,全要素比较项目是最近几年由哈佛大学的乔根森教授和日本庆应大学的黑田教授等人共同倡议的国际间的全要素比较项目,K 是资本(capital),L 是劳动(labor),E 是能源(energy),M 是物质生产部门产生的中间投入要素(intermediate-input),S 是服务生产部门产生的中间投入要素。工业生产账户现已纳入美国与其他国家国民账户体系。西方经济学理论花了近一百五十年时间才纠正这一错误,转向马克思的立场,但正所谓"亡羊补牢,为时不晚"。

单个生产单位的劳动分工

正如上文分析所示,马克思指出,劳动社会化/劳动分工也可通过非市场机制在单个生产单位——单个企业或工厂内发生。如果劳动社会化/劳动分工是提高生产率的最重要因素,那么这也将促进生产率提高。这就得出一个容易检验的结论——生产单位规模越大,劳动分工越细化,即规模较大的生产单位的生产率高于规模较小的生产单位的生产率。现代计量经济学研究再次印证了这一点。

经合组织自 2012 年以来对生产率指标的全面研究发现,大型企业的生产率远远高于小型企业。正如经合组织 2017 年所作的最新研究指出:"大型企业可以利用规模报酬递增提高生产率。因此,在大多数国家,中小企业和小微企业之间的生产率的差距较小,大型企业的生产率相对较高……大型企业平均生产率高于小型企业。"[1]如图 4-13 所示,不到 10 人规模的企业其生产率仅相当于规模超过 250 人的企业的 55%,10~

---

[1] 经合组织:《生产率指标简编(2017)》(*Compendium of Productivity Indicators 2017*)(Kindle 版本),经合组织出版社,2017 年,第 1233 段落。

19 人规模的企业其生产率仅相当于规模超过 250 人的企业的 64%。

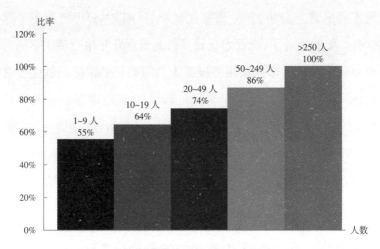

图 4–13　企业雇员人数与生产率之间的关系（以>250 人为比较基准）

资料来源：根据经合组织发布的《生产率指标简编（2017）》数据计算。

　　全球数据清楚地表明，大型企业的生产率比小型企业更高。而美国的生产率显著高于其竞争对手的一大原因便是，美国的大型企业所发挥的作用更大。例如在就业方面，美国 45% 的就业机会由员工人数超过 250 人的企业提供，相比之下，欧盟的这一比例只有 33%。[①]与此同时，美国非农业个体户的比例（7.5%）只略高于发达经济体平均水平的一半（12.8%）。[②]美国和欧洲在这方面的对比差异同样也出现在欧洲内部。在欧洲，中小型企业（SME）是指员工人数少于 250 人的企业，员工人数为 0~49 人的是小企业，员工不足 10 人的属于微型企业。相关数据显示，欧盟地区共有 2040 万家中小企业，大型企业只有 43000 家。而在这些中小

　　① 参见 ［英］理查德·米尔恩：The Cogs are Clogged，《金融时报》，2010 年 2 月 15 日，http://www.ft.com/cms/s/0/0e5c21aa–1a6a–11df–a2e3–00144feab49a.html。

　　② 参见［英］张夏准：《资本主义的真相：自由市场经济学家的 23 个秘密》（*23 Things They Didn't Tell You About Capitalism*），伦敦 Allen Lane 出版社，2010 年，第 159 页。

型企业中,92% 属于微型企业。

欧洲中小型企业的平均劳动生产率显著低于大型企业。2005 年,欧盟中小型企业提供了该地区 67% 的就业机会,但对经济增加值的贡献率只有 58%——欧盟中小型企业的生产率只有欧盟平均水平的 86%。该地区中小型企业比例最低的国家是欧洲最成功的经济体——德国。①这些关于不同规模企业的生产率数据充分印证了马克思/斯密的分析。

最后,还应指出的是,市场与非市场劳动社会化/劳动分工形式,均需要最佳经济表现作为支撑。决定任何经济行业的最佳生产规模是不可能的,这是由生产本身的性质决定的。从技术上来说,上层建筑(企业的规模和法律形式)需要顺应经济基础,即任何经济行业的生产单位应根据任何特定时间点选择最有效的生产规模。总是试图通过上层建筑决定经济基础,是极左行为。鉴于此,苏联人为地用法律或国家手段制造"超级大酒店""超级大农场"等,是背离马克思主义的。经济单位的最有效的发展规模应由生产实践本身,而非人为地用国家或法律手段干预决定。

林毅夫与新结构经济学

有必要指出一点,马克思/斯密分析的另一个意义是了解拉动生产发展的最重要因素是劳动社会化/劳动分工,这直接影响了当代中国经济学理论最新学派之一——林毅夫的新结构经济学(NSE)的发展。

劳动社会化/劳动分工是拉动经济发展的最重要因素,这一事实必然决定经济发展战略奏效与否。由此带来的直接后果是,一个经济行业靠

---

① 参见 [英] 理查德·米尔恩:The Cogs are Clogged,《金融时报》,2010 年 2 月 15 日,http://www.ft.com/cms/s/0/0e5c21aa-1a6a-11df-a2e3-00144feab49a.html。

单打独斗的发展战略是不可能取得全面成功的。因为单个生产行业决定其投入与产出不能脱离劳动社会化/劳动分工的大背景。

二战后的某一阶段，一些发展中国家试图唯意志发展个别产业或生产行业，这种错误的发展战略曾大行其道，也由此带来了种种负面影响。比如，1973 年国际石油价格上涨之后，一些中东石油生产商开始尝试通过引进现代化工厂生产石油化工产品，以及与此相关的其他产品，以使经济多样化。尽管他们购买的工厂设备现代化程度与德国或美国并无不同，但新中东工厂的生产率却远远比不上德国或美国。这是必然的结果！因为该工厂的生产属于复杂的劳动分工的一部分，要产生效率需要诸如适当的基础设施、熟练的劳动力、适用的电力供应、工艺维护度、物流等投入和产出。这些在美国或德国都存在，但在进口这样工厂设备的发展中国家则没有。因此，这些生产设施不可能达到使用相同工厂设备的美国或德国同等生产率水平。这贴切地反映，生产效率取决于劳动社会化/劳动分工——仅仅依靠生产链的一部分不可能产生高效率。

查尔斯·琼斯(Charles Jones)在其所著的《经济理论中的中间产品和薄弱环节》中，运用生产力乘数效应举例说明了劳动分工/劳动社会化所带来的影响：

> 发电生产率低导致银行业和建筑业产出下降。这减缓了电力行业建造新水坝的进度，从而进一步降低了发电量产出。

> 因此，中间产品为不同行业之间的联系创造了生产力乘数效应。[1]

---

[1] [美]查尔斯·琼斯：《经济理论中的中间产品和薄弱环节》(*Intermediate Goods and Weak Links in the Theory of Economic Development*)，伯克利大学和美国国家经济研究局出版，2008 年，第 2 页。

用非技术术语来说,因为先进的生产必然是劳动社会化/劳动分工整个生产链的一部分,所以生产率易受到众多生产链的每一个薄弱环节的影响。

同样,在 20 世纪五六十年代,许多发展中国家推行进口替代战略,利用关税壁垒发展本国制造业,同时允许为这样的工厂进口资本设备——后一点对于自身不能生产这种资本设备的发展中国家来说是必要的。进口替代战略失败有三个原因,而它们都和劳动分工/劳动社会化有关:

- 与中东石油生产商一样,没有相应的有效投入和产出,孤立的制造工厂不可能取得最佳效果。

- 这些制造工厂往往是重工业,不符合这些发展中经济体的要素禀赋(资本相对稀缺,劳动力相对丰富),但正如林毅夫的新结构经济学所强调的,发展中经济体在劳动密集型和非资本密集型产业中占有优势。

- 单个发展中经济体的市场规模太小,无法最有效地发展生产。

当然,如果一个国家发展特定的经济行业,且准备投入不均衡的资源到此行业(比如军工行业),那是另一回事。但分配不均衡的资源到一个经济行业,必然导致其他行业的资源减少。无论如何,从原则上来说,投入不均衡的资源到所有经济行业是不可能的。出于此原因,大经济体以试图在投入不均衡的资源到个别行业的基础上发展单个产品(如石油)为主导的战略是不会取得成功的,正如上述众多例子一样。

林毅夫的新结构经济学另辟蹊径。它指出,一国在特定的时刻应发展与其要素禀赋相适应的产业。然后随着时间的推移,该国应致力于改变其要素禀赋——随着经济的发展,经济结构会从劳动力密集型过渡到资本密集型。

因为新结构经济学的战略立足于改变经济的整体要素禀赋,涵盖劳动分工连接的所有行业,因此新结构经济学的战略并非违背劳动分工理论,而是致力于解决基于单个行业或进口替代发展战略所带来的问题。此外,由于新结构经济学立足于研究不同经济发展阶段要素禀赋的比较优势,因此它完全以马克思/斯密均支持的全球化为导向。

而且新结构经济学可以用边际主义新古典经济学术语来解释,这使得它更容易被西方受众接受。同样,它完全符合马克思/斯密的分析。事实上,如下文所述,新结构经济学的观点——随着经济的发展,经济结构会从劳动力密集型过渡到资本密集型,与马克思的资本有机构成呈上升趋势的分析一致。因此,新结构经济学是改革开放以来中国经济思想得到长足发展的另一个明显的例子。

资本有机构成

正如上文所述,劳动社会化/劳动分工细化所带来的直接结果,就是生产过程中间接投入相对直接投入有所增加。该种结果的第一种形式是单个生产周期的市场或非市场劳动社会化/劳动分工。

但并非所有的间接投入都只用于单个生产周期,比如机器可以生产多个周期,建筑也可用于多个生产周期,桥梁、道路、铁路和其他基础设施所涉及的产品可用许多年,等等。马克思将可用多个生产周期的生产性资产称为固定资产,西方经济学也是如此。因此,在这种情况下,这种产品生产过程中的劳动社会化/劳动分工将是"固定资产占经济比重呈上升趋势"的体现。

劳动社会化/劳动分工呈上升趋势,即间接投入相对直接投入有所增加,在如下两个过程中得到体现:

- 在单个生产周期中,流动资本/中间产品比例增加。

- 在多个生产周期中,固定投资比重相对直接劳动力有所上升,即生产密集型生产增加。

这两个过程反映劳动社会化/劳动分工呈上升趋势,用马克思术语来说就是"资本有机构成呈上升趋势":

> 随着资本主义生产方式的发展,可变资本同不变资本相比,从而同被推动的总资本相比会相对减少,这是资本主义生产方式的规律。这只是说,由于资本主义生产内部所特有的生产方法的日益发展,一定价值量的可变资本所能支配的同数工人或同量劳动力,会在同一时间内推动、加工、生产地消费掉数量不断增加的劳动资料,机器和各种固定资本,原料和辅助材料,——也就是价值量不断增加的不变资本。可变资本同不变资本从而同总资本相比的这种不断的相对减少,和社会资本的平均有机构成的不断提高是同一的。这也只是劳动的社会生产力不断发展的另一种表现,而这种发展正好表现在:由于更多地使用机器和一般固定资本,同数工人在同一时间内可以把更多的原料和辅助材料转化为产品。也就是说,可以用较少的劳动把它们转化为产品。与不变资本价值量的这种增加——虽然它只是在某种程度上表现出在物质上构成不变资本的各种使用价值的实际数量的增加——相适应的,会使产品相应地日益便宜。每一个产品就其本身来看,同较低的生产阶段相比,都只包含一个更小的劳动量。因为在较低的生产阶段上,投在劳动上的资本比投在生产资料上的资本大得多。因此,本章开头假定的序列,表示了资本主义生产的实际趋势。资本主义生产,随着可变资本同不变资本相比的日益相对减少,使总资本的有机构成不断提高。[1]

---

[1] [德]马克思:《资本论》(第3卷),《马克思恩格斯文集》(第7卷),人民出版社,2009年,第236页。

斯密所作的预测,随着经济发展,固定投资占经济比重呈上升趋势,与李嘉图和马克思得出的结论一致。现代计量经济学再次印证了马克思的分析。

不同发展阶段引领经济发展的主要经济体固定投资占 GDP 比重比较

为从更广阔的历史背景体现资本密集型生产呈上升趋势,下文将首先对不同发展阶段引领经济发展的主要经济体发展历史进行分析,因为它们代表每个阶段最先进的生产能力。鉴于此,图 4-14 呈现工业革命以来引领经济发展的主要经济体固定投资占 GDP 比重比较。

这些经济体是按其经济领先时间顺序排列:率先完成工业革命的英国,19 世纪下半叶的美国,二战后创造了"经济奇迹"的德国,20 世纪 60 年代和 70 年代的日本,20 世纪 80 年代亚洲"四小龙"之一的韩国,最后是中国。图 4-14 清楚地反映,每个主要经济体固定投资占 GDP 比重都高于前一发展阶段, 经济增速也是呈同样趋势:英国 GDP 年均增速为 2%,美国为 3.5%,二战后的德国为 6.8%,日本为 8.6%,韩国为 8.3%,新加坡为 9.0%,1978—2016 年的中国为 9.5%。以下是按历史顺序呈现这些经济体固定投资占 GDP 比重:

• 工业革命之前以及期间, 英格兰和威尔士固定投资占 GDP 比重为 5%~7%;

• 到 19 世纪下半叶, 美国固定投资占 GDP 比重达到 20% 左右,大大超过英国;

• 二战后德国固定投资占 GDP 比重超过 25%;

• 从 20 世纪 60 年代初开始,日本固定投资占 GDP 比重超过 30%,

20世纪70年代初则达到35%的峰值；

　　• 20世纪80年代，韩国固定投资占GDP比重超过35%，新加坡这一比重甚至更高；

　　从20世纪90年代初起，中国固定投资占国内生产总值比重为35%，从21世纪初起这一比重更是超过40%。因此，中国固定投资占国内生产总值比重高，只不过是其固定投资占国内生产总值比重呈上升趋势的长期模式的一个缩影而已——中国长期保持较高的增速与此有关。

　　不同发展阶段引领经济发展的主要经济体固定投资占国内生产总值比重数据充分印证了斯密、李嘉图与马克思，以及随后的凯恩斯的预测分析——固定投资对国内生产总值增长的贡献率呈上升趋势。

图4-14　不同发展阶段引领经济发展的主要经济体固定投资占GDP比重比较

资料来源：根据菲利斯·迪恩和威廉·艾伦·科尔《英国经济增长（1688—1959）》、经济学人《百年经济统计》和世界银行《世界发展指标》数据计算。

当代数据印证了资本密集型生产呈上升趋势的正确性

现在谈当代经济数据。资本密集型生产的增加意味着促进同样数量的经济增长所需的资本投入数量需要有所提高。这可通过增量资本产出率（ICOR）来衡量。资本产出率是国内生产总值增长 1% 所需投资总值占国内生产总值的比重。用公式来表达就是：

ICOR = GDP 增长率/固定投资占 GDP 比重

增加产出所需的投资越低越好，亦即增量资本产出率越小，投资效率则越高。

图 4–15 呈现的是以世界银行提供的最新国际可比数据为依据的 2015 年世界发展中经济体和发达经济体 ICOR 比较：

• 世界 ICOR 平均水平为 8.6，即世界 GDP 每增加一个百分点需要投资 GDP 的 8.6%；

• 发展中经济体 ICOR 为 7.7，即发展中经济体资本密度低于世界平均水平；

• 发达经济体 ICOR 为 9.7，即高收入经济体资本密集型生产不仅高于世界平均水平，而且远高于发展中经济体。

可以看出，世界银行提供的最新国际可比数据充分印证了马克思/斯密，以及林毅夫的新结构经济学的分析——发达/高收入经济体资本密集型生产多于发展中经济体。但正如上文所述，这只不过是劳动社会化/劳动分工细化的一种体现而已。

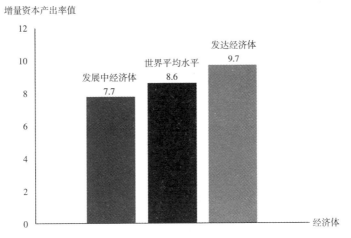

图 4-15　2015 年 ICOR 比较

资料来源：根据世界银行发布的《世界发展指标》数据计算。

应指出的是，单年的 ICOR 可能会受到经济周期波动，以及随之而来的 GDP 增长加速或减速所带来的影响。因此，为免最新数据仅反映单年的非典型趋势之嫌，有必要进行交叉验证。图 4-16 呈现的是按照 5 年移动平均线计算的 2010—2015 年 ICOR 比较，更长时间的分析请看下文按照 5 年移动平均线计算：

- 世界 ICOR 平均水平为 8.5；
- 发展中经济体 ICOR 为 6.1，低于世界平均水平；
- 发达经济体 ICOR 为 12.1，高于世界平均水平。

新结构经济学的分析——发达经济体资本密集型生产多于发展中经济体，再次得到充分印证。

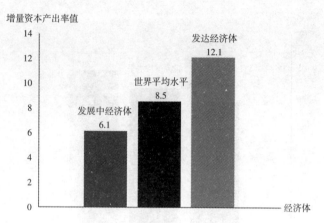

增量资本产出率值

图 4-16　2010—2015 年 ICOR 比较(按照 5 年移动平均线计算)

资料来源:根据世界银行发布的《世界发展指标》数据计算。

　　最后,为体现长期框架及结构特征,图 4-17 为大家呈现按照能消除经济周期波动影响的 10 年移动平均线计算的 ICOR 比较。可以看出,在整个比较期间,发达经济体 ICOR 高于发展中经济体,正好吻合马克思/斯密,以及新结构经济学的分析。

　　显然从全球数据可以看出,无论按照什么样的时间框架计算,马克思/斯密的分析结论,以及新结构经济学的基本前提——随着经济的发展,经济结构会从低资本密集型的增长过渡到高资本密集型的增长,均得到印证。这反过来说明,劳动社会化/劳动分工呈上升趋势。

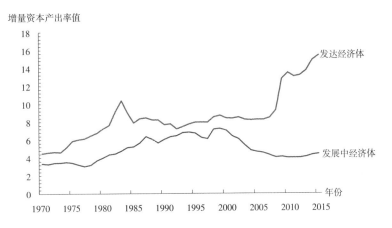

图 4-17　ICOR 比较（按照 10 年移动平均线计算）

资料来源：根据世界银行发布的《世界发展指标》数据计算。

用增长核算法检验新结构经济学

正如《国民账户》数据一样，增长核算法数据也证明，发达经济体资本密集型生产高于发展中经济体。为分析这些趋势，有必要郑重指出，联合国、经合组织和其他统计机构已正式采用改进后的经济增长成因测算方法。对经济增长成因测算方法做出改变的原因，哈佛大学教授戴尔·乔根森所著的《为何联合国、经合组织与美国正式改变其经济增长成因测算方法？》有详细分析。本文数据是根据联合国、经合组织等国际官方机构认可的新核算方法计算，即本文是用资本服务而非资本存量测算资本投入，以及用劳动力数量（劳动工时）和劳动力质量（受教育程度、技能等）测算劳动投入。

为用事实检验新结构经济学对发展中经济体与发达经济体经济增长的分析，下文将按照世界银行的划分标准，运用增长核算法对 30 个发达经济体（高收入经济体）与 30 个发展中经济体（中低收入经济体）进行分析。按照购买力平价与当前汇率计算，这些经济体对世界 GDP 增长的

分析。按照购买力平价与当前汇率计算,这些经济体对世界 GDP 增长的贡献率分别超过 91% 和 93%。因此,这些数据足以令人信服——如果单单引用小经济体的数据,其结果有可能站不住脚。如图 4-18、4-19 所示,数据结果如下:

平均而言,资本投资对发达经济体 GDP 增长的贡献率为 74%,发展中

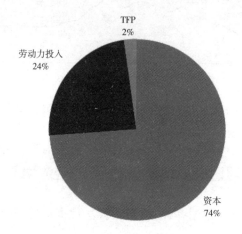

图 4-18　1990—2016 年各 GDP 构成要素对 30 个发达经济体 GDP 增长的贡献率

资料来源:根据世界大型企业联合会发布的《经济数据库(2017)》数据计算。

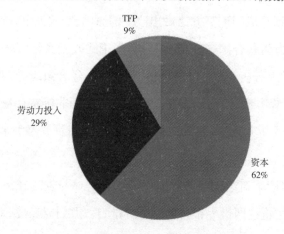

图 4-19　1990—2016 年各 GDP 构成要素对 30 个发展中经济体 GDP 增长的贡献率

资料来源:根据世界大型企业会联合发布的《经济数据库(2017)》数据计算。

经济体这一数据则为 62%,即发达经济体资本密集度高于发展中经济体。

《国民账户》数据和增长核算法研究得出同样结论。这一事实证明,发达经济体资本密集型生产高于发展中经济体是毫无疑问的事实。这也印证了马克思/斯密,以及新结构经济学的分析——资本密集型生产随经济发展呈上升趋势的正确性。

中间产品生产发挥的作用日益增加,以及资本密集型生产呈上升趋势的实证数据充分印证了马克思的分析——资本有机构成呈上升趋势。但正如上文所述,这只是劳动社会化/劳动分工呈上升趋势——间接投入相对直接投入有所增加的体现而已。

熟练劳动力

劳动社会化的过程延伸到劳动力供给。在这个领域,马克思/斯密的分析领先于西方边际主义经济学。事实上,最近才纠正自身漏洞的西方增长核算法与马克思/斯密的分析渐趋一致。

第一个提出熟练劳动力概念的是斯密。他指出,非熟练劳动力可通过培训和教育投入变为熟练劳动力——这些投入能使熟练劳动力获得高于非熟练劳动力的工资。马克思同样指出,每个人一开始都是非熟练劳动力,这种劳动力可通过培训和教育投入变为熟练劳动力。因此,这种培训和教育投入的是劳动社会化的一种体现。为此,马克思/斯密对熟练劳动力与非熟练劳动力作了细致的区分。

但遗憾的是,20 世纪 50 年代奉行西方边际主义经济学的索洛在创建增长核算法框架时,并没有区分熟练劳动力与非熟练劳动力,而是仅用劳动力数量(劳动工时)测算劳动力投入。这必然导致严重的错误。比如,这意味着,1953 年的一个文盲水平的韩国农民一小时的劳动质量,与 2018 年的一个拥有博士学位的韩国工程师一小时的劳动质量是相同的。

1953 年，一个韩国博士工程师创造的产值，显然远高于一个韩国文盲农民。但如果仅以同样一小时的劳动工时衡量，博士工程师所创造的更大的价值将被归因于 TFP 增长，而非成因——增加的产出是源于博士工程师所拥有的更好的技能和受教育程度，而这反过来又是博士工程师的教育投入所创造的。换句话说，博士工程师产生的额外价值产出，是通过劳动社会化——博士生接受的教育/培训投入创造的。

幸运的是，联合国与经合组织等国际机构所采用的新增长核算法现已纠正了索洛的错误，并采纳马克思/斯密的区分非熟练劳动力与熟练劳动力的分析，分别计算劳动力数量（劳动工时）和劳动力质量（劳动力技能、受教育程度等）。乔根森所著的《为何联合国、经合组织与美国正式改变其经济增长成因测算方法？》对此有详细的分析。

一旦采用纠正后的测算方法，就会充分印证马克思/斯密的分析——劳动社会化/劳动分工呈上升趋势。因此，图 4-20、4-21 将劳动力投入划分为劳动力质量与劳动力数量，分别为大家呈现 1990—2016 年劳动力质量与劳动力数量对 30 个发展中经济体与 30 个发达经济体劳动力投入增长的贡献率。①正如上文所述，与发达经济体相比，发展中经济体劳动密集型增长较高，资本密集型增长较低。发展中经济体近 30% 的 GDP 增长来自于劳动力投入，发达经济体的这一数据则略低于 24%，即发达经济体资本密集型增长高于发展中经济体是事实。下面将就劳动力投入给出更详细的数据：

- 发展中经济体 66% 的劳动力投入增长来自于劳动力数量（劳动工时）的增加，仅 34% 是来自于劳动力质量的改善。

---

① 应指出的是，由于缺乏此组中 6 个发展中经济体（安哥拉、伊拉克、缅甸、尼日利亚、苏丹和乌兹别克斯坦）的数据，将会略微影响数据的精确性。但可以看出，发达经济体与发展中经济体之间的差异如此巨大，所以不会显著改变总体形势。

● 发达经济体大多数(51%)的劳动力投入增长来自于劳动力质量的改善,49%来自于劳动力数量的增加。

总的来说,发达经济体大多数的劳动力投入增长来自于劳动力教育、技能改善,这是劳动社会化/劳动分工的体现。它反过来创造了巨大的教育和培训产业——讲师、教授、教师、幼儿教育、职业培训,等等。这构成所有发达经济体劳动力的重要组成部分,是劳动分工/劳动社会化的典型例子。这些人组成了一个重要群体——"中等收入群体",但最准确的说法应为"熟练劳动力"(西方所称的"中产阶级"并不完全准确,因为群体不等于阶级,因此西方运用这个词汇仅仅是试图隐瞒这个群体的绝大多数都是工人的事实)。马克思/斯密的分析——劳动分工/劳动社会化呈上升趋势再次得到充分印证,而索洛的错误所带来的实际后果显而易见。花了很长一段时间才纠正这一错误的西方边际主义经济学与斯密/马克思的分析渐趋一致。

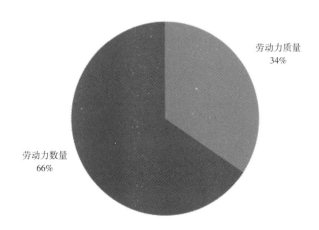

图 4-20　1990—2016 年劳动力质量与劳动力数量

对 30 个发展中经济体劳动力投入增长的贡献率

资料来源:根据世界大型企业联合会发布的《经济数据库(2017)》数据计算。

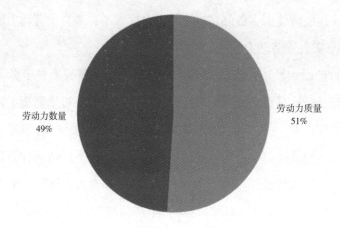

劳动力数量
49%

劳动力质量
51%

图 4-21　1990—2016 年劳动力质量与劳动力数量
对 30 个发达经济体劳动力投入增长的贡献率

资料来源:根据世界大型企业联合会发布的《经济数据库(2017)》数据计算。

劳动分工与科技进步

偶尔有人声称,斯密与马克思低估了科技在经济发展中的作用。这样的说法是错误的,也是对斯密与马克思的误解。斯密的《国富论》就对完全源自于他的劳动分工理论的科技进步进行了极其详细的分析。他指出,科技进步最初主要依靠直接的生产者,随后变得越来越依赖于专业知识与研究。1877 年,爱迪生建造了第一所完全独立的现代化研究中心——发明工厂,为斯密的分析提供了有力的佐证。

更有人声称"马克思低估科技作用"的说法更是大错特错。马克思曾在《共产党宣言》中指出:

> 资产阶级除非对生产工具,从而对生产关系,从而对全部社会关系不断地进行革命,否则就不能生存下去……资产阶级,由于一切生产工具的迅速改进,由于交通的极其便利,把一切民族甚至最野蛮

的民族都卷到文明中来了。它的商品的低廉价格,是它用来摧毁一切万里长城、征服野蛮人最顽强的仇外心理的重炮。①

《资本论》第1卷第13章"机器与大工业"里有一百多页是讲述科技的作用,在整部作品中是篇幅最长的。马克思简单明了地指出,科技与科学研究是劳动社会化/劳动分工的一种体现。科技进步依靠的不是脱离社会的孤立的天才,而是依靠融入社会的力量且由此衍生的劳动社会化/劳动分工。在现代经济中,数以百万计的研究人员参与技术开发。实证研究显示,研发进展与投入比例成正比。这是为何中国与其他国家一样,致力于提高研发支出占经济比重的原因,拙著《一盘大棋?——中国新命运解析》对此有详细的统计数据。总的来说,科技进步是劳动分工/劳动社会化的典型产物。

为专业研究实验室服务的企业研发人员、大学研究人员和从事技术开发的政府雇员等,构成了劳动力的重要组成部分,是劳动社会化/劳动分工的一种鲜明体现。这些受过高等教育、技术娴熟的研究员本身就是教育制度的产物,也是构成中等收入阶层/高技能工人的重要组成部分。企业与大学和政府研究机构这种庞大的研发机构,是推进科技进步的主要引擎,这印证了马克思与习近平的分析。后者指出:

> 工人阶级是我国的领导阶级,是我国先进生产力和生产关系的代表,是我们党最坚实最可靠的阶级基础,是全面建成小康社会、坚持和发展中国特色社会主义的主力军。

---

① [德]马克思:《共产党宣言》,《马克思恩格斯文集》(第6卷),伦敦Lawrence and Wishart出版社,1976年,第476~519页。

……必须全心全意依靠工人阶级、巩固工人阶级的领导阶级地位,充分发挥工人阶级的主力军作用。①

从经济角度看,爱因斯坦(大学雇员)、屠呦呦(研究机构雇员)、弗莱明(世界上第一个发现抗生素的人,大学雇员)、约翰·巴丁、沃尔特·布拉顿、威廉·肖克利(晶体管发明者,贝尔实验室雇员)、查尔斯·哈德·汤斯、阿瑟·肖洛、古尔德、西奥多·哈罗德·梅曼(激光发明者,企业和大学雇员)、杰克·基尔比(集成电路第一位发明者,政府和企业雇员),以及其他推动科学技术研究的人都是高级技术工人,也都是劳动分工的产物。鉴于此,西方意识形态试图隐瞒这些研究机构的雇员都是高级技术工人的事实。而对西方来说,承认这样的事实太令他们不安。

劳动社会化／劳动分工概述

根据经济增长成因的现代实证研究得出的结论显而易见:

• 拉动经济增长的最重要因素是劳动社会化/劳动分工,反映为中间产品/流动资本的增长——同样,劳动社会化/劳动分工也是大型生产单位生产率高于小型生产单位的一种体现。国内和国际劳动社会化/劳动分工促成了全球化,而它在经济发展取得成功中不可或缺。

• 拉动经济增长的第二重要因素是资本密集型生产增加,即随着经济的发展,经济结构会从劳动力密集型过渡到资本密集型。

• 拉动经济增长的第三重要因素是高技能劳动力增加,这本身是劳动社会化/劳动分工的一种体现。随着经济发展,高技能劳动力改善而非劳动工时增加对劳动力投入增长的贡献率日益增加。

---

① 习近平:《实干才能梦想成真》(2013 年 4 月 28 日),《习近平谈治国理政》(第一卷),外文出版社,2018 年,第 45 页。

● 科学技术在经济发展中的作用日益重要。科学技术发展越来越依赖劳动分工/劳动社会化的私人和政府投入的巨大的研发资源。

正如下文分析所示,拉动经济增长的其他因素的作用,远不如上述那些因素重要。下面将对这些不太重要因素的作用进行分析。

马克思基于斯密理论基础之上的分析充分证明,中国改革开放之所以能取得如此巨大的成就,在于坚持了马克思主义。

四、西方深陷"新平庸",而中国持续大发展

自国际金融危机以来,
西方国家经济增速低于 1929 年后同期增速

改革开放 40 年以来,中国取得了人类历史上最伟大的经济成就。相反,西方深陷国际金融危机泥潭不能自拔。后者在 2008 年遭遇了大萧条以来最大的经济危机。此外,本轮国际金融危机的后遗症尚未完全得到解除,西方经济体增长缓慢的形势仍将继续。2007—2017 年,西方发达经济体 GDP 年均仅增长 1.4% ——国际货币基金组织总裁克里斯蒂娜·拉加德将这种现象称之为"新平庸"。由此带来的累积效应是经济长期持续缓慢增长,而非个别年份缓慢增长。正如图 4-22 所示,截至 2017 年年底,距国际金融危机的前一年——2007 年整整 10 年,作为西方发达国家代表的 G7 集团 GDP 增速慢于 1929 年大萧条后同期增速——1929—1939 年 G7 集团 GDP 总增长 15.9%,2007—2017 年则仅为 10.9%。西方经济体这种极为缓慢的增长形势必然加剧政治动荡——2016 年特朗普违背美国绝大多数建制派意愿出人意料地当选美国总统,并在正式就任

总统后使美国社会陷入严重冲突；英国非理性脱欧；法国和其他欧洲国家民粹主义政党崛起；甚至德国这种传统上一直保持稳定的国家一度面临组阁危机。中国与西方截然不同的经济形势说明了什么？

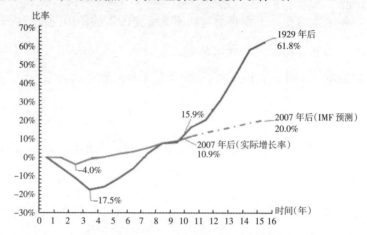

图 4-22　1929 年后和 2007 年后 G7 集团 GDP 增长率比较

资料来源：分别根据安格斯·麦迪森《世界经济千年史》和 IMF《2017 年世界经济展望报告》数据计算。

这个问题很重要。因为正如上文所述，亚当·斯密创建的现代经济学不仅是马克思主义经济学的基础，而且也是西方经济学的基础。虽然马克思注意到斯密没有看到的许多影响深远的问题，而且纠正了斯密的个别观点，但马克思是继承而非推翻斯密在《国富论》开篇所定下的基本框架。此外，西方计量经济学提供的数据印证了马克思/斯密分析的正确性。那么为何边际主义经济学无视马克思与经济学创始人亚当·斯密，以及西方专家在这一领域所论述的事实呢？

原因是，揭露事实不符合资本主义的利益。凯恩斯在《通论》中指出："和思想的逐渐侵蚀相比，既得利益的力量是被过分夸大了。"[1]马克思

---

① ［英］凯恩斯：《通论》(The General Theory of Employment Interest and Money)，《凯恩斯文集》(第七卷)，剑桥大学出版社，2013 年，第 283 页。

则对此有不同的看法:"既得利益,更确切地说阶级立场,意味着真理将因支持错误的意识形态遭到忽视。"当然马克思被证明是对的,而凯恩斯则错了。

个人创业

斯密、马克思与现代经济学的研究结果,不被边际主义经济学接受的原因很容易解释。要使资本主义合法化,必然就得宣称,拉动经济发展的最重要力量是资产阶级。因为边际主义经济学不喜欢谈阶级,因此将"资产阶级"这个词汇改头换面为"个人创业的主力军——个人企业家",但本质并无不同。据称,个人创业在推动进步和确保供需平衡方面发挥决定性作用。问题是,马克思/斯密的理论框架与经济增长成因实证研究,与"个人创业是拉动经济增长的关键力量"的说法完全不同。相反,正如上文分析所示,实证研究显示,拉动经济增长的因素按重要性递减顺序排列是:体现中间产品/流动资本增长作用的劳动社会化/劳动分工细化,全球化的作用,固定投资/资本密集型生产呈上升趋势,劳动力技能改善,科学技术进步的主要力量——研发投入。总之,实证研究导致马克思和习近平得出结论——工人阶级是提高生产率和增长率的最重要因素。因为这样的结论对资本主义来说是不可接受的,资本主义不得不创建一套经济理论宣称"个人企业家/资本家是提高生产率和增长率的最重要因素"。

问题是,这一理论不符合事实,据此理论制定政策会成为经济发展的障碍。只重视短期供需变化,却忽视供需平衡时经济如何发展这个更重要的问题,边际主义经济学剥夺了自身准确了解经济如何增长的能力。正如下文所示,边际主义经济学创建的经济理论不符合事实的事实,有助于解释西方经济体没能有力克服国际金融危机影响的原因。

这个理论问题很容易得到检验。如果个人创业是拉动生产的最重要因素,那么其对经济增长的贡献率应超过资本和劳动力投入——个人创业属于 TFP 的一部分。但正如上文所述,TFP 对经济增长的贡献率太小——TFP 对 30 个发达经济体和 30 个发展中经济体增长的贡献率分别仅为 2% 和 9%。即使个人创业有助于增加 TFP 增长的整体贡献率——这是完全不合理的,因为这意味着科技进步、经济规模与其他因素在 TFP 增长中没有发挥作用。事实上,个人创业对经济增长的贡献率较小。

作为个人创业发源地的美国,显然可以帮助我们看清形势。TFP 增长对美国经济增长的贡献率的确高于发达经济体平均水平,虽然它对美国经济增长的贡献率仍远低于资本和劳动力投入增长。如图 4-23 所示,1990—2016 年资本投入对美国 GDP 增长的贡献率为 48%,劳动力投入为 31%,TFP 为 21%。正如上文所述,这符合二战后整个发展阶段的研究成果:拉动美国经济增长的最重要因素是中间产品,其次是固定投资,然后是劳动力投入,最后是 TFP。

鉴于美国是世界科技最发达的经济体,没有理由认为所有 TFP 增长都源于个人创业,但即便如此,这也意味着劳动力和资本投入对美国经济增长的贡献率是个人创业的 4 倍。也就是说,即使以美国为例,"个人创业是拉动经济增长的最重要因素"的说法也不符合事实。事实上,有必要指出,资本投资对美国经济增长的贡献率是 TFP 的 2 倍多,劳动力数量投入(劳动工时)的作用和 TFP 一样——劳动力投入的总体作用显著高于 TFP 增长。此外,美国 TFP 增长率高于大多数发达经济体——因此,个人创业的作用甚至小于大多数发达经济体。

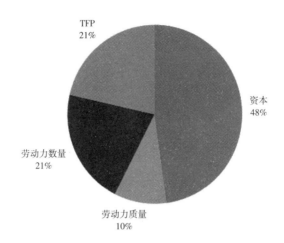

图 4-23　1990—2016 年各 GDP 构成要素对美国 GDP 增长的贡献率比较

资料来源：根据世界大型企业联合会发布的《经济数据库（2015）》和《经济数据库（2017）》数据计算。

总之，因为作为既得利益者/阶级利益的代表，边际主义经济学不得不隐瞒经济发展事实。但这将带来不可避免的结果：基于这种错误的经济理论确保经济增长或者解决经济问题将不可避免地遭受失败。正如下文所示，这导致西方陷入"新平庸"。

索洛的错误得到纠正

正如上文所指出的，20 世纪 50 年代索洛创建的西方增长核算法犯了一个严重的错误，没有区分熟练劳动力与非熟练劳动力，即用现代西方经济学术语来讲就是没有区分劳动力数量与劳动力质量。

索洛犯的另一个错误是用资本存量，而非资本在一定时期内对 GDP 增长的贡献率测算资本投入。用现代西方经济学术语来讲就是，索洛所犯的错误是用资本存量而非资本服务分析资本投入。

1994—2001 年，经合组织、联合国与美国统计机构正式用新的经济增长成因测算方法纠正了索洛的这些错误,这在乔根森所著的《为何联合国、经合组织与美国正式改变其经济增长成因测算方法?》中有详细分析。而边际主义经济学用了一百五十多年的时间才接近马克思和斯密的分析。但令人担忧的是,部分中国媒体发表的文章仍采用的是背离马克思主义的索洛的错误的经济增长成因核算方法。

米尔顿·弗里德曼

正如上文所分析的总体框架,二战后试图挑战源自于斯密与马克思理论框架的边际主义经济学代表人物当属米尔顿·弗里德曼。他将攻击目标对准凯恩斯,他的攻击点是试图推翻"投资占经济比重呈不断上升趋势"与"资本密集型生产呈上升趋势"的分析。正如上文所述,这也是对马克思/斯密理论框架的直接攻击。因为这个问题不仅关乎斯密、李嘉图、马克思到凯恩斯理论的正确性与否,而且也关乎中国改革开放与新结构经济学,因此值得详细分析。

弗里德曼之所以专门选择将他的攻击重点放在"资本密集型生产呈上升趋势"这一点上,是因为凯恩斯曾指出经济动荡加剧了对这种趋势的影响。正如弗里德曼在《消费函数理论》中指出的:

> 凯恩斯具有争议性的理论——市场机制不能自动地使经济达到充分就业时的均衡状态,令我对凯恩斯消费函数理论的正确性的疑虑加深。①

弗里德曼借助美国经济数据,以反驳从李嘉图、马克思到凯恩斯源

---

① [美]米尔顿·弗里德曼:《消费函数理论》(*A Theory of the Consumption Function*),普林斯顿大学出版社,1957年,第5页。

自斯密的经济分析。他为此专门写了《消费函数理论》①这本书,以推翻凯恩斯等人的观点。

弗里德曼试图通过西方计量经济学家进一步的实证分析,反驳斯密、李嘉图、马克思、凯恩斯的分析。这些现代计量经济学研究结果确凿地证明,弗里德曼犯的一个错误是依赖美国而非全球经济数据,而斯密、李嘉图、马克思、凯恩斯所作的"资本密集型生产随着经济发展呈上升趋势"的分析则是正确的。

弗里德曼所犯的一个重大错误是他没有核实,美国是一个例外,而非总体或国际趋势。他错在仅以个例为准,而没有进行全面的国际比较。正如作为反凯恩斯的大将,新古典主义的罗伯特·巴罗(Robert Barro)就主要经济体的研究结果也不得不总结指出:

> 美国国内投资率和国民储蓄率稳定性一直很强……但引人注目的是,与其他国家相比,美国是个特例,因为其他国家国内投资率和国民储蓄率均有明显的增长,特别是相比于二战前大幅度增长。因此,长期数据显示,国内投资总额和国民储蓄总额占 GDP 比重随着经济发展呈上升趋势。②

当然,这只是印证了马克思与斯密以及上述相关最新经济研究成果,也充分印证弗里德曼是错误的,而斯密、李嘉图、马克思、凯恩斯所作

---

① "库兹涅茨对 1899 年以来美国储蓄的研究显示,尽管实际收入大幅增长,但储蓄占收入比重并没增加。根据他的研究,美国储蓄占收入比重在整个期间是一样的。"见 [美]米尔顿·弗里德曼:《消费函数理论》(*A Theory of the Consumption Function*),普林斯顿大学出版社,1957 年,第 3~4 页。

② [美]罗伯特·巴罗、[西]夏威尔·萨拉伊·马丁:《经济增长》(*Economic Growth*),麻省理工学院出版社,2004 年,第 15~16 页。

的"资本密集型生产随着经济发展呈上升趋势"的分析则是正确的。

凯恩斯

上节谈到,弗里德曼试图攻击凯恩斯与马克思/斯密等人的理论框架,结果事与愿违。尽管如此,弗里德曼仍有值得肯定的一面,至少他明白这个问题的意义所在。该问题无论是从经济理论还是从实践角度来看,都可分析出国际金融危机后西方仍然深陷"新平庸"的原因。

弗里德曼费尽心机攻击"资本密集型生产随着经济发展呈上升趋势"与"固定投资占 GDP 比重呈不断上升趋势"的分析,是因为凯恩斯指出,投资占经济比重呈上升趋势带来的必然结果是,投资下降所造成的负面影响会日益严重:

> 社会越富裕,其实际产出和潜在产出之间的差距越大……贫穷的社会往往会消费掉它的很大一部分的产量,所以数量非常有限的投资便会足以导致充分就业。反之,富裕的社会必须为投资提供更加充足的机会来导致充分就业,如果想使该社会的富人的储蓄倾向与该社会的穷人的就业不发生矛盾的话。如果在一个潜在富裕的社会中,投资动机微弱,那么尽管存在着潜在的财富,有效需求原理的作用会强迫该社会减少它的产量,一直到存在着潜在财富的该社会贫穷到如此的程度,以致它产量的多于其消费的部分被减少到与它的微弱的投资动机相适应时为止。①

---

① [英]凯恩斯:《通论》(The General Theory of Employment Interest and Money),《凯恩斯文集》(第七卷),剑桥大学出版社,2013 年,第 31 页。

或者,正如凯恩斯指出,这意味着产出和就业越来越依赖于投资水平:

> 当实际收入总量增加时,总消费量也会增加,但增加的程度不如收入……这样,为了能维持既定的就业量,就必须要有足够数量的现期投资来补偿总产量多出在该就业量时社会所愿意消费的数量部分……因此,在既定的被我们称为消费倾向的条件下,就业量的均衡水平(即对全部企业家来说有没有动机促使他们扩大或减少就业量的水平)取决于现期的投资数量。[①]

但正如凯恩斯所指出的,在资本主义国家中确保必要投资量以维持有效需求的自动调节机制是不存在的。即萨伊定律所宣称的"供给能够创造自己的需求"的说法是错误的——在这一点上,凯恩斯得出的结论与马克思七十多年前得出的结论一致。凯恩斯总结道:

> 因为, 与充分就业相对应的有效需求是一种特殊事例……然而,只有在偶然的场合或者通过人为的策划,才能使现期的投资量对需求所提供的数量正好等于充分就业所造成的产量的总供给价格,大于社会在充分就业时所愿意有的消费量的部分。[②]

简言之:

> 个人进行的储蓄行为——可以被说成是——今天不用餐的决

[①] ［英］凯恩斯:《通论》(The General Theory of Employment Interest and Money),《凯恩斯文集》(第七卷),剑桥大学出版社,2013 年,第 27 页。

[②] 同上,第 28 页。

策。但这一决策并不必然导致一星期或者一年以后用餐或者买双皮靴的决策。[1]

用更专业的术语来说,就是:

老式说法的错误在于根据个人的储蓄行为便作出似是而非的推断,认为也会使总投资增加相同的数量。[2]

任何投资缺口都会被我们熟知的"乘数效应"放大,最终产生更大幅度的经济周期波动:

尽管如此,我们还是应该依靠乘数的一般原理来解释为什么占国民收入相对微小比重的投资的波动会造成总就业量和收入的波动,而波动的幅度远远超过投资波动本身。[3]

投资结合消费的这种波动,反过来会决定就业:

消费倾向和新投资的数量二者在一起决定就业量。[4]

---

① [英] 凯恩斯:《通论》(The General Theory of Employment Interest and Money),《凯恩斯文集》(第七卷),剑桥大学出版社,2013 年,第 210 页。
② 同上,第 83 页。
③ 同上,第 122 页。
④ 同上,第 30 页。

西方陷入"新平庸"的根源

上述实证分析证明,投资调控问题成为西方经济体陷入"新平庸"的决定性因素。但要了解这一点,就有必要明确指出,西方经济体增长放缓并非仅仅是受到国际金融危机的影响,因为西方经济体经济放缓已有数十年。因为后一种趋势容易被短期经济周期波动掩盖,所以图 4-24 为大家呈现按照 20 年移动平均线计算的西方发达经济体 GDP 年均增长率——用长期移动平均线是为了消除纯粹的周期波动影响,以利于看清基本趋势。可以看出, 西方发达经济体 GDP 年均增长率从 1980 年的4.5% 分别降至 2002 年的 3.0%、2016 年的 2.0%。过去 36 年的数据显示,西方发达经济体 GDP 增速下降一半以上。就更长时间的数据而言,如美国一样,其增长放缓的时间更长。

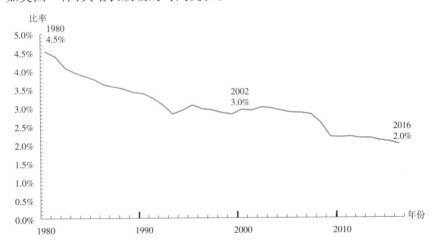

图 4-24　西方发达经济体 GDP 年均增长率比较(按照 20 年移动平均线计算)

资料来源:根据世界银行发布的《世界发展指标》数据计算。

当然,用较短的时间段来分析趋势会体现出更大的波动,但不会改变西方经济体趋势。图 4-25 呈现的是按照 5 年移动平均线计算的西方发达经济体 GDP 年均增长率。可以看出,西方发达经济体 GDP 年均增长率从 1966 年的 5.9%,急剧放缓至 1988 年的 4.0%、2000 年的 3.3%、2016 年的 1.7%。按照 5 年移动平均线计算,1966—2016 年西方发达经济体 GDP 年均增速下降超过 70%。

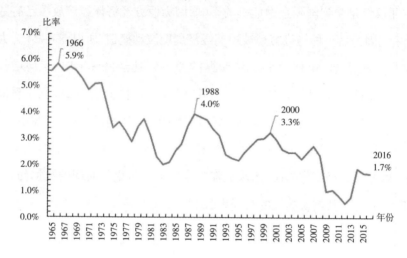

图 4-25　西方发达经济体 GDP 年均增长率比较(按照 5 年移动平均线计算)
资料来源:根据世界银行发布的《世界发展指标》数据计算。

美国经济

对所有西方主要经济体的详细分析显示,他们都呈现同样的趋势,即这种严重放缓是普遍趋势,没有例外。为避免文章过于冗长,所有西方经济体的详细图表将不会一一呈现,但由于美国是最重要的资本主义国家,因此将把其作为代表性的例子来说。图 4-26 呈现的是按照 20 年移动平均线计算的美国 GDP 年均增长率。可以看出,美国 GDP 年均增长率从 1969 年的 4.4%,下降至 1978 年的 4.1%、2002 年的 3.5%、2017 年的 2.2%。也就是说,美国经济放缓已超过半个世纪。

图 4-26 美国 GDP 年增长率比较(按照 20 年移动平均线计算)

资料来源:根据美国经济分析局发布的《国民账户》表 1.13 数据计算。

为何凯恩斯不被西方接受?

鉴于前面章节曾详细分析了何谓拉动经济增长的最重要因素,因此过去数十年西方经济体经济严重放缓的原因显而易见。理论上,这样的放缓是由于拉动经济增长的最重要因素——劳动分工减少造成的。这确实是 1929 年后大萧条爆发的关键原因——这一时期以美国斯穆特—霍利关税为象征的贸易保护主义严重抑制了国际劳动分工。但现阶段的贸易保护主义,与美国出台的一些贸易保护主义措施(比如针对太阳能、洗衣机、钢和铝等征收高额的保障性关税),与 20 世纪 30 年代的超贸易保护主义相比是小巫见大巫。也没有证据证明,反映中间产品增长的劳动分工过程已经逆转。因此,与 20 世纪 30 年代的大萧条时期不同,没有任何证据表明,西方经济体持续缓慢增长是受到全球化崩溃或国际劳动分工中断的根本性影响。

但作为拉动经济增长的第二重要因素的固定投资形势却截然不同。图 4-27 呈现的是西方发达经济体净固定投资(总固定投资–资本折旧)占国民总收入(GNI)比重比较。西方发达经济体投资水平下降显而易见。最新数据显示,西方发达经济体净固定投资占国民总收入比重从 1973 年的 13.4%,下降至 1979 年的 12.1%、1989 年的 9.9%、2000 年的 7.7%、2006 年的 6.9%、2015 年的 4.1%。也就是说,西方发达经济体净固定投资占国民总收入比重下降了近 70%。因为资本投资是拉动经济增长的第二重要因素,固定投资严重下降必然导致西方经济体经济严重放缓。

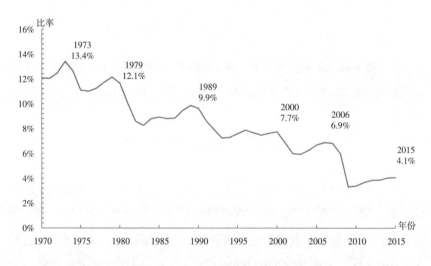

图 4-27　西方发达经济体净固定投资占国民总收入比重

资料来源:根据世界银行发布的《世界发展指标》数据计算。

美国固定投资占 GDP 比重呈下降趋势

通过分析美国数据可以清楚地看清这一进程,因为美国数据时间跨度较长,并非仅仅是二战后数据。图 4-28 呈现的是 1929—2016 年美国净固定投资占 GDP 比重比较,发展曲线显而易见。1933 年大萧条最严重时期，美国净固定投资为负，即美国折旧消耗的资本大于新增的资本——美国资本存量实际上是下降的。二战期间的1943年,美国净固定投资占GDP比重出现空前增长,达到14.8%。因为投资激增,美国经济出现了戏剧性增长:从二战爆发到1945年,美国GDP总增长91%,年均增长11.3%。这是美国历史上增长最快的时期。二战后美国净固定投资占GDP比重有所下降,但在1966年达到10.9%的峰值——这正好与二战后美国经济蓬勃发展相吻合。此后五十多年,美国净固定投资占GDP比重一直呈下降趋势,2010年国际金融危机期间降至2.1%的低点,直到2016年才仅升至3.8%。1966—2016年,美国净固定投资占GDP比重下降了近2/3。鉴于资本投资是拉动经济增长的第二重要因素,因此美国经济严重放缓不可避免。

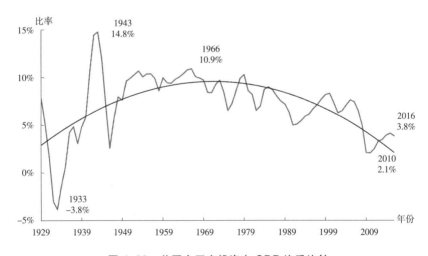

图4-28 美国净固定投资占GDP比重比较

资料来源:根据美国经济分析局发布的《国民账户》表1.5.5和5.1数据计算。

西方实施凯恩斯的部分政策遭受失败的原因

过去数十年西方经济体净固定投资严重下降,导致其经济增长严重放缓,并不可避免地陷入"新平庸"。但问题是,为何西方经济体没有采取任何措施来扭转这种局面呢? 这不能不令人感到奇怪,因为了解形势,甚至不需要成为一个马克思主义者。从 20 世纪西方最伟大的经济学家之一——凯恩斯理论角度来看,很容易解释。但正如上文所分析的原因,当面临国际金融危机的严峻形势时,西方经济体实施了凯恩斯的部分政策,但拒绝实施最重要的部分。这是为何西方经济体陷入缓慢增长,且增速慢于 1929 年后增速的原因。分析这个问题也清楚地表明,改革开放以来中国的经济结构优于西方经济体。

正如上文所述,凯恩斯认为经济波动的关键在于投资变化。他根据这一分析得出意义更为深远的结论——财政赤字作用,这一问题的分析拉大了他与边际主义经济学之间的距离。但原因显而易见,边际主义经济学并不愿意承认凯恩斯的结论。

除了财政赤字政策外,西方经济体愿意接受凯恩斯的结论之一是,当经济存在严重问题时,应实行低利率政策。2008 年至今长达 10 年之久,西方所有主要央行都在实行超低利率,利用量化宽松降低利率,而这直接源自凯恩斯的分析:

> 资本边际效率相对于利率的波动可以被用来解释和分析繁荣与萧条交替的行进。资本边际效率相对利率的波动可以用来描述和分析繁荣与萧条的交替。降低利率的目的是削减借贷成本、提高利润,从而增加投资吸引力,刺激投资需求。[1]

更确切地说,凯恩斯认为,在现代经济中,投资资金基本上来源于借

---

[1] [英] 凯恩斯:《通论》(The General Theory of Employment Interest and Money),《凯恩斯文集》(第七卷),剑桥大学出版社,2013 年,第 144 页。

贷,超低利率的目的是为使贷款更便宜,使投资更有利可图、更有吸引力。

反过来,量化宽松政策的必要性源自于凯恩斯认为只依靠纯粹的市场力量,利率不会降到足够低水平的事实。或者正如凯恩斯指出:

> 在富裕的社会中,不仅边际消费倾向微弱,而且由于它的资本积累已经较多,除非利率以足够快的速度下降,进一步投资的机会就较难具有吸引力。这就使我们来研究利率理论并且考察为什么利率不能自动下降到应有水平的原因。①

国际金融危机后,西方所有主要央行(美国、日本、欧盟)都采取了量化宽松政策。也就是说,凯恩斯的政策仅得到部分实施。

某种程度的投资全面社会化

尽管凯恩斯支持低利率,但他并不认为单靠低利率就能克服投资下降带来的影响。因此,凯恩斯得出结论,这就需要政府发挥更大的作用:

> 然而,只有经验才能证明:在何种程度上,控制利息率能够持续地刺激投资,使它处于合适的水平。以我自己而论,我对仅仅用货币政策来控制利息率的成功程度现在有些怀疑。我希望看到的是,处于能根据一般的社会效益来计算出长期资本边际效率的地位的国家机关承担起更大的责任来直接进行投资。②

---

① ［英］凯恩斯:《通论》(The General Theory of Employment Interest and Money),《凯恩斯文集》(第七卷),剑桥大学出版社,2013年,第31页。

② 同上,第64页。

因此,凯恩斯认为,控制投资水平应由政府而不是私人部门承担:

> 我的结论是,我们不能把决定当前投资总量的职责放在私人手中。[1]
> 因此,有必要设法"由社会控制投资量"。[2]

但如果政府决定当前投资总量,那么凯恩斯会得到如下结论:

> 单靠银行利率政策带来的影响不足以决定最合理的投资率。因此,我设想,某种程度的投资全面社会化将是确保充分就业的唯一手段。[3]

凯恩斯指出,"某种程度的投资全面社会化"并不意味着消灭私营企业,而是政府投资和私人投资协同合作:

> 这并不排除政府当局和私人主动性合作的一切折中和馈赠的形式……但除调节消费与刺激投资必须由中央控制之外,更多的社会化经济生活则没有必要……当然,确保充分就业所需的中央控制会扩大政府的传统职能。[4]

显而易见,凯恩斯设想的经济结构决定了现时投资量的重任不能交

---

① [英]凯恩斯:《通论》(The General Theory of Employment Interest and Money),《凯恩斯文集》(第七卷),剑桥大学出版社,2013年,第320页。
② 同上,第325页。
③④ 同上,第378页。

予私人手中,政府应发挥设定总体投资水平的作用,但不能所有生产资料都国有(即不是1929年后苏联所推行的模式)。

凯恩斯所设想的经济结构在西方资本主义国家不可能存在,因为那是由私人资本设定投资水平。正是由于这个原因,国际金融危机后西方经济体接受了凯恩斯的财政赤字和量化宽松政策,但拒绝他的"某种程度的投资全面社会化"的建议。如果设定投资水平脱离私人资本控制,那么资本主义制度将不复存在!

相信大家现在已经对中国经济结构有所了解,虽然大家是通过凯恩斯经济学而非从马克思主义框架角度了解的。"抓大放小"的政策(保留大型国有企业为国有制,放活小型国有企业为非国有/私有制),加上放弃计划经济,意味着中国经济不再是管制模式,但政府在必要时可启用宏观调控手段,包括设定投资水平,正如凯恩斯所主张的。

宏观调控和投资

对于改革开放以来中国建立的经济结构,以及社会主义市场经济制度比西方资本主义国家具有决定性的优势这一事实,《华尔街日报》准确描述道:

> 大多数经济体可以用两种方法来促进经济增长:财政和货币。中国有第三种选择……加快投资项目的审批流程。[1]

这种经济结构的优势显而易见。比如,2016年年初,中国经济增速创

---

① [英]欧乐鹰:《中国政府运用巨额资金刺激经济发展》(Show Me The China Stimulus Money),《华尔街日报》,2014年2月11日,http://online.wsj.com/news/articles/SB10001424052702303674004577433763683515828。

28 个季度新低——回顾当时的国际背景,当年是西方经济体,特别是美国经济增长极为低迷的一年。当时中国推出政府投资计划,同年 4 月政府投资同比增长 23.7%,这有助于确保适当的经济增速。作为一种连锁反应,这种增长刺激了私人投资,同年 11 月,低迷的私人投资开始加速。这说明,新自由主义所宣称的"政府投资对私人投资存在挤出效应,国有企业与私有企业的利益是相互对立的"说法是错误的。相反,中国政府投资在拉动经济增长的同时刺激了私人投资,即在中国经济制度下,国有企业和私有企业是相互补充的,而非相互对立的。

显然,改革开放以来中国建立的经济结构,体现了中国特色社会主义的特点和优势,也接近于凯恩斯所设想的结构。在这样的结构下,中国不是用管制手段调控经济,而是让市场在资源配置中起决定性作用。但正如上文所述,中国可利用政府投资避免投资严重下降(为避免经济过热,中国也可减少投资)解释了西方陷入"新平庸"的原因。但为何西方不使用这样的手段避免其投资严重下降,使自己陷入"新平庸"呢?

原因在于政治层面,源于西方本质上是资本主义国家而非社会主义国家的事实。凯恩斯所设想的经济结构,或者中国特色社会主义经济制度,对西方资产阶级来说是不可接受的。

此外,政府资本而非私人资本调控总体投资水平的局面,对坚持私人经济利益必须占主导地位的西方资本主义国家来说,是不能接受的。因此,虽然这种手段可克服"新平庸",但西方资本主义国家并不准备实施。

具有讽刺意味的是,尽管凯恩斯是西方经济学家,美国和欧洲国家的经济结构和意识形态却令他们不可能实施凯恩斯的政策,相反,中国应对危机的措施远比任何资本主义国家接近凯恩斯所设想的。

中国的社会主义经济结构,因为允许政府控制投资率和某种程度的投资全面社会化,因此需要利用凯恩斯所分析的政策工具,而这是美国和欧洲国家所不能的。尤其令人讽刺的是,虽然凯恩斯明确希望拯救资本主义,但结果是西方资本主义国家却无法运用他所建议的工具,反倒是中国能。邓小平和陈云的设想不符合凯恩斯的框架,但凯恩斯的设想在邓小平和陈云的框架内可以得到灵活实施。

"看得见的手"和"看不见的手"

这些也明确表明,中国的社会主义经济结构与西方资本主义国家是完全不同的。西方媒体所宣称的"中国是资本主义国家"的说法纯属无稽之谈,因为中国近40%的投资是由政府实施的,而没有哪一个西方资本主义国家能做到如此。正如上文详细分析所示,遵循马克思主义理论,中国抛弃了1929年后苏联推行的管制经济。但作为一个社会主义国家,中国可以没有顾虑的同时利用国有企业和私有企业。正如2013年11月召开的中共十八届三中全会重申的:

> 我们必须毫不动摇巩固和发展公有制经济,坚持公有制主体地位,发挥国有经济主导作用。[1]

或者正如习近平指出:

> 当然,我国实行的是社会主义市场经济体制,我们仍然要坚持发挥我国社会主义制度的优越性、发挥党和政府的积极作用。[2]

具体来说就是:

---

[1][2] 习近平:《关于〈中共中央关于全面深化改革若干重大问题的决定〉的说明》,人民网,2013年11月16日,http://politics.people.com.cn/n/2013/1116/c1024-23560847.html。

市场在资源配置中起决定性作用,并不是起全部作用。发展社会主义市场经济,既要发挥市场作用,也要发挥政府作用,但市场作用和政府作用的职能是不同的。全会决定对更好发挥政府作用提出了明确要求,强调科学的宏观调控、有效的政府治理,是发挥社会主义市场经济体制优势的内在要求……强调政府的职责和作用主要是保持宏观经济稳定,加强和优化公共服务,保障公平竞争,加强市场监管,维护市场秩序,推动可持续发展,促进共同富裕,弥补市场失灵。第二,关于坚持和完善基本经济制度……

习近平就后一点指出:

坚持和完善公有制为主体、多种所有制经济共同发展的基本经济制度,关系巩固和发展中国特色社会主义制度的重要支柱……全会决定强调必须毫不动摇巩固和发展公有制经济, 坚持公有制主体地位,发挥国有经济主导作用,不断增强国有经济活力、控制力、影响力。[①]

用更通俗的说法来说, 就是正如习近平在 2015 年 9 月首次作为国家主席访美之前接受《华尔街日报》时指出的:"'看不见的手'和'看得见的手'都要用好。"[②] 因为独特的经济结构,中国可以同时运用"看不见的手"(市场机制)和"看得见的手"(政府宏观调控)。西方资本主义国家则

---

① 习近平:《关于〈中共中央关于全面深化改革若干重大问题的决定〉的说明》,人民网,2013 年 11 月 16 日,http://politics.people.com.cn/n/2013/1116/C1024-23560847.html。
② 韩村乐:《中国经济增速放缓, 习近平承诺将进行经济改革》(Despite Slump, China's Xi Jinping Pledges Economic Reforms),《华尔街日报》,2015 年 9 月 22 日,https://www.wsj.com/articles/despite-slump-chinas-xi-pledges-economic-reforms-1442894460。

没有这样的结构。

这种运用"两只手"而非西方纯粹依赖私营企业之手的实际效果，可以在改革开放 40 年来中国所取得的空前成就，以及国际金融危机爆发以来中国经济表现远优于西方国家中看出来。邓小平有一句名言："不管白猫黑猫，抓住老鼠就是好猫。"对于中国来说，不管是国有企业，还是私营企业，只要有利于中国经济，都是好企业。但西方只坚持私营企业才是好企业，导致他们陷入"新平庸"。

概括来说，中国改革开放所取得的成就印证了中国经济手段和理论的正确性是一个正面例子，而西方经济体陷入"新平庸"则是一个负面例子。

国际影响

现在可以清楚地知道，改革开放以来当代中国马克思主义取得胜利的原因。邓小平和陈云建立的社会主义市场经济仅是过去 5 个世纪里存在的第三种主要经济模式，前两者是资本主义经济和 1929 年后苏联建立的管制经济。邓小平和陈云创建的经济制度并非为推翻马克思主义，而是为回归马克思主义。回归马克思主义为中共十九大强调的进一步发展马克思主义奠定了基础。此外，当代中国马克思主义理论与实证研究，均印证了马克思主义的正确性。

这当然并不意味着，改革开放取得巨大成功可确保中国没有问题与危险。当前，中国面临的最大危险是美国新保守派寻求实现推翻中国社会主义制度。如果美国新保守派真的得逞的话，那么这对中国乃至全人类将是一种打击，正如苏联所发生的一样。这将是中国乃至全人类的灾难。

鉴于此，中共十九大强调要采取各种措施进一步巩固中国社会主义制度。正如习近平在庆祝中国共产党成立 95 周年大会上讲话时强调的：

"我们要建设的是中国特色社会主义,而不是其他什么主义。"① 这也凸显了 2018 年全国人大通过宪法修正案的政治意义:"中国共产党的领导是中国特色社会主义最本质的特征。"

应当指出的是,除对中国自身的影响外,中国特色社会主义也不乏对国际社会的影响,正如习近平在 2017 年 10 月召开的中共十九大上所指出的:"中国特色社会主义……给世界上那些既希望加快发展又希望保持自身独立性的国家和民族提供了全新选择。"② 但问题是,大多数国家都不信仰马克思主义。那么其他国家能否机械照搬中国经验呢?

对这一问题的答案需要分两部分来回答:

• 首先,中国的实践成就会鼓励其他国家。其他国家不能照搬中国经验,但可以借鉴中国经验;

• 其次,虽然改革开放理论是在马克思主义框架内发展而成的,但运用西方经济学术语也能解释。

下面举例说明:

• 马克思是在斯密理论基础上进一步发展了他自己的理论,但并没有推翻斯密最重要的结论。这也说明,改革开放与中国特色社会主义理论在凯恩斯理论框架内很容易被理解。

• 与中国改革开放理论相一致的新结构经济学也可在西方新古典经济学框架内得到解释。事实上,林毅夫已经指出过这一点,这使得新结构经济学在西方得到了更广泛的理解。

综上所述,虽然改革开放理论是在马克思主义框架内发展而成的,

① 习近平:《不忘初心,继续前进》(2016 年 7 月 1 日),《习近平谈治国理政》(第二卷),外文出版社,2017 年,第 37 页。

② 习近平:《决胜全面建成小康社会 夺取新时代中国特色社会主义伟大胜利——在中国共产党第十九次全国代表大会上的报告》(2017 年 10 月 18 日), 新华网,2017 年 10 月 27 日,http://www.xinhuanet.com//politics/2017-10/271C-1121867529.htm。

但在其他理论体系中也能得到解释。因此,在采纳马克思主义框架之前,其他国家很可能已领会改革开放理论。

根据中国自身经历,很容易看清国际形势。作为马克思主义政党,中国共产党是创建中华人民共和国与引领和推进中华民族伟大复兴的核心力量。但中国共产党从未说过,它是引领和推进中华民族伟大复兴的唯一力量,反而呼吁与中国一切爱国力量携手合作。现在,除了政府对政府关系,中国共产党还组织与许多国家的政治团体进行大规模对话。比如,2017 年 12 月举办的"中国共产党与世界政党高层对话"吸引了来自世界上 120 多个国家近 300 个政党和政治组织的领导人。

但正如上文所述,因为马克思主义经济理论得到实证研究证实,即它是符合实事求是的原则,其他主要的经济和政治流派在他们准备接受马克思主义中国化理论之前,事实上已经开始接纳中国改革开放理论。因为这种合作案例可以团结海内外一切爱国力量,中国共产党可以与其他国家的其他流派和经济框架进行合作,为他们提供实证分析帮助。事实上,后一过程已经在进行中:

• 新自由主义"华盛顿共识"的失败日益明显,导致发展中国家对中国经济框架的兴趣日益增加。比如,非洲一些国家就表现出了相当的兴趣。近年来经济快速增长的非洲国家,如埃塞俄比亚就公开承认,其正在向中国学习。越南、老挝和柬埔寨自借鉴中国经验后,其经济便开始快速增长。还有一些特例,比如虽然印度不承认借鉴中国,但事实上用行动表明了立场——印度总理莫迪任命中国问题专家阿文德·萨勃拉曼尼亚为首席经济顾问并非偶然。

• 正如上文分析所示,发达经济体陷入经济持续低增长的"新平庸"的累积效应,导致其内部政治动荡和两极分化加剧。这在 2016 年达到顶峰——同年 G7 集团 GDP 同比仅增长 1.4%。这不可避免地引发了政治动荡——特朗普当选美国总统与英国脱欧。2016 年极为低迷的表现后，2017—2018 年发达经济体必然出现周期性复苏，2017 年 G7 集团 GDP 同比增长 2.0%便是明证，但这不足以稳定政治形势——围绕特朗普当选总统的政治冲突仍在持续；英国脱欧公投导致的混乱仍在继续；德国政治动荡蔓延，甚至一度难以组阁；意大利大选无政党赢得多数议席。这种情况必然导致这些国家加强与中国的经济合作，以及对中国经济政策的兴趣日益增加。这其中最明显的例子是欧洲经济增长最快的经济体——波兰，该国采用新结构经济学作为发展战略理论。因为西方发达经济体陷入"新平庸"，中国经济政策的吸引力将日益增加。

鉴于马克思主义中国化理论兼具中西经济理论优点，其他国家应尝试借鉴中国经验。

结　论

最后，让我们回到起点。习近平强调：

> 中国特色社会主义理论体系，是马克思主义中国化最新成果……马克思列宁主义、毛泽东思想一定不能丢，丢了就丧失根本……在当代中国，坚持中国特色社会主义理论体系，就是真正坚持马克思主义。①

改革开放 40 年的发展事实充分印证了习近平的话：
● 改革开放完全符合马克思主义，事实上，改革开放是回归马克思

---

① 习近平：《紧紧围绕坚持和发展中国特色社会主义　学习宣传贯彻党的十八大精神》(2012 年 11 月 17 日)，《习近平谈治国理论》(第一卷)，2018 年，外文出版社，第 9 页。

主义。

- 在中国化的马克思主义理论指导下,中国取得了人类历史上最伟大的经济成就,这不仅惠及中国,而且惠及全人类。

- 马克思主义理论符合经济发展事实,这是为何改革开放取得如此成就的原因。

- 马克思主义理论促成了改革开放,这为马克思主义中国化的进一步发展奠定了基础。

- 马克思主义理论并未切断中国与其他经济理论和流派的联系。可以说,它是忠于事实的最具连贯性、最具发展性的理论框架。

综上所述,改革开放 40 年以来中国所取得的伟大成就证明,经济发展成就与经济理论是不可分割的整体。这 40 年不仅是中国实践成果的胜利,而且也是马克思主义中国化的胜利。

第二部分

中国经济新常态

05 西方经济"新平庸"与中国经济新常态*

中国国内的新常态与全球经济动态紧密相关。因此,笔者对后者的准确分析,对中国自身的经济政策和中国能否在 G20 中发挥领导作用均至关重要。

问题是,中国部分媒体,甚至部分大学,对全球经济动态出现极不合实际的错误解读。比如,这些错误的解读包括美国纯粹出于宣传目的所宣称的"美国经济非常具有活力"或者"美国经济只是暂时放缓"。而实际的情况是,美国和其他西方经济体经济放缓已有数十年。国际货币基金组织总裁克里斯蒂娜·拉加德将这种现象称为"新平庸"。西方经济体陷入"新平庸",并非仅仅因为国际金融危机爆发而导致经济突然下滑,而是其经济长期放缓达到峰值的一个产物。这种形势不会迅速逆转。因此,面对西方经济体长期陷入"新平庸"的国际形势,中国应提早应对,及时制定切实可行的政策。

---

* 本文写于 2016 年 8 月。

"新平庸"对新常态的深远影响

西方的"新平庸"对中国的新常态所产生的深远影响,正如习近平所指出的:

> 我国出口优势和参与国际产业分工模式面临新挑战,经济发展新常态是这种变化的体现。
>
> 改革开放以来,我们大踏步发展的一个重要特点就是对国际市场的充分有效利用。建立在劳动力成本低廉优势和发达国家劳动密集型产业向外转移机会基础上的大规模出口和外向型发展,成为我国经济高速增长的重要推动力。1979 年至 2012 年,我国货物出口保持 20%左右的年均增长率,快速成长为世界贸易大国。
>
> 我国出口快速发展,也得益于西方国家黄金增长期释放出来的大量有效需求。2008 年国际金融危机爆发,西方国家结束黄金增长期,经济进入深度调整期,有效需求下降,再工业化、产业回流本土的进口替代效应增强,直接导致我国出口需求增速放缓。[①]

此外,习近平还强调,对新常态不能简单用好或坏来判断,它只是一个客观情况:"在认识新常态上,要准确把握内涵,注意克服几种倾向。其一,新常态不是一个事件,不要用好或坏来判断。有人问,新常态是一个好状态还是一个坏状态? 这种问法是不科学的。新常态是一个客观状态。"

但考虑到"新平庸"与新常态之间具有的关联性,我们有必要问,西方

---

① 《习近平在省部级主要领导干部学习贯彻党的十八届五中全会精神专题研讨班上的讲话》,人民网,2016 年 5 月 10 日,http://cpc.people.com.cn/n1/2016/0510/C64094-28337020.html?c-g9ngb.html。

的"新平庸"到底会持续多久?答案正如下文的分析所示,西方的"新平庸"将会持续很长一段时间。因此,经济和地缘政策结论必须符合这一事实。

美国 GDP 增长率呈放缓趋势

从西方最大经济体——美国的经济表现开始做以分析。图 5-1 所示的是按照 20 年移动平均线计算的美国 GDP 年均增长率。笔者之所以以长期框架举例,是为了消除所有的经济周期和其他短期波动影响,以让大家关注长期趋势。

事实上,显而易见的是,美国经济已放缓了近 50 年。

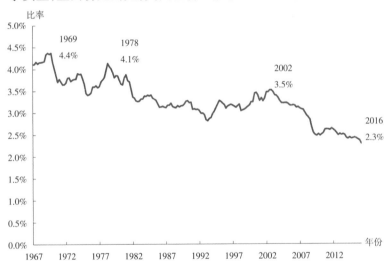

图 5-1 美国 GDP 年均增长率(按照 20 年移动平均线计算)

资料来源:根据美国经济分析局发布的《国民账户》表 1.1.3 数据计算。

- 1969 年,美国 GDP 年均增长率为 4.4%;
- 1978 年,美国 GDP 年均增长率为 4.1%;
- 2002 年,美国 GDP 年均增长率为 3.5%;
- 2016 年,美国 GDP 年均增长率为 2.3%。

总的来说,过去近50年,美国GDP年均增长率几乎减半。所以美国经济并未因为"新一轮创新浪潮"而非常具有活力,反而一直在持续放缓。

要更清楚地分析这种趋势就应该注意到,由于移民和其他因素,美国人口增长也非常强劲。2015年美国人口增长0.8%,中国这一数据为0.5%,欧盟为0.3%,日本则为-0.1%。此外,美国近来人口增长相较于早期出现显著下降。

由此产生的必然结果是,美国人均GDP年均增长率大幅度低于GDP年均增长率,虽然后者也呈现同样的趋势。如图5-2所示,美国人均GDP增长率已下降了近半个世纪。再次按照20年移动平均线计算,美国人均GDP年均增长率如下:

- 1969年为2.8%;
- 1977年为2.7%;
- 2002年为2.4%;
- 2016年为1.3%。

图5-2　美国人均GDP年均增长率(按照20年移动平均线计算)

资料来源:根据美国经济分析局发布的《国民账户》表7.1数据计算。

很明显,美国人均 GDP 不仅在过去 20 年仅增长 1.3%,而且从近期形势来看美国人均 GDP 尤其呈强劲放缓趋势。如图 5-3 所示,2016 年第二季度美国人均 GDP 同比增长率降至 0.5%。

简言之,"美国 2015 年经济表现强劲"的说法是完全错误的。相反,美国经济增长率急剧下降。

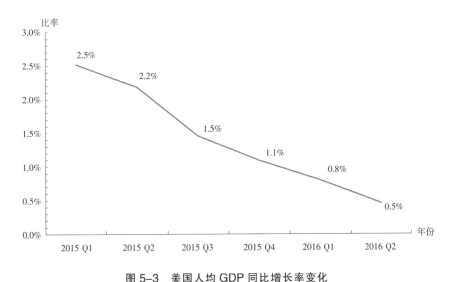

图 5-3　美国人均 GDP 同比增长率变化

资料来源:根据美国经济分析局发布的《国民账户》表 7.1 数据计算。

发达经济体整体增长亦呈放缓趋势

但美国经济放缓不过是所有发达经济体的缩影而已。如图 5-4 所示,根据世界银行数据,再次按照 20 年移动平均线计算,世界所有发达经济体 GDP 年均增长率从 1980 年的 4.5% 降至 2015 年的 2.0%。也就是说,过去的 35 年,西方发达经济体 GDP 年均增长率下降过半。

因此,数据清楚地显示,"新平庸"并不是一个突发现象,它只不过是发达经济体过去数十年经济长期放缓达到峰值的一个产物而已。

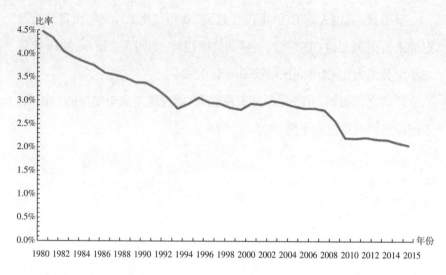

比率

图 5-4　发达经济体 GDP 年均增长率变化趋势（按照 20 年移动平均线计算）

资料来源：根据世界银行发布的《世界发展指标》数据计算。

中国应如何应对西方的长期"新平庸"？

西方经济体经济长期放缓的原因在拙著《一盘大棋？——中国新命运解析》中有详细的分析，由于篇幅原因，此处不再赘述。但很显然，仅从上文所给的数据看，包括美国在内的西方经济体经济放缓已持续数十年。这种根深蒂固的、时间跨度达数十年之久的经济放缓过程显然无法快速逆转。那么，中国应如何应对这种情况？笔者且在此处谈谈几点看法：

首先，从这些长期趋势来看，中国的新常态应对西方经济体的"新平庸"持续很长一段时间要做到有所准备，从而及时制定切实可行的政策。当然，周期性的波动不可避免，但这不会改变西方经济体年均增长率持续低迷的趋势。因此，中国的政策立足于西方经济体经济快速扩张，是不可能取得成功的。新常态的工作设想应是中国将面临西方增长长期放缓的挑战。

其次,数据清楚地显示,"美国或者任何其他发达经济体经济增长非常具有活力"的说法是完全错误的,它只不过是一种宣传手法而已,不应视之为严谨的分析。中国部分媒体习惯于照单全收西方经济体自说自话的宣传,而非执着于严谨的分析和探究真相,这只会使他们迷失方向,严重危及新常态下的政策制定。那么问题来了,西方经济体一再重复这种完全错误的说法所为何来?

再次,数据表明,"创新是经济增长的主要来源"的观念是片面的。西方经济体经济长期放缓的实证分析说明,相信"创新是万能药"导致西方经济体过去半个世纪经济增速稳步下降,尤其是过去十年放缓严重。这显然与"美国经济是高度创新化的"的宣传说法相矛盾,而且也与实际的数据相矛盾。特别是,美国经济在20世纪90年代末短暂增长的一个阶段,是依赖于信息与通信技术(ICT)的高水平投资。这说明,只有创新与高水平的资本投资相结合促成的技术进步才能推动经济快速增长。关于这方面的翔实数据可在拙文《中国"互联网+"要吸取美国教训》中找到。

最后,发达经济体试图扭转其增长率下降,以及避免"新平庸"所采用的手段显然遭遇了失败。这非但未能帮助西方经济体实现更快的增长率,反而导致其经济增速进一步放缓。

与西方经济体形成鲜明对比的是,同属社会主义国家的中国和越南,以及深受中国模式影响的老挝和柬埔寨在过去十年位列世界经济增长最快国家的前四名——实际的数据请见拙文《世界银行数据中隐藏着一个关于中国的秘密》。一些资本主义国家也开启了依靠快速增长的政府投资拉动经济增长的经济模式。这些经济体,比如印度和埃塞俄比亚,也收获了较高的增长率。但和中国的社会主义模式相比,国际货币基金组织倡导的"华盛顿共识"则遭遇惨败。正如上文所示,西方发达经济体经济放缓已达数十年。

效仿中国的社会主义模式的经济体继续创造了相对较快的增长率，而立足于快速增长的政府投资战略的印度等经济体也实现了经济快速增长。但这些经济体不足以扭转资本主义国家框架内的西方发达经济体经济增长放缓的趋势。正是由于这个原因，中国将继续面临西方经济体整体增长持续放缓的挑战。

西方经济体陷入长期"新平庸"所带来的政治后果

除了经济效应之外，西方经济体陷入长期"新平庸"的必然性，已产生了深远的政治后果，也影响了西方国内政治新趋势。所以，下文将重点指出与发达国家的"新平庸"密切相关的一些后果。

发达资本主义国家增长放缓必然转化为一些欠发达资本主义国家的严重危机。因此，一些发展中国家陷入了严重的政治动荡，与此同时，恐怖主义愈演愈烈，西非、北非、中东、阿富汗等地区甚至爆发了战争。由此带来的后果是，中国应对本地区或区域性军事活动升级的国际背景未雨绸缪，这意味着中国必须要深化军事改革。

发达经济体增长放缓引发民众日益不满，导致勒庞的法国国民阵线、一些民粹主义流派（比如特朗普）和左派（桑德斯、科尔宾）等以前在西方发达国家中不具有重要影响力的更为激进的政治势力获得了相当多的支持。如何评价这些流派，显然是中国外交面临的一项新任务。

美国经济无法显著加速或者突破增长放缓的长期模式，导致其不得不利用贸易保护主义协定（如《跨太平洋伙伴关系协定》）等经济手段，以及试图把问题转移到军事领域等方式，以限制中国的发展。在军事活动领域，美国仍然维持其全球霸主地位，这是美国近来为何在南海频频挑衅中国的原因。这样的紧张局势不一定会引发中美间的军事冲突，但中国只有在继续加强其军事实力的情况下，才能将美国任何蠢蠢欲动的冒险势力扼杀在萌芽之中。

结论：中国的政策应立足于西方的"新平庸"

结论显而易见，习近平已强调了新常态下国际与中国国内因素之间的相关性。但相信"西方经济体（特别是美国）经济非常具有活力"或者"西方经济体（特别是美国）在未来一段时间有可能实现快速增长"的错误说法，会扭曲对新常态的认识。中国的政策应立足于西方的"新平庸"将持续很长一段时间而非较短时间的现实情况，做好准备。

06 中国有些人不懂真正的市场经济*

　　中国选择社会主义市场经济体制是正确的。但2014年1月汇丰中国制造业采购经理指数（PMI）降至49.6、中国金融市场最近出现的尖锐问题和股市下跌证实，采纳市场现实主义、拒绝被神话但实则极具危害性的市场浪漫主义对中国今后的发展至关重要。

　　中国有望在2014—2020年实现改变其自身和世界的目标。中国现在已强大到足以应对诸如全球金融市场动荡等任何外来威胁，唯有其内政出现重大失误才能阻止其发展进程。一个众所周知的威胁，就是以各种方式反对市场经济以实现重回管制经济的企图。

　　然而汇丰中国制造业PMI急剧降至49.6、银行间同业拆借利率间歇性飙升等负面金融事件、股市下跌、国债收益率远高于其他主要经济体等凸显了反对"市场现实主义"的"市场浪漫主义"是另一个威胁。这说明有些人只是口头上主张"市场经济"，但事实上他们并不明白何谓市场经济。

---

* 本文写于 2014 年 1 月。

事实上，各种负面趋势显示，中国2013年年末因利率上调导致经济放缓的经济形势有着清晰简单的市场根源。如图6-1所示，中国2012年总储蓄率已从2009年占GDP比重的53.2%显著跌至51.4%——需要注意的是，总储蓄不仅包括居民储蓄和企业储蓄，还包括"负储蓄"的政府预算赤字。2013年总储蓄数据还未公布，但尚未有间接数据（尤其是企业利润）显示，储蓄率正大幅度回升。

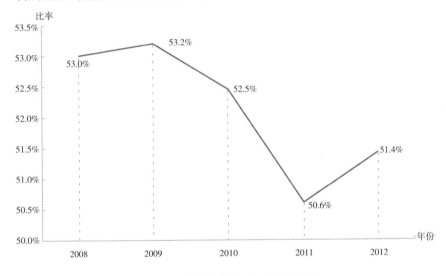

图 6-1　中国总储蓄占 GDP 的比例

资料来源：根据世界银行发布的《世界发展指标》数据计算。

中国储蓄率下降必然会带来利率上升、投资下跌、经济放缓和生活水准增速下降等后果——这种趋势现在已反映在经济和金融市场上。

利率是资本的价格，体现了资本供给（储蓄）和资本需求（投资）两者间的均衡状态。储蓄率的显著下降，其后果有两种可能，要么利率由于资本供给下降而上升，要么投资即对资本的需求下降，或者两种可能同时发生。

正如经常出现的那样，这两种后果同时在中国上演。资本需求，意即投资水平,由于利率上升而逐渐放缓。如下图 6-2 所示,以能消除短期波动影响的 3 年移动平均线为例,剔除通胀因素后的中国 2012 年固定投资实际增长率已跌至 9.9%,为 2001 年以来的最低点。

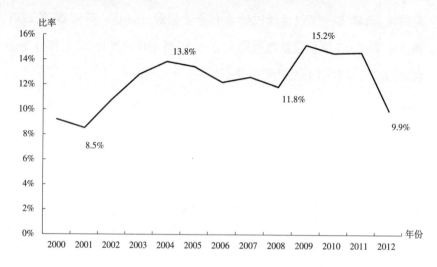

图 6-2　中国固定投资年增长率(以剔除通胀因素后的美元计价)
(按照 3 年移动平均线计算)

资料来源:根据联合国发布的《国民经济核算年鉴》数据计算。

　　与此同时,随着投资率下降,中国利率已有所上升。2012 年实际利率上升未被人们注意的部分原因是因为通胀率下降了,名义利率并没有增长——因为名义利率增长会引起媒体关注,实际利率增长则不会。但因为中国 2013 年通胀率停止下降,所以名义利率开始显著上升。

　　结果正如债券和银行间同业拆借市场表现所示的那样,中国利率不仅相对于全球基准利率有所上升,而且尤其相对于美国利率上升幅度更大——与中国相反,美国储蓄水平已升至过去四年来最高。

　　因为在 2008 年年初,中国 10 年期政府债券收益率仅比美国高 0.5 个百分点,但到了 2014 年 1 月的第三周,却比美国高 1.9 个百分点。中国银行间同业拆借利率在 2013 年 6 月和 12 月曾大幅度飙升,同样反映了利率正日益上涨的趋势。最近股市随着中国增长率下降和利率上涨而下跌也就完全顺理成章了。

投资率放缓和利率日渐上升必然会导致经济增速放缓,进而也会造成生活水平增速更缓慢——因为 GDP 增长率是拉动消费的最重要的来源。2012 年中国 GDP 增长率从 2011 年的 9.3%降至 7.7%,同期消费增长率亦从 10.7%降至 8.4%。此外,2013 年城镇居民可支配收入增长率从 2012 年的 9.6%降至 7%。

中国 2013 年的实际通胀率也仍未公布,但未剔除通胀因素的 2013 年 12 月零售增长率已从 2012 年同期的 15.2%降至 13.6%。因为同期的 CPI 增长率从 2.0%升至 3.0%,因此几乎可以肯定,消费增长率正在下降,结果是造成生活水平增速正逐渐放缓,意即衡量经济增长质量的最重要指标正日益恶化。

但这些问题曾被笔者提前就预见到了。储蓄率下降只不过是消费占经济比重上升的另一种说法,意即“消费带动增长”正在发生。但可以预见的是,消费占经济比重上升正使中国的经济状况恶化,而非好转,因为这增加了企业盈利和储蓄的压力。

了解市场经济到底如何有效运作,是战略性地解决这些问题的唯一方式。在一个国家经济变得更发达的过程中,资本投资对其经济增长的作用会更大。被现代计量经济学和伟大的经济学家亚当·斯密的预测均证实过的一个观点是,在发达经济体,投资对经济增长的贡献率是生产率的 6 倍,投资对经济增长的贡献率为 57%,生产率对经济增长的贡献率则仅为 9%。但如果没有外国借款投资,则需要完全相等的国内储蓄。实际利率上升,即资本价格上升,导致投资增长率下降,造成了中国储蓄率下降的必然结果。

因而，应对中国目前经济问题的唯一战略方法是再次提高储蓄率，这将会同时让投资增速提高。通过增加资本供给让利率下降，由此减少银行间同业拆借市场和债券市场问题。因为储蓄的最大来源是企业，因而需要提高企业盈利能力和限制企业通过过度支付股东红利或其他方式将利润转移到消费。

做好市场经济的实际算术就需要明白，维持高水平储蓄率和投资率是中国在发展过程中和制定包括金融在内的所有政策时面临的最大挑战。中国也必须制定旨在维持这两项增长率的政策。

因为不懂市场经济事实，错误地相信，提高生产率能弥补中国储蓄率和投资率的下降，即是市场浪漫主义。这是"小事聪明，大事糊涂"的另一种表现——即使真能成功提高效率，也不能弥补储蓄率和投资率的下降。

所以，"市场现实主义"和"市场浪漫主义"是与中国当前的经济现状相冲突的。"市场现实主义"关注保持高储蓄率和高投资率的关键事实——增加市场效率的确是有用的，但不能弥补更多基本的经济事实问题。"市场浪漫主义"错误地相信，增加市场效率能弥补储蓄率下降或者进一步降低储蓄率。

但正如西方谚语所说，事实是不容改变的东西。实施"市场浪漫主义"政策必然会产生中国当前正经历的金融和经济问题。

发展社会主义市场经济会帮助中国前进，重回管制经济则将会带来灾难性后果。但近期的负面金融趋势证实，在发展经济时拒绝神话——"市场浪漫主义"也很有必要。

07 为何西方会遭遇硬着陆而中国不会 *

西方媒体一再预测"中国将遭遇硬着陆"。但事实显示,真正遭遇现代经济学中"硬着陆"的并不是中国,而是美国、俄罗斯与日本等西方国家。因此,真正的问题是,为何西方国家会遭遇硬着陆而中国不会?

2016 年早些时候,乔治·索罗斯(George Soros)因为宣称"中国硬着陆已不可避免"一度占据新闻头条。索罗斯虽然号称"金融天才",但他在共产党领导或曾经领导的国家(如中国和俄罗斯)的投资记录堪称灾难,其曾投资俄罗斯 Svyazinvest 电信公司亏损约十亿美元。各大媒体也纷纷报道中国要硬着陆的消息,尤其彭博社(Bloomberg)是其中的代表。

对于慎求事实的人来说,这种说法难以服人,它与事实明显相悖,不像西方经济体,至少半个世纪以来中国经济从未出现过负增长。因此,笔者有必要澄清事实并阐述:为何西方国家会遭遇硬着陆而中国不会。

---

* 本文写于 2016 年 3 月。

何谓"硬着陆"

首先有必要定义何谓"硬着陆",因为西方媒体对此存在不同的说法。粗浅说来有两条:

一种是实际产出严重下降,如 2007 年美国大衰退和 1991 年俄罗斯回归资本主义的大衰退;

另一种是经济长期停滞,如 1990 年后的日本在长达 1/4 个世纪里经济年均增长率低于 1%。

但如下文所述,硬着陆的两种情况所产生的机制是一样的。

何种原因导致西方国家遭遇硬着陆

要分析这个问题就有必要指出部分西方媒体一再重复的错误臆断:既然消费占国内生产总值比重最大,那么消费就是影响经济周期(包括硬着陆)的决定性因素。这属于低级性的算术错误。虽然投资占经济比重较小,但投资变动对经济周期的影响远比消费变动大,投资变动直接决定经济衰退的规模。

2007 年后遭受经济大衰退的美国,1990 年后经济陷入长期停滞的日本与 1991 年后经济衰退的俄罗斯, 三个典型案例都印证了投资变动决定经济衰退的道理,同样这也可以解释为什么中国不会遭遇硬着陆。

2007 年后美国经济大衰退

伴随国际金融危机而来的美国经济大衰退是美国自二战后遭遇的最严重经济衰退。以季度数据为例,美国 GDP 下降超过 4%。在大衰退的前夕,即 2007 年第四季度,美国经济的最大组成部分是消费,占 GDP 比重 82.5%,而固定投资占 GDP 比重仅为 17.1%。但投资下降幅度远甚于消费下降幅度,因而是投资下降主导了美国大衰退。

按照剔除通胀因素后的美元衡量,美国居民消费在大衰退时期的最大跌幅为 3%,私人固定投资则下降 23%,是前者的 7 倍。以剔除通胀因素后的美元计价,居民消费总额下降 2750 亿美元,私人固定投资总额下降 5920 亿美元,是前者的两倍多。

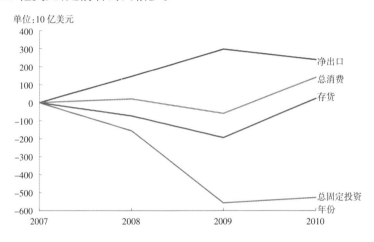

图 7-1　美国 GDP 组成变化(以剔除通胀因素后的 2007 年美元计价)
资料来源:根据世界银行发布的《世界发展指标》数据计算。

再来看政府消费与投资的数据,这种趋势就更为极端。据世界银行数据显示,以剔除通胀因素后的美元计价,2007—2009 年美国 GDP 总额下降 4610 亿美元,其中消费总额(包括私人消费和政府消费)下降了 590 亿美元,固定投资总额(包括私人投资和政府投资)下降了 5560 亿美元。固定投资总额下降额度是消费总额的近十倍。

总的来说,美国大衰退完全是由于固定投资下降所致。

1990 年后日本经济长期停滞

接着谈日本。自 1990 年以来,日本 GDP 年均增长率仅为 0.9%。近年来日本经济近乎停滞。这完全是因为消费增长与投资下降背道而驰的缘故。据世界银行提供的最新国际可比数据显示,从 1990—2013 年,日本消费增长 41%,而固定投资则下降 16%(见图 7-2)。消费年均增长 1.5%,固定投资则年均下降 0.8%。

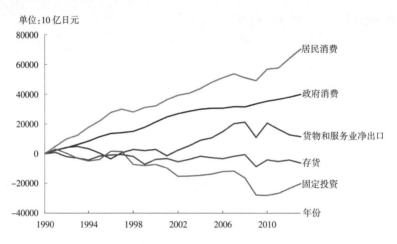

图 7-2 1990—2013 年日本 GDP 组成变化(以剔除通胀因素后的 1990 年日元计价)
资料来源:根据世界银行发布的《世界发展指标》数据计算。

由此可见,日本经济严重停滞完全是由于固定投资下降所致。

1991 年后俄罗斯经济崩溃和停滞

自 1991 年实行资本主义制度后,俄罗斯遭受了工业革命以来主要经济体在和平时期最严重的崩溃。1998 年,俄罗斯 GDP 相比 1991 年下降了 39%,继而又遭遇了卢布贬值和债务违约。尽管俄罗斯经济在 21 世纪第一个 10 年因为大宗商品价格上涨而有所恢复,但即便如此,其在 1991—2014 年内年均增长率也仅为 1.0%。俄罗斯同时遭遇了两种硬着陆,即经济极度衰退和长期停滞。

俄罗斯1991年后所发生的情况对中国来说具有特别意义，因为其当时听从了中国新自由主义者与世界银行所倡导的理论。据世界银行的说法，私有化可以帮助经济发展，因为其能提高效率——用经济术语来讲，就是TFP会提高。撇开这一说法的正确与否不谈，事实上俄罗斯TFP确实有所提高。据最新数据显示，1992—2014年俄罗斯TFP年均增长率0.9%，高于任何发达经济体。但TFP增长完全被俄罗斯投资下降所带来的负面结果抵消了，由此导致俄罗斯遭受和平时期史无前例的经济崩溃与近1/4个世纪的经济停滞。

1991—1998年的经济崩溃期间，俄罗斯GDP下降39%。但是以剔除通胀因素后的卢布计价，个人消费和消费总额都在1991年水平的基础上增长1万亿卢布，与此同时，固定投资总额则下降4万亿卢布，同比下降了81%。因此，投资下降导致俄罗斯遭受了史无前例的经济崩溃。

再以实行资本主义制度的整个时期（1991—2014年）为例，以剔除通胀因素后的卢布计价，俄罗斯消费总额较1991年增长8万亿卢布，固定投资总额则下降2万亿卢布（见图7-3）。因此，投资下降是导致俄罗斯经济长期停滞的原因，即近1/4个世纪（1991—2014年）经济年增长率不到1.0%。

综上所述，俄罗斯经济崩溃和长期停滞是由于固定投资下降所致——准确地说，2007年后的美国与1990年后的日本也是如此。TFP增长会被投资下降所带来的负面结果所抵消，即微观经济效率的提升不足以弥补由宏观经济效率低下引起投资崩溃所带来的恶果，因而俄罗斯会发生经济灾难。

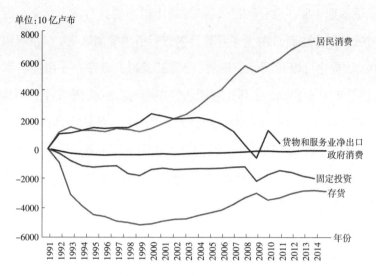

图 7-3　俄罗斯 GDP 组成变化（以剔除通胀因素后的 1991 年卢布计价）
资料来源：根据世界银行发布的《世界发展指标》数据计算。

中国的经济结构

　　因此，上述数据清楚显示了为何美国、日本和俄罗斯遭遇严重经济衰退（某些情况下甚至可以说是灾难性危机），西方经济硬着陆，以及中国不会遭遇硬着陆的原因。投资严重下降是导致西方国家硬着陆的原因，因为在西方，掌握固定投资的绝大部分企业是私有制。在这种情况下，政府没有有效的机制去阻止这种形式的投资崩溃。简言之，这些国家遭遇硬着陆是由于投资下降所致，因为他们是资本主义国家。

　　中国则正好相反，中国的经济制度是以公有制为主体，多种所有制经济共同发展，虽然私有企业数量占压倒性优势。2013 年召开的中共十八届三中全会重申了这一结构："我们必须毫不动摇巩固和发展公有制经济，坚持公有制主体地位，发挥国有经济主导作用。"习近平在中国人民政治协商会议上,也郑重强调"实行公有制为主体、多种所有制经济共同发展的基本经济制度"。

这种不同于西方国家的结构意味着,如果政府需要实施反衰退措施,中国可利用庞大的国有企业增加投资。国有企业在中国占主导地位,让政府有能力设定总体投资水平,因此也让中国有办法阻止或扭转在西方发生的投资下降现象。总的来说,中国不会遭遇经济硬着陆,即投资崩溃。

这也说明为何新自由主义者热衷于千篇一律的陈词滥调,寻求避免使用数据,因为中国有能力利用国有企业控制投资水平,以避免硬着陆,这种宏观经济效益远比新自由主义者所主张的任何微观经济调控手段管用。如果中国的国有企业因为私有化失去主导地位,即中国丧失设定总体投资水平的能力,那么中国将不再有避免像美国、日本与俄罗斯一样硬着陆的机制。

比较中美国际金融危机后的趋势,足以看清两种经济制度之间的反差:从 2007—2009 年,美国私人固定投资下降 22%,中国固定投资增长 35%。带来的结果是,美国 GDP 年增长率下降 3%,中国 GDP 年增长率增长 20%(美国趋势见图 7-1,中国趋势见图 7-4)。2007—2014 年,中国固定投资增长 105%,带动经济增长 81%。总的来说,美国在国际金融危机后遭受大衰退——硬着陆,中国则继续强劲增长。

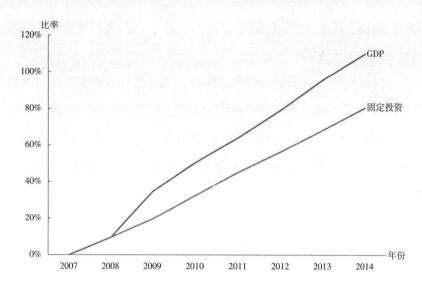

图 7-4　中国 GDP 与固定投资变化 (以剔除通胀因素后的 2007 年人民币计价)

资料来源 : 根据世界银行发布的《世界发展指标》数据计算。

中国的宏观经济制度

综上所述 , 中国也如西方一样 , 固定投资波动决定其是否遭遇西方式的硬着陆或者其是否能避免硬着陆。事实上 ,《华尔街日报》曾准确地指出 (虽然他们也可能不知其意) :"大多数经济体可以拉动两根杠杆来支撑增长——财政和货币。中国则有第三个选择——国家发展和改革委员会可以加快投资的流动。"

但中国拥有西方国家不具有的第三种机制 (加快或在过热的情况下减缓投资项目审批进程) 的能力 , 是因为国企的主导地位 , 即因为中国是一个社会主义国家 , 而非资本主义国家。

结　论

了解何种原因导致西方遭遇硬着陆 , 但中国不会发生硬着陆 , 就会明白笔者为什么说中国经济不会遭遇硬着陆了。当然,这并不意味着中国经济不存在问题。但辨别"问题"与"危机"这两个词之间的区别很有必要。

中国已经面临并将继续面临经济问题——一些问题并不是政策错误造成的,而仅是经济发展取得成功所带来的一些问题。比如,中国面临严重的污染问题,从30年前缺少汽车到现在交通拥堵成为一个严重的问题。尽管中国在减贫方面的成就远甚于世界其他地方,但其要到"十三五"末期才能全面消除贫困。

但这些问题不足以阻止中国总体经济快速增长和出现硬着陆。后者甚至可定义为"危机"——参照2007年后的美国、1990年后的日本或者1991年后的俄罗斯。按照西方媒体对"硬着陆"的定义来讲,中国已经并将继续面临经济问题,但不是面临危机——硬着陆。

这反过来印证了习近平对中国发展道路所作的简短总结:

> 1911年,孙中山先生领导的辛亥革命,推翻了统治中国几千年的君主专制制度。旧的制度推翻了,中国向何处去?中国人苦苦寻找适合中国国情的道路。君主立宪制、复辟帝制、议会制、多党制、总统制都想过了、试过了,结果都行不通。最后,中国选择了社会主义道路。①

中国国有企业占主导地位,源自中国是一个社会主义国家而非资本主义国家的事实,虽然这不会自动解决所有问题,但会保护中国避免硬着陆及由此形成的全国性灾难——类似于俄罗斯1991年后所遭受的极

---

① 2014年4月1日,习近平在比利时布鲁日欧洲学院发表重要演讲。

端灾难。由于拥有庞大的国有企业,中国具有利用《华尔街日报》所说的"启动投资杠杆"的能力,美国、日本与俄罗斯投资下降,意味着这些国家会遭遇硬着陆,而中国不会。

拥有庞大的国有企业是中国不同于任何资本主义国家的地方。只要拥有庞大的国有企业,中国就不会遭遇硬着陆,因为其是一个社会主义国家,而非资本主义国家。

第三部分

供给侧结构性改革

08 要完成 6.5%的年增长率
不能误读"供给主义"*

经济规律具有客观性。因此,中国和其他任何国家一样,都不能违背经济规律。不顺应经济规律、不符合经济法则的政策不会取得成功。中国要实现到 2020 年全面建成小康社会的目标,就需要保证年均经济增长率至少 6.5%。在此背景下,正确的经济政策对中国能否达成目标就至关重要。这尤其适用于中国媒体近来热议的"供给侧结构性改革"。

下文将从供给层面分析中国经济改革,这将在某种程度上有别于中国一些媒体上充斥的令人困惑的观念——中国从西方经济学教科书引入的所谓凯恩斯经济学。虽然我们从媒体上看到的这些观念事实上并不是凯恩斯的观点,但遗憾的是,这些观念并未完全正确了解不同要素对经济的贡献程度——因而错误地将政策引向那些对经济增长贡献最小的供给要素,这将令中国更难实现"至少 6.5%的年均增速"。因此,本文旨在说明关注供给侧结构性改革的必要性,以及运用最新统计方法正确分析何谓最重要的供给要素。最后,笔者将依据供给经济学不同要素的

* 本文写于 2015 年 12 月。

相关贡献得出结论。

马克思是彻底的供给派经济学家

首先,笔者想分别用马克思主义术语和西方经济学术语来说明供给经济学为什么是必要的。马克思主义术语具有更清晰简洁的优势,因此笔者将首先运用其论述供给经济学。但最终结果会显示,这两种经济框架得出的结论是相同的。

马克思明确表示,生产在供给经济学中占主导地位:

> 我们得到的结论并不是说,生产、分配、交换、消费是同一的东西,而是说,它们构成一个总体的各个环节,一个统一体内部的差别。生产既支配着生产的对立规定上的自身,也支配着其他要素。过程总是从生产重新开始。交换和消费是不能起支配作用的东西……生产决定一定的消费、分配、交换……①

因此,马克思指出,虽然需求、消费、交换等其他经济因素具有一些影响,但生产才是最重要的经济因素。他还分析了其中的原因。比如,消费只有在生产者需要自身产品时或者消费者有购买产品的收入时才会产生,而收入必然来自参与生产的直接所得(工资、利润),或者间接所得(福利、养老金、其他家庭成员的支持,等等)。

此外,马克思的分析并没有否定西方经济学的研究重点——供需关系,而且他还简单地问了一个更重要的问题:"如果供需处于平衡(均衡),那么经济将会呈现何种态势?"

---

① [德]马克思:《〈政治经济学批判〉导言》,《马克思恩格斯选集》(第2卷),人民出版社,1972年,第102页。

总的来说,马克思是一个彻底的供给派经济学家。

中国舆论对"凯恩斯主义"存在误读

重点关注经济需求而非供给的经济学派,通常被称为凯恩斯主义。与此相关的观点是,经济出现困难是由于需求缺乏,因此应增加需求——通常用预算赤字或者货币宽松来增加需求。据称,需求增加能带动生产增加。这种观点显然是错误的。在市场经济中,生产不因需求而产生,而是为利润产生。如果需求增加导致利润无增加甚至利润下降,那么生产不仅不会增加,事实上,还有可能减少。

在许多情况下,需求增加都不会提高利润。经济没有闲置生产能力,因此生产无法在现有资源的基础上扩张。在这种情况下,增加的需求无法使生产增加,而只会导致通货膨胀。

即使企业存在闲置生产能力,需求增加仍有可能会导致企业盈利能力下降。比如,如果增加的需求增强了劳动力的议价地位,由此将增加工资而降低利润各占经济的比重,甚至利润的绝对值也会下降。在这种情况下,增加的需求通过降低盈利能力进而给生产带来负面影响。一些"增加需求"的政策甚至直接降低企业盈利能力。比如,如果增加的需求是通过直接增加工资实现,那么将导致利润占经济比重下降。

因此,"需求增加必然会带动生产增加"的看法是完全错误的。相反,需求增加甚至可能会导致生产下降。事实上,刺激需求的方法可能同时导致通货膨胀和经济停滞或下降,即陷入臭名昭著的"滞胀"。当然,这些事实并不意味着在增加需求的情况下不会导致生产提高。但生产提高是否会发生,并不取决于增加的需求本身,而是取决于增加的需求对盈利能力的影响,即生产后工资与利润的分配问题。因此,盈利能力而非需求决定整个经济过程。

概括来说,马克思主义经济学框架和西方经济学框架都认为,拉动经济增长的最重要因素是经济的供给方面而非需求方面。这并不是意味着需求的效果为零,而是说需求政策的效果不如供给政策。因此,中国某些媒体上充斥的凯恩斯主义是错误的,或者应该说,这种凯恩斯主义甚至是对凯恩斯本人观点的一种曲解。因为凯恩斯曾多次着重提到过,利润在市场经济中是决定生产的最重要因素。由此可以得出结论,马克思主义经济学框架和西方经济学框架都认为,供给而非需求方面的经济政策更加重要。

劳动分工是供给中的最重要因素

在经济生产过程中,哪种供给因素对经济增长的贡献最大或较小,这就不得不提到现代经济学的开山鼻祖亚当·斯密二百多年前所作的分析,他的分析已经通过了现代计量经济学的实证检验。斯密在《国富论》的开篇第一句话明确指出:"劳动生产力、人类劳动技能以及思维判断力的大幅提高都是劳动分工的结果。"按其一贯说法来看,斯密著作的其他主要结论都是依据劳动分工基本原则推导而来的。

斯密的结论为经济所有层面带来重要影响。正如施本格勒(Spengler)在其所著的《〈国富论〉读书笔记》中就劳动分工的说法指出:"用庞巴维克(Bohm Bawerkian)的话来说,生产变得更为迂回。"迂回生产,即劳动分工细化,让相互关联的生产网络日益增加。用经济术语来说,就是间接投入相对直接投入有所增加。

举个简单的例子来说,一百年前,会计只使用笔、纸和简单的计算工具,所需的生产人数相对较少。现在,会计要使用电脑、软件和互联网,总共所需的生产人数成千上万。另举一个例子,一个现代化的汽车装配厂可能包含一个庞大的生产部门,但仅占价值15%的汽车生产过程是在此产生,另占价值85%的汽车部件和其他中间投入则是在别处产生。而且占价值85%的汽车生产过程所需的中间产品,并不是一次性外部劳动分工就能解释的。这些部件生产是通过数以万计的研发人员和科学家的工作加以改进的,而这些研发人员和科学家是数十万教师、大学讲师所培训的。这种劳动分工细化的过程完美展示了斯密的分析。

马克思则把同样的过程概念化为"劳动社会化"。马克思得出此结论的过程与斯密如出一辙。但就目前而言,没有必要进一步论述这些结论,或者甚至区分斯密的"劳动分工"与马克思的"劳动社会化"说法——这两种说法可谓异曲同工。仅仅需要指出的是,现代经济统计学已完全证明,斯密与马克思的结论是正确的,从而确定了何谓经济供给中的最重要因素。

谁对经济增长最重要呢?

如果量化斯密分析的拉动经济发展的最重要供给因素,那么各要素对经济增长的重要性按递减顺序如下:

(1)拉动经济和生产率增长的最重要因素是劳动分工——反映为中间产品的增长;

(2)劳动分工细化需要扩大生产与市场规模——结果产生全球化;

(3)劳动分工细化与扩大生产规模,导致固定投资占经济比重上升;

(4)劳动力技能改善,即劳动力质量提高,取决于投入到劳动力培训中的经济资源;

(5)技术进步本身也是劳动分工细化的产物,而技术进步是通过建立专门的研发设施和其他配套设施实现的。

如同所有严格意义上的科学命题一样,斯密的结论经过了实证检验。斯密和马克思发现了何为拉动发展的最重要因素,并在此基础上各自建立了一套理论,这是一个了不起的成就,而且现代经济统计数据已印证了他们的理论。因此,我将在下文运用现代统计方法分析经济供给中从最重要到最次要因素分别对经济增长的贡献。

中间产品增长是拉动经济整体增长的最重要因素

劳动分工最直接的衡量依据是"中间产品"增长。中间产品指的是一个经济部门的产品(或服务)是另一个经济部门的投入。比如,硬盘行业的产品是电脑行业的投入,方向盘作为汽车零部件是汽车行业的一种投入。现代计量经济学明确发现,直接体现劳动分工的中间产品是拉动经济增长的最重要资源。

部分经济学家所做的"中间产品增长是拉动经济整体增长的最重要因素"的分析,完全印证了斯密的"劳动分工细化是拉动国内经济增长的最重要因素"。这个过程完全适用中国与其他经济体。经国内劳动分工的分析数据显示,中间产品是最重要的供给因素。但在现代经济中,劳动分工并非仅仅限于国内,而且已扩展至国外,全球化现象由此而来。有充分的证据显示,国际劳动分工呈上升趋势。这推动现代产业结构和中国参与全球化竞争的能力不断提升。主要特征举例如下:

● 中间产品本身构成国际贸易的最大部分, 约占全部货物贸易的40%;

● 中间产品贸易主要集中在发达经济体和东亚经济体,中间产品已成为各国生产增长最快的部分;

● 国际贸易占全球产值的比重正快速扩张。

国际贸易是劳动分工的体现。当然这也说明,国际经济开放与经济增长存在正相关的研究结果是经得起推敲的。

资本投入是最重要的增长因素

除了中间产品，供给层面的生产因素在索洛创建的增长核算法古典框架里得到了很好的分析。为让大家更好地了解1992—2014年发达和发展中经济体的经济趋势，特附上运用美国、经合组织与联合国等统计机构所采用的最新统计方法与索洛的增长核算法框架制作的图8-1。数据涵盖当时占全球GDP达94%的103个发达和发展中经济体。所以数据非常全面，结果一目了然：

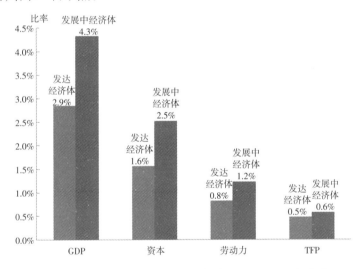

图 8-1　各 GDP 增长来源年均拉动 1992—2014 年发达
经济体和发展中经济体 GDP 增长百分点

资料来源：根据世界大型企业联合会发布的 *The Conference Board Total Economy Database*，May 2015 数据计算。

- 无论是发达还是发展中经济体，TFP 只是很小的经济增长来源，分别拉动发达经济体和发展中经济体 GDP 年均增长的 0.5% 和 0.6%；
- 劳动力投入分别拉动发达经济体和发展中经济体 GDP 年均增长的 0.8% 和 1.2%；

• 资本投入是索洛增长核算法中最重要的增长因素,分别拉动发达经济体和发展中经济体 GDP 年均增长的 1.6% 和 2.5%。

最终结果是,这些投入(资本、劳动力与 TFP)分别拉动 1992—2014 年发展中经济体和发达经济体 GDP 年均增长 4.3% 和 2.9%。也就是说,这些投入能帮助发展中经济体 GDP 年均增长率领先发达经济体 1.4 个百分点,这给了发展中经济体追赶发达经济体的机会。细分来看,TFP 能帮助发展中经济体 GDP 年均增长率领先发达经济体 0.1 个百分点,劳动力投入为 0.4 个百分点,资本投入为 0.9 个百分点。因此,发展中经济体有机会追赶发达经济体,64% 的原因是资本投入的增加,29% 的原因是劳动力投入的增加,仅 7% 是因 TFP 的提高。

发达和发展中经济体增长模式的异同

为更清楚地展示发达和发展中经济体增长模式的异同点,特制作图 8-2 和图 8-3,以反映各供给要素对经济增长的贡献率。为突出劳动力投入的显著性差异,特将劳动力投入划分为劳动力数量(劳动力总工时)和劳动力质量(教育与培训改进)。两图显示,除了劳动力投入,其他供给要素对这两种类型的经济体经济增长的影响作用相似。

(1)TFP 在发达和发展中经济体经济发展方面发挥的作用较小,对两者经济增长的贡献率均仅为 10%。TFP 相当部分是由间接投入生产决定,比如研发等带动的技术进步。

(2)劳动力投入总体上对这两种类型的经济体经济增长的贡献率区别不大,其对发达经济体经济增长的贡献率为 26%,对发展中经济体经济增长的贡献率则为 30%。但劳动力投入的组成部分有很大差异:发展中经济体 27% 的 GDP 增长来自劳动力总工时增加,仅 3% 的 GDP 增长来自劳动力质量改善;发达经济体仅 15% 的 GDP 增长来自劳动力总工

时增加,11%的 GDP 增长则来自劳动力质量改善。因此,当一个经济体越
发达,劳动总工时增加对经济增长的贡献率越会下降,与此同时,教育与
培训改善则成为重要的增长因素。简单来说,当一个经济体越发达,教育
与培训改善对经济增长的贡献就越大。这是一个迂回/间接生产的典型例
子,因为劳动力质量改善是源于教师的工作和培训计划等。

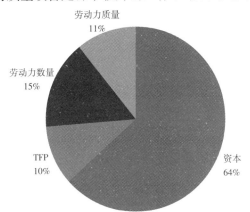

图 8-2　各 GDP 增长来源对 1992—2014 年发达经济体经济增长的贡献率

资料来源：根据世界大型企业联合会发布的 *The Conference Board Total Economy Database*, May 2015 数据计算。

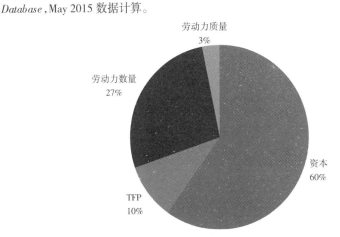

图 8-3　各 GDP 增长来源对 1992—2014 年发展中经济体经济增长的贡献率

资料来源：根据世界大型企业联合会发布的 *The Conference Board Total Economy Database*, May 2015 数据计算。

（3）在索洛增长核算法框架中，资本投资是目前为止拉动发达和发展中经济体经济增长的最重要因素，其对发展中经济体经济增长的贡献率为60%，对发达经济体经济增长的贡献率则为64%。有必要指出的是，资本投资对发达经济体经济增长的贡献率甚至大于发展中经济体。资本投资是纯粹的"间接投入生产"。用会计术语来讲，中间产品和固定投资均是资本，但中间产品用于单个生产周期，固定投资则用于多个生产周期，存在贬值的可能。

"供给侧"增长来源

因此，有必要对经济的供给侧的不同因素的重要性做个总结：

（1）拉动经济增长的最重要因素是直接反映国内和国际劳动分工细化的中间产品。

（2）第二重要的生产因素是资本投资，在索洛模型中其对经济增长的贡献率约为60%。

（3）第三重要的因素是劳动力投入，在索洛模型中其对经济增长的贡献率约为30%，但当一个经济体变得更为发达时，劳动力质量对经济增长的贡献率大于劳动力数量。

（4）TFP的重要性居末，其对经济增长的贡献率约为10%。

不应神话个人创业

中国有些声音仍然认为"供给经济学"的观点是错误的，认为创新创业是拉动经济增长的关键因素。以上数据对经济增长的分析清楚地表明，否定供给因素，而单纯注重个人创业对经济增长的作用有限。

创新创业能部分性发挥作用，拉动经济增长，但其不是通过中间产品、资本和劳动力数量来创造增长，而是仅能发挥类似于TFP的部分作用。但如上文所述,TFP 提高对经济整体增长的贡献率较小,对发达和发展中经济体经济增长贡献率均仅为 10%。

此外,TFP 对发达经济体的经济增长贡献率并不高于对发展中经济体,但个人创业一般是前者高于后者。退一步说,即使假设个人创业是发达经济体的 TFP 全部(虽然这个假设很不合理,因为技术、生产规模、研发和其他因素才是 TFP 的关键原因),个人创业对经济增长的贡献率也仅相当于劳动力投入的 1/3、资本投资的 1/6。

因此,试图在提高 TFP 的基础上创造经济增长,就如试图驾驶只有一个小齿轮的机器向前开,而不是试图换一个更大的齿轮(资本投资或者劳动力投入)向前行。这样的战略,显然难以取得成功。

结论:不要误读了"供给侧"

最后,有必要按递减顺序再次总结一下供给因素对经济增长的重要性:中间产品、资本投资、劳动力投入与 TFP(个人创业对经济增长的贡献率甚至不及 TFP)。显而易见,"供给侧"将主要关注但不限于如下几点:

(1)因为经济增长最大的来源是中间产品,中国在国内应尽力创造条件以利用劳动分工的优势。中国经济规模日益扩大,通过扩大国内市场规模与配套设施发展,可以提高劳动分工效率。但国内市场的有效运转与国内劳动分工,需要大规模的物质基础。

比如,提高劳动分工效率的关键因素——中国的运输系统,与美国相比仍然非常落后:中国的人均公路里程仅相当于美国的 16%,人均铁路总里程则约相当于美国的 7%;中国的物流体系相比美国也仍然非常落后。同样,对提高劳动分工效率的不可缺少的通信系统而言,中国互联网用户比例仅相当于美国的一半多。因此,诸如"互联网+"等重要规划,不仅对生产系统升级非常重要,而且也对提高国内劳动分工效率非常重要。

（2）就国际劳动分工而言,国际金融危机影响已大幅度降低了贸易占中国经济的比重。中国货物和服务业的出口总额占 GDP 比重从 2007 年的 35%下降至 2014 年的 23%,同期进口比重则从 27%降至 19%。2015 年的贸易数据继续呈下降趋势。总的来看,中国比以前较少利用国际劳动分工。

如果要纯粹利用劳动分工保持增长优势,最有力的方式是通过人民币贬值刺激出口,与此同时刺激进口的最有效方式是提高 GDP 增长速度。除了汇率因素外,其他贸易刺激等措施也应考虑在内。因此,这些可以平衡贸易考量。

（3）因为固定投资是拉动经济增长的最重要因素,中国必须维持较高的固定投资水平,但投资需要等额的储蓄。自 2009 年以来,中国储蓄占经济比重呈下降趋势,即资本供给占经济比重呈下降趋势。这导致中国利率呈上升趋势,且明显高于美国,给中国经济带来负面影响。要恢复中国储蓄率,首先要提高企业盈利能力。因此,维持高水平的固定投资水平应成为中国经济政策的首要任务。

（4）不同于劳动力数量,当一国经济越发达,劳动力质量的重要性就呈上升趋势。鉴于此,中国应继续增加教育和培训投入占经济的比重。

（5）研发是间接投入生产的重要例子,对创新至关重要。因此,中国应继续增加研发投入占 GDP 的比重。这对供给侧结构性改革非常重要。

（6）虽然帮助个人创业也有用,但如上文所述,个人创业对经济增长发挥的作用有限。

各经济体经济增长的供给要素分析表明,宣称供给经济学的精神实质是"小政府,大市场"、信仰"自由竞争和企业家精神"的舆论是完全错误的。他们不过是把"新自由主义"改头换面了另一种说法而已。

要纠正供给经济学的分析框架,就有必要重温习近平近来在中共中央政治局第二十八次集体学习时的讲话:"要坚持以人民为中心的发展思想,这是马克思主义政治经济学的根本立场。部署经济工作、制定经济政策、推动经济发展都要牢牢坚持这个根本立场。"

"坚持以人民为中心"适用于其他经济领域的生产过程。用马克思术语来说,对经济增长最重要的供给因素是"劳动社会化";用亚当·斯密的术语来说,则是"劳动分工"。就当前而言,用哪一种说法并不重要,因为两者均反映了同样的过程。当一国经济越发达,最重要的供给因素(中间产品、全球化、固定投资上升、劳动力质量改善)对经济增长的贡献就越大,它们本身都是劳动分工/劳动社会化的体现。

中国一些媒体近期强调供给因素对经济的影响,从而脱离了根据误读的西方教科书中凯恩斯主义对经济的分析,我对此持欢迎态度。如果这种引起歧义的西方教科书经过改头换面成为另一种形式的新自由主义,那才是真正荒谬的地方。事实上,对统计数据的分析,无论依据马克思主义经济学还是西方当代经济学,对什么是推动经济增长的供给因素这个问题都给出了相同的结论。

09 中国供给侧结构性改革应
吸取"里根经济学"的教训 *

笔者曾在拙文《要完成 6.5% 的年增长率不能误读"供给主义"》中说过,我对中国进行中的"供给侧结构性改革"持欢迎态度。但笔者看到一些中国人提出"中国'供给侧结构性改革'应以'里根经济学'为模板"的建议时深感吃惊,因为里根的政策对美国经济产生了永久性损害,它所带来的巨大负面影响直接导致了 2008 年国际金融危机——大萧条以来最大的经济灾难的发生。

引人注目的是,提出"中国'供给侧结构性改革'应以'里根经济学'为模板"说法的人,并没有提供严谨的美国经济数据以验证其结论。因此,下文将用数据阐明里根统治下的美国经济趋势,以及里根开启美国经济衰退之路的原因,以揭示这种说法的错误本质。数据源自拙著《一盘大棋?——中国新命运解析》。

从数据得出的结论显而易见:从美国遏制共产主义的地缘政治层面来看,"里根经济学"是成功的;但从美国经济表现来看,"里根经济学"则

---

* 本文写于 2016 年 1 月。

是一场灾难,而且其所带来的负面影响仍在延续——从美国目前的总统选举来看,其所引发的社会紧张局势仍在持续。

简言之,"里根经济学"恰恰是"供给侧结构性改革"的一种最糟糕的模式,且不适用于中国。

美国经济竞争力下降

里根时期美国经济的最大特点是美国国际竞争力大幅度下降。如图9-1所示,1980年里根当选总统前,尽管受到1973年国际石油价格上涨带来的负面影响,但美国国际收支①大体平衡——1977年美国国际收支逆差占GDP比重为0.7%。

相反,里根当选总统后,美国国际收支平衡急剧恶化,即美国经济国际竞争力大幅度下降。到1987年(里根任期的倒数第二年),美国国际收支逆差占GDP比重达到3.3%,显示了二战后美国竞争力出现前所未有的恶化。

鉴于美国国际收支平衡严重恶化,与随之而来的美元外流导致贸易逆差扩大,唯有借助大规模的外国借贷,才能避免美元汇率大幅度下滑。

事实上,从图9-1可以看出,"里根经济学"仅能体现真正的经济能力是成功借入大量外债。下文将分析由此带来的后果。

毫无疑问,就地缘政治层面而言,里根取得了巨大成功——利用无能并屈从于外国利益的戈尔巴乔夫摧毁了苏联和苏共。但就经济层面而言,里根统治下的美国竞争力遭遇严重下滑。正如下文将要分析到的,里根的经济政策对美国经济的长期影响更大。

---

① 一国对外经济往来的货币记录,分为经常账户和资本账户,理想状态是收入与支出相抵,是一国经济竞争力的关键指标。

图 9–1　美国国际收支占 GDP 比重

资料来源：根据美国经济分析局发布的《美国国际交易》表 1 与《百年经济统计》表 1.5.5 数据计算。

　　里根的经济政策导致美国借入大量国际外债，就像另一种形式的"信用卡狂潮"。当信用卡账单持续飙升时，持卡人会因为他们花了很多钱而感觉良好；但当信用卡债务还款期到来时，信用卡拥有者会感受到巨额债务所带来的巨大的破坏性影响——2008 年的国际金融危机的爆发，正是拜当时的巨额赤字所赐，是日积月累而触发的危机。

　　但"里根经济学"对美国经济最直接的伤害是美国国际竞争力的退化，从而对美国国内经济结构造成最持久而深远的伤害。2008 年的美国经济灾难是"里根经济学"的直接体现。

美国经济放缓

　　要了解"里根经济学"对美国国内经济结构的损害程度，就有必要了解美国经济发展趋势。正如图 9–2 所示，二战后美国经济表现的基本特征是长期稳步放缓，特别是 1980 年后经济恶化明显减速。

　　以能消除短期波动影响的 20 年移动平均线计算：

- 1967 年,美国 GDP 年均增长率为 4.1%;
- 1977 年,美国 GDP 年均增长率降为 3.7%;
- 1987 年,美国 GDP 年均增长率降为 3.2%;
- 2014 年,美国 GDP 年均增长率降为仅 2.5%。

由此可以看出,过去的 40 多年,美国经济增长呈放缓趋势。

图 9-2 美国 GDP 年均增长率(按照20 年移动平均线计算)

资料来源:根据《经济学人》与美国经济分析局分别发布的《百年经济统计》与《国民账户》表 1.1.3 数据计算。

美国经济减速的原因

美国经济增长逐渐放缓,特别是 1980 年后明显减速的原因显而易见,也与增长核算方法所论述的基本的宏观经济分析相吻合。美国经济逐渐且持续放缓,是由两个相互关联的过程所决定的:

- 二战后,美国经济对国际开放程度日益提高,即更多地参与国际劳动分工。因为劳动分工,包括国际劳动分工,是拉动经济发展的最大动力。因此,美国经济应继续开放确保其免遭 1929 年那样的骤然崩溃。

• 但拉动美国经济增长的第二重要杠杆——固定投资明显减速,起初是逐渐放缓,1980 年里根当选总统后则加剧放缓。尤其如图 9-3 所示,1979 年美国固定投资净额(新的固定投资额减去折旧)占 GDP 比重从 1979 年的 10.3% 降至 1988 年的 7.5%。里根下台后,美国固定投资净额继续下降,2013 年其占 GDP 比重降至仅为 3.6%。

因为固定投资是仅次于劳动分工的第二重要的增长动力,因此净投资下降必然会导致美国经济增长减速。

投资水平下降

里根时期经济恶化直接导致美国固定投资下降。正如图 9-3 所示,二战后初期,里根就任总统前,资本存量(净投资)占美国经济比重增速下降,主要是因为美国新增投资(固定投资总额)增长水平跟不上现代经济中资本快速贬值的速度——美国固定资本消耗占 GDP 比重从 1950 年的 11% 升至 2014 年的 16%。

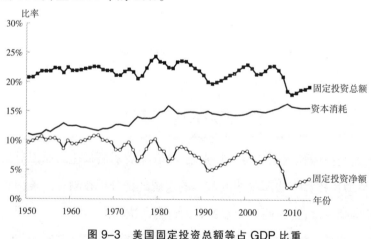

图 9-3　美国固定投资总额等占 GDP 比重

资料来源:根据美国经济分析局发布的《国民账户》表 1.5.5 与 5.1 数据计算。

资本消耗增速加快了与固定资本形成总值水平的相对稳定,必然会导致美国投资率的下降。1980年里根当选总统后,这种形势进一步恶化。

因为美国固定投资总额本身变得不稳定,然后其占GDP比重明显下降:1979年美国固定投资总额占GDP比重为24%,1988年这一比重则降至22%。里根下台后,这种趋势仍在继续,2013年这一比重已降至19%。美国固定投资水平下降,必然导致美国经济放缓。

由于"里根经济学"造成固定投资放缓,美国经济长期减速,并持续到现在。经济增长放缓必然导致社会紧张局势加剧,正如2016年美国总统选举出现的政治纷争一样,这使得特朗普等边缘化或者表现差强人意的总统候选人的影响力上升。

美国储蓄水平下降

美国固定投资水平下降的原因显而易见。投资必须由等额的储蓄提供资金,但如图9-4所示,20世纪50年代中期后,美国储蓄总额开始急剧下降。特别要指出的是,总储蓄并不仅仅指居民储蓄,而是指企业储蓄+居民储蓄+政府储蓄或负债。里根时期,这种趋势明显恶化。

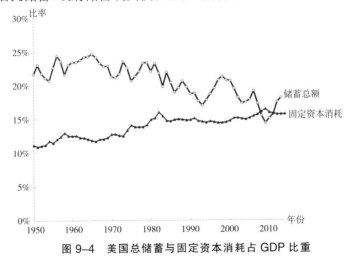

图9-4 美国总储蓄与固定资本消耗占GDP比重

资料来源:根据美国经济分析局发布的《国民账户》表5.1与1.5.5数据计算。

首先以里根时期为例,美国储蓄总额占 GDP 比重从 1979 年(里根当选总统的前一年)的 23%降至 1988 年(里根执政的最后一年)的 21%。同期美国储蓄净额降幅更大,其占 GDP 比重从 9.2%降至 5.7%。

里根执政前,美国国内经济结构并没有恶化,原因是里根的经济政策恶化了这种趋势。这导致美国 2008 年发生严重的经济危机。二战后的总体趋势如下:

● 美国储蓄总额占 GDP 比重从 1965 年的 25%降至 2013 年的 18%,即下降 7 个百分点;

● 同期美国固定资本消耗占 GDP 比重从 12%升至 16%;

● 由于受到储蓄总额下降与资本消耗增长的综合影响,美国储蓄净额占 GDP 比重从 1965 年的 13%大幅下降至 2013 年的 2%。

因此,截至 2013 年,美国资本形成净额(Net Capital Creation,等于资本形成总额减去折旧)占 GDP 比重已大幅度下降。即便如此,2013 年数据还是较 2008—2010 年水平有所提高。2008—2010 年,美国资本消耗增速快于资本形成的增速。也就是说,美国的资本形成净额为负。与此相矛盾的是,美国是世界头号资本主义强国。

美国上一次资本形成净额为负的记录, 还要追溯到 1931—1934 年的大萧条时期。图 9-5 所示的是美国资本形成净额的长期趋势:从大萧条时期的负水平上升至二战期间的峰值水平,在 20 世纪 60 年代中期保持较高水平,然后开始下降,并在 2008—2010 年再次降至负水平。

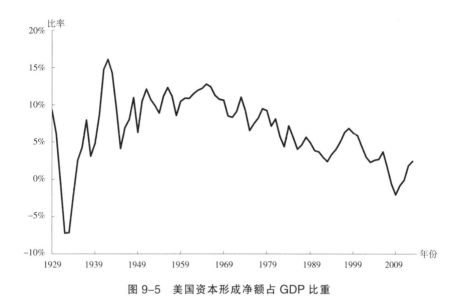

图 9–5　美国资本形成净额占 GDP 比重

资料来源：根据美国经济分析局发布的《国民账户》表 5.1 与 1.5.5 数据计算。

美国对外国资本投资的依赖程度提高所带来的危机

美国储蓄稳步下降，造成固定投资与经济增速放缓，并在 1980 年后恶化，导致国际金融危机严重影响美国，尤其阻碍美国经济增长再次加速。这种趋势从里根执政后开始并继续恶化，直接导致 2008 年的经济与金融灾难。

如图 9–6 所示，截至 20 世纪 80 年代，美国国内储蓄总额一直呈下降趋势，到 2008 年时其降幅甚至大大超过美国固定投资的降幅水平。

截至 2008 年，美国固定投资占 GDP 比重为 21%，但美国储蓄总额占 GDP 比重仅为 15%——两者相差 6 个百分点。也就是说，2008 年美国国内储蓄不足以为美国国内投资提供资金。这必然意味着美国资本形成额增加的缺口只能借助国外融资（如图 9–7 所示）。

从 2002 年开始，美国储蓄以外的其他资金来源已经占到美国净投资的一半以上，到 2008 年,非美国储蓄来源的资金甚至超过美国净投资总额。也就是说,2002 年的大部分及 2008 年的所有美国资本形成净额均源于非美国储蓄融资(如图 9–7 所示)。

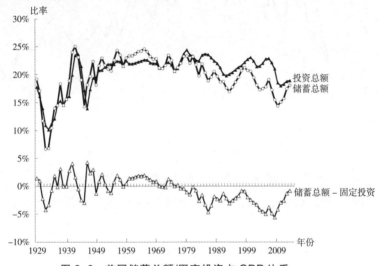

图 9–6　美国储蓄总额/固定投资占 GDP 比重

资料来源:根据美国经济分析局发布的《国民账户》表 5.1 与 1.5.5 数据计算。

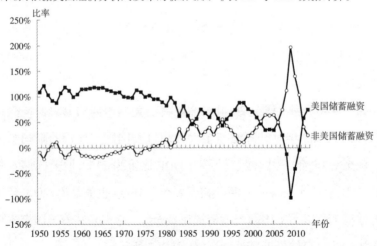

图 9–7　美国固定投资净额融资来源占 GDP 比重

资料来源:根据美国经济分析局发布的《国民账户》表 1.5.5 与 5.1 数据计算。

国际金融危机的影响

从数据显然可以看出,"里根经济学"直接导致美国发生 2008 年国际经济灾难。从资本积累融资的基本角度看,2008 年金融危机对美国经济战略造成致命性影响,并进一步减缓其经济增速。

国际金融危机促使资本流动性重新分配,并且流动性趋紧,尤其是作为美国潜在国际融资来源的中国,其国际收支顺差占 GDP 比重从 2008 年的 10.1%降至 2012 年的 2.3%。

由于全球资本流动性出现新变化,美国外债规模必然大幅度下降:非美国来源的美国投资融资占 GDP 比重从 2008 年的 6%降至 2013 年的 1%。

为清楚地说明这一过程,笔者已在上文指出,2008 年美国固定投资占 GDP 比重为 21%,但美国储蓄总额占 GDP 比重仅为 15%。也就是说,美国固定投资总额的逾 1/4(GDP 的 6%)是源自非美国储蓄融资。

受国际金融危机的影响,这种来自海外的流动性在 2008 年后大幅度减少,导致美国外国借贷亦随之下降。因此,美国别无选择,只能借助如下方式来解决这一问题,要么选其中一种解决方法,要么两者兼而有之:

- 提高美国国内储蓄;
- 削减美国投资。

面对这一无法回避的过程,金融危机爆发后的 2008—2013 年,美国储蓄与固定投资占 GDP 比重的差距从 5.6%降至 0.8%,即缩减了 4.8%。但这种差距的缩小依赖于:

- 美国国内储蓄占 GDP 比重增加 2.6%;
- 固定投资占美国 GDP 比重下降 2.1%。

2013 年,美国固定投资总额占 GDP 比重已从之前的 21.0%降至 18.9%,固定投资净额占 GDP 比重则降至 3.2%。

美国国内储蓄与固定投资的差距缩小一半以上,是源于美国国内储蓄有所提高。因为美国从国外获得的融资,已经不可能再达到从前的规模,因此美国固定投资占 GDP 比重必然下降。

正如上文所述,固定投资是仅次于劳动分工的第二重要增长来源,因此美国增速会进一步下降。美国经济增速放缓反过来会加剧社会紧张局势。

结论:"里根经济学"不应是中国供给侧结构性改革模板

"里根经济学"政策具有如下总体特征:

● "里根经济学"得益于戈尔巴乔夫的助力,在同苏联的地缘政治斗争中取得了重大成功,导致出现苏联解体的地缘政治灾难。但从经济角度来看,"里根经济学"从根本上损害了美国利益;

● "里根经济学"削弱了美国国际竞争地位;

● "里根经济学"造成美国国内经济结构严重恶化,导致储蓄与投资水平严重下滑;

● 美国国际地位恶化与国内储蓄下降,需要借入大量的外国债务来弥补投资缺口。停止借入外债时必然引发危机,正如 2008 年所发生的一样;

● 这些趋势导致美国经济增速进一步放缓;

● 美国经济放缓反过来引发社会动荡,2016 年总统选举体现了这一特征。

综上所述,可以明显看出,"里根经济学"不应是中国的"供给侧结构性改革"的模板。相反,从政治和经济角度看,"里根经济学"是最恶劣的政策之一。

10 西方经济学界的"哥白尼革命"
对中国大有裨益*

有两个重要问题一直贯穿我的职业生涯:首先是我已密切关注中国经济三十多年,撰写有关中国经济的文章24年;其次是现代西方经济学研究方法的相关研究。

拙著《一盘大棋?——中国新命运解析》(以下简称《一盘大棋?》)对两者均有详细论述。拙文《我为什么对中国经济如此痴迷?》则讲述了我与中国经济之间的关系。因此,今天我将主要谈谈西方经济学发展历程,文中我将尽量少用技术性术语,拙著《一盘大棋?》之附录一"从技术细节层面浅谈增长核算方法发展历程"主要供业内专业人士参考。

中国经济与现代西方经济学研究方法相互关联的原因很简单。现代西方经济学研究印证了马克思主义经济概念的正确性,而习近平近来也强调了马克思主义经济概念的重要性。下面我将论述西方经济学发展历程如何贯穿我本人的生活,以及与中国经济发展、中国正在热议的"供给侧结构性改革"之间的关系。

---

*本文写于2016年5月。

经济学界"哥白尼革命"

中国词语"实事求是"在国外也很有名。其蜚声国际,是因为它恰如其分地表达了理论与事实之间的关系。如果理论与事实相悖,那么理论必须作出改变,因为事实是不会改变的。

但这也会决定学科发展进步与否。如果理论与事实相符,学科发展通常不会取得大的进步,因为学术研究只不过证实了现有理论。但当理论与事实相悖时,学科发展反而会取得最大的进步。

当理论发展与事实相矛盾时,科学与教条主义的应对态度往往截然不同:教条主义往往试图否认事实,以坚持错误的理论;科学则往往会要求理论必须为符合事实而作出改变。

人类历史上最伟大的两项进步完美地说明了这一点,但这也同样适用于经济学。

在望远镜还未被发明出来之前,哥白尼只能利用肉眼进行天文观测,导致他得出"地球绕太阳公转"这样影响深远的结论——这与人类以前的结论并无不同。当伽利略(Galileo)用新发明的望远镜观察到围绕木星转动的卫星时,"所有天体绕地球公转"的理论不攻自破。

达尔文通过对加拉帕戈斯群岛上物种的详细观察发现,该岛屿上的物种在逐渐发生变化。他因此得出结论,物种并不是固定不变的,它们会发生演变和进化——"进化论"由此诞生。

在过去的20年里,经济学研究领域也发生了类似的正式革命——我们可以称之为"经济学界的'哥白尼革命'"。哈佛大学教授戴尔·乔根森所著的《为何联合国、经合组织与美国正式改变其经济增长成因测算方法?》对此有详细论述。我将会一直关注这一过程的最新进展,因为它与我的个人经历有着密不可分的关系。

安格斯·麦迪森

20世纪六七十年代,经济统计学取得了巨大进步。特别是经合组织的成立促进了数据领域的进步。经合组织前首席统计学家安格斯·麦迪森运用这些数据,首次对发达经济体进行了系统性比较研究。随后,他在其所著的《资本主义发展的动力》(*Dynamic Forces in Capitalist Development*)中,对此进行了总结。

这些研究导致理论与事实出现典型的矛盾。西方经济理论,比如罗伯特·索洛在20世纪50年代创建的"新古典经济增长理论"宣称,"劳动力与资本投入对经济增长的贡献只占一小部分,对经济增长贡献最大的是全要素生产率"。

问题是,经合组织与麦迪森的分析显示,事实完全相反——绝大部分的增长是源于资本与劳动力投入,特别是资本。TFP变化对增长的贡献小于其他增长要素,相反对增长做出重要贡献的,不仅包括技术,而且还包括国际贸易、生产规模等要素。相关的数据可在麦迪森的实证经典著作《资本主义发展的动力》中找到。

麦迪森本人并没有试图对这些研究成果作出理论解释。相反,他将研究方向放在截然不同的问题——长期增长研究上,结果他的经典著作《世界经济千年史》由此诞生。现在几乎所有发达经济体的经济学教材,都在引用这些数据。

麦迪森的研究成果对我的学术生涯产生了决定性影响。通过研究他的著作我得出结论,经合组织和麦迪森的分析无可辩驳。即使20世纪70年代的经济理论说法与之不同,那么这也仅仅显示,这些理论是错误的。

通过观察麦迪森与其他人的研究方法我下定决心,将来我的所有分析都要依据事实。我相信这种方法同样适用于西方和中国。我也因此进一步了解了中国经济。这帮助我在 1992 年初期撰写了我人生中最重要的一篇有关经济的文章《中国的经济改革为何成功，而俄罗斯怎么会落败？》。

可以说，当时这篇文章与总结了其结论的另一篇短文在俄罗斯发表后，引起了轰动。因为所作的"中国的经济改革是正确的，俄罗斯的休克疗法是错误的"的分析遭到了超过 90% 的西方经济学家的反对。

后来，我和俄罗斯总统的首席经济顾问进行了公开辩论，并与俄罗斯外交部部长和其他高级官员会谈。议会主席向俄罗斯议会所有成员分发了我的文章。

很显然，当时我没能说服俄罗斯政府不推行休克疗法，借鉴中国经济改革的经验——这是我至今非常遗憾的事。但对我个人而言，这篇文章取得了巨大成功。

尽管当时 90% 的西方经济学家反对我的结论，但后来发生的事实证实了我的分析。有部分一直关注此事的跨国企业事后找到了我，并与我签约，邀请我成为他们的企业顾问。

因为企业需要准确的分析，我的预测得到证实，他们觉得为我的分析与建议付费物有所值！

当然最重要的是，随后 20 年发生的事实，印证了我的分析。

自 1991 年苏联解体后，俄罗斯经济总量缩减近 40%；男性预期寿命减少 6 年，降至 1998 年的 58 岁；而且 2013 年的俄罗斯人口比 1991 年少了 460 万。

在 1991 年（苏联解体前的最后一年）至 2013 年间，俄罗斯每年的 GDP 增幅只有 1.0%，而同期中国的 GDP 增幅高达 10.2%。曾为苏联第二大共和国的乌克兰情况更糟糕。

乌克兰 2013 年的 GDP 总量仍比其 1991 年水平低 23%，也就是说，在过去的 22 年间,乌克兰的 GDP 净增长为负数。

我的分析是基于我了解中国经济改革,并结合麦迪森所论述的事实得出了正确的分析。相反,当时的俄罗斯政府拒绝实事求是,武断坚持索洛的"TFP 是拉动经济增长的最重要因素"的理论,推行休克疗法,结果导致俄罗斯遭受和平历史时期最大的经济衰退。

艾尔文·杨、姜明武、保罗·克鲁格曼

西方经济学界第二重要的发展事件是 20 世纪 90 年代围绕亚洲"四小龙"(又称"新兴工业经济体")的基本经济问题引发的讨论。

当时亚洲"四小龙"经济快速增长吸引了西方的关注。因此,他们运用索洛创建的增长核算法框架,对亚洲"四小龙"的经济进行了分析。

但众所周知,索洛的原增长核算法框架犯有一个基本的错误:它未将资本质量变化(资本存量周期、折旧周期等)与劳动力质量变化(教育、技能、年龄等)考虑在内。这与计算实际工资增长率时,未将通胀因素考虑在内所犯的错误没什么两样。

对亚洲"四小龙"的分析,包含了劳动力与资本质量变化的最有名的著作,当属艾尔文·杨(Alwyn Young)所著的《数字的暴力:正视东亚增长经验的统计现实》(*The Tyranny of Numbers:Confronting the Statistical Realities of the East Asian Growth Experience*)。他的结论明显与麦迪森早前对发达经济体所作的研究一致。书中显示,亚洲"四小龙"经济飞速发展,并非获益于 TFP 的快速提高。亚洲"四小龙"的 TFP 增速与其他缓慢增长的经济体一样。因此,东亚经济体经济快速增长,逐渐赶上最发达的经济体,是获益于资本与劳动力的巨大投入。

艾尔文·杨对 20 世纪 60 年代初期到 20 世纪 90 年代初期所做的研究显示:"找到发达或者欠发达经济体的生产率增长表现并不难,虽然其

人均产出增速相当缓慢，但已大致或接近新兴工业化国家的水平。除了新加坡是个例外，新兴工业化国家的生产率增长率不算特别低，但按照战后标准也不算特别高。"

艾尔文·杨的著名论文是对亚洲"四小龙"从 20 世纪 60 年代初期到 20 世纪 90 年代初期所作的增长研究。因此，新加坡经济学家姜明武历时 20 年，运用现代统计技术证实这些分析就特别重要。

姜明武所著的《经济增长动力：对亚洲经济政策的比较分析》(*The Dynamics of Economic Growth：Policy Insights from Comparative Analyses in Asia*)是近年来此领域最重要的著作之一 ——唯一的遗憾是他的书尚没有中文版。

姜明武的统计结论显而易见证实了艾尔文·杨的分析："亚洲增长模式的秘诀不是依赖于实现了全要素生产率高速增长，而是让其维持一个合理的增速，尽管这需要在较长的一段时间内进行密集的要素投入。"

西方对亚洲"四小龙"的分析是教条主义的而非科学的。1994 年，美国经济学家保罗·克鲁格曼(Paul Krugman)在美国《外交事务》杂志上发表了一篇完全错误的文章——《亚洲奇迹的迷思》(The Myth of Asia's Miracle)。他强烈重申了索洛的"经济增长必须以 TFP 增长为基础"的理论。正如数据明显显示，亚洲经济快速发展并非基于 TFP 增长。

因此，克鲁格曼认为，亚洲经济崛起的重要性与潜力被夸大了。他认为，从 2010 年的前景来看，称亚洲崛起的说法如同 20 世纪 60 年代苏联赫鲁晓夫的夸大其词一样荒谬。(注：1960 年联合国秋季会议上，赫鲁晓夫用鞋子"砰砰"地敲着联合国的主席台，宣称："我们将会埋葬你们。")

克鲁格曼称，应该给预言亚洲经济快速增长的人浇盆冷水，因为亚洲未来的增长前景会远比任何人想象得更有限。他还特别批评了中国与新加坡，称两国的增长受益于汗水而非灵感，是亚洲错误增长模式的典型例子。

随后 20 年发生的事实驳斥了克鲁格曼的论断。以克鲁格曼特别点名批评的两个国家为例,中国的增长率远快于任何国家,与此同时,新加坡的人均 GDP 超过了美国:按照当前汇率计算,新加坡的人均 GDP 相当于美国的 103%;按照购买力平价计算,新加坡的人均 GDP 相当于美国的 144%。

新加坡的表现证明,亚洲增长模式可以达到比美国更高的发展水平。

艾尔文·杨遵循实事求是方法所作的分析被证明是正确的,克鲁格曼的错误理论没经受住现实的检验。

戴尔·乔根森与增长核算方法变化

我已在上文指出,20 世纪 60 年代积累的事实证据,明显与索洛的"TFP 是拉动经济增长的主要来源"的理论相悖。麦迪森和其他人主要关注于证据的积累。解决理论与事实相矛盾的任务,则主要由哈佛大学教授乔根森承担,结果导致美国、经合组织与联合国正式改变其经济增长核算方法。

拙著《一盘大棋?》之附录一"从技术细节层面浅谈增长核算方法发展历程"对此有详细论述。

正如乔根森教授总结的:"我 1987 年与戈洛普和弗劳梅尼合著的书里论述的增长核算方法,以及美国劳工统计局 1994 年发布的官方全要素生产率统计数据现已成为国际标准。"

"保罗·施赖尔(Paul Schreyer)2001 年所著的经合组织编撰的概述生产率测算新框架的《生产率测算手册》(*Measuring Productivity*)已出版……以乔根森、何民成和斯蒂尔霍(2005 年)和本书研究为代表的生产率测算新框架的过渡非常突然。这使得库兹涅茨和索洛早期生产率研究所使用的传统用法瞬间过时了。"

经济增长核算方法的变化结果,使得索洛原增长核算框架的两个基本错误得到纠正。在新的正式增长核算方法中:

- 资本与劳动力质量变化被纳入;
- 索洛未将中间产品纳入增长核算公式的错误得到纠正。

这些现代统计方法被采纳后,美国和其他经济体的增长模式会发生怎样的变化?

如图 10-1 所示,乔根森、何民成(Mun S. Ho)、凯文·斯德尔(Kevin J. Stiroh)等对最发达经济体——美国的全面研究发现,各增长来源对美国各经济行业增长的平均贡献率分别为:中间产品为 52%,资本为 24%,劳动力为 15%,TFP 为 9%。

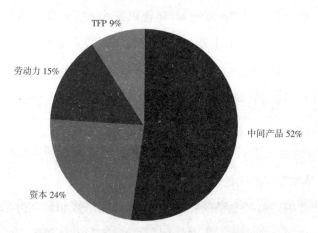

图 10-1　各 GDP 增长来源对 1997—2000 年
美国非政府经济行业经济增长平均贡献率

资料来源:根据乔根森、何民成与凯文·斯德尔合著的《生产率:信息技术与美国增长复苏》表 7.1 数据计算。

此数据特别引人注目之处是,其涵盖美国信息和通信技术(ICT)处于繁荣增长高峰期的 1977—2000 年——按照假定,TFP 本应对美国经济增长的贡献率特别高。

从美国早期增长数据看,这种趋势没有改变。乔根森、戈洛普与弗劳梅尼对 1948—1979 年二战后早期美国经济的分析发现:

> 中间投入是目前经济增长的最重要来源。在我们据以考察的 45 个行业中,有 36 个行业我们可以衡量中间投入,且这些中间投入对经济增长的贡献都远高于 TFP 对经济增长的贡献。对产出增长做出主要贡献的是中间投入、资本和劳动力投入。

现有的中间产品(不包括所有国家)数据显示,所有其他经济体的表现也同样如此。

如图 10-2 对 1992—2014 年占全球 GDP 94% 的 103 个国家的研究所示,资本投资对经济增长的平均贡献率为 61%,劳动力投入为 29%,TFP 仅为 10%——这证明了固定投资所发挥的决定性作用。

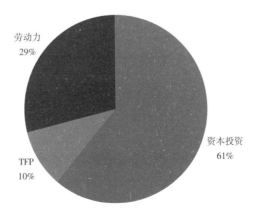

图 10-2 各 GDP 增长来源对 1992—2014 年 103 个经济体经济增长的平均贡献率

资料来源: 根据世界大型企业联合会发布的 *The Conference Board Total Economy Database 2015* 数据计算。

值得注意的是,资本投资对发达经济体经济增长的贡献率大于发展中经济体。资本投资对发达经济体经济增长的贡献率为63%,对发展中经济体经济增长的贡献率为60%。

固定投资对大经济体经济增长的贡献率远大于小经济体——资本投资对世界20个最大经济体经济增长的贡献率为67%。

理论与事实渐趋一致

如上所述,20世纪60年代所发生的经济理论与事实间的差距,于21世纪初期得到了纠正。纠正后的经济理论得以反映事实。麦迪森、艾尔文·杨与其他人所发现的事实,现在可以通过理论方法得到解释了。乔根森的工作使得经济增长核算方法正式改变。这说明,实事求是的方法得到了传承。

当然,我对此深有体会。20世纪70年代我所作的坚持实事求是的决定,使得我作出了正确的预测,这帮助我的职业生涯取得了成功。但我仍然会继续密切关注这些经济理论的进展。我很高兴,经济理论已逐渐接近事实。

中国供给侧结构性改革的重要意义

这一切将对中国供给侧结构性改革产生直接影响,因为经济规律具有客观性,包括中国在内的任何国家都不能违背经济规律。

打个比喻,一艘船要正确且安全地航行,就必须有准确的地图导航,否则就无法到达目的地。同理,正确的经济观念对中国的供给侧结构性改革至关重要。

因此,有必要对经济的供给侧的不同要素的重要性加以总结:

第一,拉动经济增长的最重要因素是直接反映国内和国际劳动分工细化的中间产品。鉴于中间产品与服务发挥的决定性作用,生产因素中劳动分工的发展条件对供给侧至关重要。这就需要充足的运输系统、通信基础设施、严格的产品标准、快速有效的经济交流等诸多实际条件。

正如 2013 年 11 月 9 日,习近平在作关于全面深化改革决定的说明时指出:

> 市场秩序不规范,以不正当手段谋取经济利益的现象广泛存在;生产要素市场发展滞后,要素闲置和大量有效需求得不到满足并存;市场规则不统一,部门保护主义和地方保护主义大量存在;市场竞争不充分,阻碍优胜劣汰和结构调整,等等。[1]

中国 1978 年后经济改革的重要特征——与国内劳动分工/劳动社会化相关的重要政策是国际开放,这是显而易见和众所周知的。开放带来更大规模的市场和生产发展,意味着劳动分工/劳动社会化的进一步扩大。

马克思主义理论与所有重要的西方统计学研究显示,开放与经济快速发展存在正相关关系——因此,没有必要在此引用所有这些已为大家接受的结论。开放的事实结果是劳动分工/劳动社会化的重要体现。

正如习近平指出:"改革开放是一项长期的、艰巨的、繁重的事业,必须一代又一代人接力干下去。"或者用习近平在 2012 年 12 月 31 日讲话时的标题"改革开放只有进行时没有完成时"更贴切。

第二,重要的生产因素是资本投资,对经济增长的贡献率约为 60%。因此,固定投资应重点聚集于新技术和创新的生产升级。这也与习近平关于创新的分析一致:

①《关于〈中共中央关于全面深化改革若干重大问题的决定〉的说明》(2013 年 11 月 9 日),《十八大以来重要文献选编》(上),中央文献出版社,2014 年,第 498 页。

党的十八大作出了实施创新驱动发展战略的重大部署,强调科技创新是提高社会生产力和综合国力的战略支撑,必须摆在国家发展全局的核心位置……

面对科技创新发展新趋势,世界主要国家都在寻找科技创新的突破口,抢占未来经济科技发展的先机。我们不能在这场科技创新的大赛场上落伍,必须迎头赶上、奋起直追、力争超越……

我国进入了新型工业化、信息化、城镇化、农业现代化同步发展、并联发展、叠加发展的关键时期……

我国科技发展的方向就是创新、创新、再创新。要高度重视原始性专业基础理论突破,加强科学基础设施建设,保证基础性、系统性、前沿性技术研究和技术研发持续推进,强化自主创新成果的源头供给。

要积极主动整合和利用好全球创新资源,从我国现实需求、发展需求出发,有选择、有重点地参加国际大科学装置和科研基地及其中心建设和利用。①

第三,重要的因素是劳动力投入。在索洛模型中其对经济增长的贡献率约为30%,但当一个经济体变得更为发达时,劳动力质量对经济增长的贡献率大于劳动力数量。随着经济的发展,劳动力数量(工作时间)和劳动力质量(培训和教育)之间的定量平衡发生了重大变化。平均而言,发展中经济体27%的GDP增长来自劳动力总工时增加,仅3%的

---

① 《习近平:科技是国家强盛之基,创新是民族进步之魂》,人民网,2014 年 6 月 9 日,http://opinion.people.com.cn/n/2014/0610/c1003-25128050html。

GDP 增长是来自劳动力质量的改善；发达经济体仅 15% 的 GDP 增长来自劳动力总工时的增加,11% 的 GDP 增长则来自劳动力质量的改善。

因此,当一个经济体越发达,劳动力总工时增加对经济增长的贡献率会下降。与此同时,教育与培训改善则成为重要的增长因素。

总的来说,当一个经济体越发达,教育与培训改善对经济增长的贡献就越大——劳动力质量的改善是源于教师的工作和培训计划等,是劳动社会化的典型例子。

事实上,研发进一步构成了劳动社会化最明显的例子之一。现代技术创新不是由孤立的天才创造的,而是受益于巨大的资源分配——历史和现代研究证实,研发成功与投入分配成正比。

当然,这源自习近平的总体分析——应全力投入研发,因为创新是发展供给经济学不可缺少的基础:

> 要着力完善科技创新基础制度,加快建立健全国家科技报告制度、创新调查制度、国家科技管理信息系统,大幅提高科技资源开放共享水平。要着力围绕产业链部署创新链、围绕创新链完善资金链,聚焦国家战略目标,集中资源、形成合力,突破关系国计民生和经济命脉的重大关键科技问题。[①]

第四,TFP 的重要性居末,其对经济增长的贡献率约为 10%。上述数据显示,中国有些声音仍然认为"供给经济学"的观点是错误的。比如,有人声称,个人创业创新是拉动经济增长的关键因素。以上数据对经济增

---

① 《习近平在中国科学院第十七次院士大会、中国工程院第十二次院士大会上的讲话》(2014 年 6 月 9 日),人民网,2014 年 6 月 9 日,http://cpc.people.com.cn/n/2014/0609/c64094-25125270-2.html。

长的分析清楚地表明,否定供给因素,而单纯注重个人创业对经济增长
的作用的说法是完全错误的。

从统计角度来看,创新创业能部分性发挥作用,拉动经济增长,但其
不是通过中间产品、资本和劳动力数量来创造增长,即其仅能发挥类似
于 TFP 的部分作用。但如上文所述,TFP 提高对经济整体增长的贡献率
较小,对发达经济体和发展中经济体经济增长贡献率均仅为 10%。

此外,TFP 对发达经济体的经济增长贡献率并不高于对发展中经济
体,但个人创业一般是前者高于后者。

退一步说,即使假设个人创业是发达经济体的 TFP 全部(虽然这个
假设很不合理,因为技术、生产规模、研发和其他因素才是 TFP 的关键原
因),个人创业对经济增长的贡献率也仅相当于劳动力投入的 1/3、资本
投资的 1/6。

因此,试图在提高 TFP 的基础上创造经济增长,就如试图驾驶只有
一个小齿轮的机器前行,而不是试图换一个更大的齿轮(资本投资或者
甚至劳动力投入)前行。这样的战略,显然难以取得成功。

11 中国"互联网 +"要吸取美国教训[*]

中国正在进一步推进其"互联网革命"。着眼中国的总体经济战略，李克强提出了"互联网+"的概念，强调推动移动互联网、云计算、大数据、物联网等与制造业和电子商务结合。最近，为了进一步促进互联网广泛应用，李克强敦促中国的通信运营商提网速、降网费。

目前，中国已经成为世界上互联网用户最多的国家——2014 年中国互联网用户数达到 6.42 亿，而美国为 2.8 亿，印度为 2.43 亿。在此背景下，中国更加重视互联网。从全球来看，世界 21% 的互联网用户来自中国，而美国仅占 9%。

同样惊人的是，中国正在增加信息和通信技术（ICT）的投入，其中互联网是核心。在过去的 20 年，中国对 ICT 的投入平均每年增加 8.8%，从而带动 GDP 总额每年增长 1.0%。如表 11-1 所示，过去的 20 年，中国每年因 ICT 投入而增长的 GDP 已经远远高于其他主要的工业国或金砖国家，例如比美国高 2/3，是德国的 2 倍多，日本的 3 倍。

* 本文写于 2015 年 6 月。

表 11-1 1994—2014 年各国 ICT 投入对 GDP 增长拉动率

国家	增长拉动百分率
中国	1.0%
俄罗斯	0.9%
巴西	0.7%
印度	0.7%
美国	0.6%
英国	0.6%
德国	0.4%
法国	0.3%
日本	0.3%

资料来源:根据世界大型企业联合会 2015 年经济数据库数据计算。

尽管已经取得了如此大的成绩,但对于中国的经济战略来说,进一步发展互联网依然至关重要。在现代经济中,互联网早已超越了当初电脑应用的范畴,成为通信业、零售业和先进制造业发展最快的领域,"互联网+"这一关键概念由此而生。

虽然中国在互联网和 ICT 方面已经取得了非常惊人的效果,但是由于中国是一个发展中国家,其互联网用户占总人口的比例不仅低于美国或欧洲,而且低于其他亚洲发达国家。2014 年,所以中国互联网用户占其总人口的 46%,而美国的这一比例为 87%,日本为 86%,韩国为 92%。在中国,网费对于进一步增加用户非常关键。因此,李克强提出降低网费。

正因为互联网对中国的发展至关重要,所以中国在发展过程中,要将现实与神话区别开来,这一点非常关键。这需要向世界上最先进的互联网和 ICT 经济体——美国学习。由于互联网对现代经济极其重要,中国对美国互联网发展及其对经济效率的影响展开了大量国际研究。这些研究结论清晰地解释了扩大互联网应用与 ICT 投入存在密切联系的原因。

　　从基础经济的角度来看,并不是纯互联网技术和 ICT 本身提高了生产率和经济增长率,明白这一点很重要。在个人电脑大量出现于经济活动中 6 年后的 1987 年,诺贝尔经济学奖得主罗伯特·索洛说出一句名言——计算机技术并没有加速提高美国的生产率,"你可以看到,计算机无处不在,只是在生产力统计中找不到它"。

　　这种状况并没有改变。如图 11–1 所示,在现代个人电脑出现的前一年——1980 年,以能消除短期经济周期波动影响的 5 年移动平均线计算,美国生产率年增长率为 1.2%。2014 年,美国生产率年增长率仍为 1.2%。因此,互联网和 ICT 的 34 年革命性技术发展并没有提高美国的生产力。

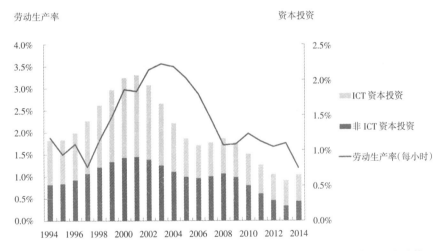

图 11–1　美国劳动生产率和资本投资年增长率变化情况(按 5 年移动平均线计算)

资料来源:根据美国劳工统计局和世界大型企业联合会发布的 *The Total Economy Database 2015* 数据计算。

　　事实上,美国最新数字更糟。2015 年 5 月,美联储主席珍妮特·耶伦(Janet Yellen)坦言,美国正在面对"较为疲软的生产率增长"。在 2014 年,尽管有 iPhone、苹果手表、谷歌新产品和网络零售等产品推出,但美国生产率增速仍如蜗牛般缓慢,仅为 0.5%。因此,数据清晰地表明,仅仅是互联网和 ICT 的发展并不能提高生产率。

不过,从图 11-1 可以看出,在互联网和 ICT 革命的 34 年里,有一个阶段美国的经济效率大幅度提高。在此期间直至 2003 年,美国的生产率年增长率达到半个世纪以来的最高值 3.6%。这是因为针对 ICT 的固定资产投资剧增。美国投资占 GDP 的比重从 1991 年的 19.8% 升至 2000 年的 23.1%,互联网泡沫后则略有下降,然后在 2005 年达到 22.9%。

这时主要是投资 ICT。美国这方面的投资减少导致了生产率增速的急剧下降。从图中可以清楚地看到,美国劳动生产率随资本投资激增发生的变化。3 年后,投资增长与劳动生产率增长之间的相关系数为 0.86,4 年后高达 0.89。当资本投资减少时,劳动生产率也随之下降。这表明,并不是理念或者纯技术导致了生产率提高。

中国经济目前进一步专注于互联网,这一点至关重要。但从美国的经验看,并不仅仅是互联网理念或技术迅速提高了经济效率,而是要将这些纳入到对 ICT 的大规模投资浪潮中。因此,在中国寻求加速"互联网革命"时,这是其要学习的关键经验。

12 在全面深化改革中的国企何去何从 *

中国目前正在按照中共十八届三中全会确定的框架对国有企业(SOE)进行重大改革。改革的决心是:"必须毫不动摇巩固和发展公有制经济,坚持公有制主体地位,发挥国有经济主导作用。"

中国将国有企业视为其经济的核心,这一事实是将中国"社会主义市场经济"与西方"私有制市场经济"区分开来的关键的结构性特征。

中国经济体系的增速超越资本主义市场经济已有三十多年,有鉴于此,我们应当探讨:中国的国企与其更优越的经济增长率之间有怎样的联系?为什么是"公有制主体地位"产生了更佳的经济表现?引发国企改革的具体问题是什么?这些问题的答案将指明应该如何改革。

在微观和宏观经济领域,国有企业都给予了中国明确的优势。第一项微观经济上的优势是,国有企业没有私人业主,无须向私人股东支付股息。股息在西方经济中占很大比重——大约占美国国内生产总值的5%。在西方被支付给私人股东的股息,在中国则可以通过国有企业进行

* 本文写于 2015 年 6 月。

投资。西方私人股东将部分股息用于消费，国有企业则提高了整个经济体的投资水平。由于投资是经济增长的主要驱动力，这提升了中国经济的表现。

国有企业的第二项微观经济优势是，国家及国家支持的公司可以比私人公司以更低的利率借款，因为它们的风险较小。

国有企业在宏观经济方面的优势，甚至比微观经济方面的更大。在私人经济中，没有自动机制能确保将公司利润——技术上讲是储蓄的一种形式——转移到生产性投资中去。凯恩斯的比喻很有名："个人于今日决定储蓄时，只表示他决定今日少进一餐，他不一定同时决定把今日所省下的钱留待一周以后进餐之用。"

私企不将储蓄用于投资，不只是具有理论上的可能性，实践上也正是这样运作的。导致 2008 年国际金融危机的一个重要机制是，美国公司并没有将全部的利润进行投资。美国公司的经营性盈余已大幅度上升——从 1980 年占国内总收入（GDI）的 20%上涨到 2013 年的 26%，同时美国私人固定投资从 1979 年占 GDI 的 19%下降到 2013 年的 15%。尽管利润上升，但投资下降了，导致经济增长放缓，最终引发金融危机。

美国企业不断把现金堆成"金山银山"，这种情况一直延续着。到 2013 年年中，美国非金融公司持有的现金达 15000 亿美元。

不从事投资的美国企业，不仅通过分红，而且通过股票回购将钱转移给股东。2014 年，美国标准普尔 500 家公司花了 95%的营业利润购买自己的股票或分红。不予投资的后果是，到 2013 年美国固定资产的平均年龄达到了 22 年，是 1956 年来最大的。

正如世界最大资产管理公司 Black Rock 的主席拉里·芬克所说："越来越多的企业领导人对那些可向股东提供即时回报的行为作出了响应……而在创新、熟练工和维持长期增长所必需的资本支出等方面投资不足。"美国政府可以呼吁人们更多地投资,但没有什么现行机制来促使私人公司这么做。

相反,中国国企的国有属性意味着,它们可以在需要时被导向投资。这是中国投资水平远远高于美国的一个关键原因。根据最新的可供国际比较的数据,2013 年,中国国内生产总值的 45.9% 投入了固定投资,美国只有 18.9%。

中国直接通过控制国有部门投资的能力还创造出了比西方经济体更强大的对抗危机的宏观管理工具。《华尔街日报》指出:"大多数经济体可以拉动两根杠杆来支撑增长——财政和货币。中国则有第三个选择——国家发展和改革委员会可以加快投资的流动。"

这种通过国有部门设定投资水平的能力,是中国自国际金融危机爆发以来,表现远胜美国的关键原因。从 2007—2014 年,中国 GDP 增长了79.9%,而美国仅为 8.2%——中国的经济增速几乎是美国经济的 10 倍。

但是,如果国有企业总体上给了中国巨大的优势,那么新的改革又旨在解决什么问题? 问题虽有不少,但要把它们置于基本的经济语境下才能充分理解。

中国过去的错误在于,认为国有企业不光产生经济效益,还具有"办社会"职能。国有企业提供的不仅是就业,还有社会保障,如住房和医疗保健。

为什么这是错误的? 有两个原因:首先,提供此类服务增加了国有企业的成本——削弱或消除了它们借贷成本较低、不必向私人股东支付股息的优势。

其次,有效的管理需要专业化和集中注意力。公司管理人员需要集中精力让企业高效运转,而那些提供社会保障的企业却也需要专注于后者。试图同时兼顾,不可避免地导致无法最有效地完成任何一件事。国有企业应通过缴税来提供社会保障,而不是直接管理。

在改革中要确保主要资产划在上市公司名下,借助这一手段,可以按纯粹的经济功能厘清国有企业的边界,并执行财务纪律。在近期对一家主要的国有企业——上海电气集团的重组中就遵循了这一原则——资产从未上市的母公司转移到了上市子公司。

竞争也能有力地刺激经济效率的提升,但必须从经济全球化而非单纯国内的角度去理解它。这是当前国有企业改革的另一个特点。先举一个例子,中国之前有两家国有铁路机车企业——中国北车和中国南车。理论曾认为它们的竞争会刺激效率的提高。

但在现实中,尤其是在高速列车的全球竞争方面,中国公司的主要竞争对手是国际化的。即使两家公司合并,其323亿美元的营业额也远远落后于世界领先的西门子965亿美元的营业额。而且,中国制造商还面临着日本子弹头列车和加拿大庞巴迪的竞争。由于是从全球而非国内的视角去理解竞争,中国便正确地合并了这两家企业。

这还涉及一个更具普遍性的问题。全球数据清楚地表明,大企业比小公司有更高的生产率。大企业在美国发挥了更大的作用,这是美国的生产力优于竞争对手的一个关键原因。美国就业人口的45%是在员工数量超过250名的公司内,相比之下欧盟只有33%。

但是中国有10万家以上国有企业,它们需要整合。在目前人们所讨论的提议中,规模最大的方案是将112家中央所属国有企业合并成30~50家,这是正确的方向。这应该是中国更广泛的公司合并的一部分。举个例子,中国有十余家主要汽车制造商,比起美国的三家,它们没有什么竞争力。

最后一个关键的问题就是垄断。竞争刺激效率的提升,但在一些领域根本无法操作——通常是因为投资成本高得无法想象,不可能引入竞争体系。没有任何一个国家具有竞争性的电网或地铁系统。

面对自然垄断,最不需要的就是"市场解决方案"。垄断者的市场行为已得到了充分的认识——价格过高,质量低劣。自然垄断需要一个"反市场的解决方案"——维持国家所有,施加严格的管理,克服其采取市场行为的倾向。这是有必要培养一批训练有素、坚韧顽强的国企管理者的关键原因。

反腐败斗争是其中一个方面。2014 年,70 名国企高管接受反腐败调查,2015 年仍继续开展了此类调查。但必须为高效率的国企管理者建立一套整体机制。

总体而言,笔者是中国经济政策的坚定支持者,但在国企经理的问题上有些不同意见。众所周知,邓小平指出,在中国目前所处的"社会主义初级阶段"必须"按劳分配"。他重新强调了马克思的思想。从社会科学的角度严格来说,管理人员是高技能工人。包括美国在内的每一个国家,虽然媒体制造了种种神话,但绝大多数大公司都是由经理而不是"企业家"——公司的拥有者来管理的。这些经理人享有如此高薪的原因是,他们的工作需要超乎常人的技巧——所作的决定可能涉及数十亿美元。

新加坡的机制最符合"按劳分配"。经理人获得高薪,但受制于透明度,并受到像工人一样的对待——他们可以很容易地被解雇。因为新加坡拥有世界上最成熟和不腐败的管理机制,这样做符合经济原则。

然而这种国企经理应获高薪的观点与中国目前的机制并不吻合,可能不受欢迎。

第四部分

"一带一路"倡议

13 "一带一路"顺应全球大趋势 *

习近平提出的"一带一路"倡议是中国最近推出的重要政策。这一政策同时结合了经济和外交,成为两会主要议题之一。但是"一带一路"的战略意义不应被看作短期的或特定的政策。在全球经济大趋势下,它的意义尤为清晰和重要。

全球化是世界经济的总体趋势,但是要清楚的是全球化不是一个平均或无差异的国际进程,地缘关系对塑造经济至关重要。

在世界贸易不断增长的大框架下,劳动力的国际分工已经到了一个关键点:

19世纪和20世纪,大多时候统治欧洲的"经典"国家(德国、英国、法国)以及亚洲的多数国家(泰国、马来西亚、柬埔寨)自身规模都太小,难以成为充分发展的经济单位。规模化经济创造了全球化,但是均衡的全球经济并未出现。如今,一种新兴的"大陆规模"经济单位正在逐渐取代"国家"的作用。托马斯·弗里德曼夸张地宣称"世界是平的"。

---

* 本文写于2015年3月。

然而世界正在分化成许多个大陆性经济"网络",彼此紧密关联,而非限于国家范围。这一全球性的背景说明了"一带一路"倡议的由来。

弄清当今经济进程的历史起点很有必要,因为有时人们会错误地认为,美国不仅是世界上最大的经济体,而且具有所有经济体中最高的人均 GDP。因而美国经济霸权中的决定性因素是它卓越的生产力水平,用计算可以说明这是完全错误的。采用平价购买力衡量美国的人均 GDP,只比德国高 22%,这是一个很高但还不足以领先的数字。在目前的汇率水平下,这一差距缩小到 18%,但是美国人口是德国人口的 3.8 倍。

事实上,美国在历史上是比德国更重要的大国,相比于较弱的生产力优势,美国的经济优势发挥了更重要的作用。从政治上来说,美国是一个国家,但它却是一个大陆规模经济的体量。

从大陆规模经济创造的历史发展趋势这个角度看,世界关键地区的发展是很明显的:美国是世界上第一个大陆规模经济体;苏联是第二个大陆规模经济体(最终失败);中国是历史上的第三个大陆规模经济体;印度是第四个;如果能够充分一体化,欧盟将会是第五个大陆规模经济体。

中国带动周边小经济体实现双赢

需要明确的是,为了得到劳动力国际分工、国际贸易等方面的优势,这些大陆规模经济体最成功之处在于将自身与周边地区不断融合,哪怕没有形成政治联盟。美国因此通过《北美自由贸易协定》(NAFTA)与墨西哥和加拿大有很强的经济联系。欧盟逐渐从原来的 6 个西欧核心成员国扩展到包括 28 个成员国和几个紧密联系的成员,成为欧洲一体化经济区。

另一方面,小经济体有强烈意愿同这些大陆规模经济体建立联系,因为小经济体自己无法实现在现代经济中取得最有效运作所需要的生产规模。因此,双赢的结果是大陆规模经济中心从扩展自己的劳动力全球分工规模中获益,而小经济体则从同大经济体的互动中得利。正是双赢的结果使大小经济体之间存在互利互惠的紧密联系。与这个趋势隔绝会让小经济体无法从国际劳动力分工中受益,对它们的经济增长产生负面影响。

因此,中国的"一带一路"倡议应被视为全球整体趋势中的一个重要部分。中国有成为大陆规模经济体的优势,即便如此,想要成功还是需要和周边经济体充分融合。周边小经济体将从他们和中国的大陆规模经济的关系中获利,甚至在亚洲,这些国家不必遵循欧洲的政治一体化,仍然可以获得双赢的结果。因此,这样的经济关系形成了习近平所说的"建立以合作共赢为核心的新型国际关系"。

但是要维持这些经济联系,不能仅靠自由贸易协定和关税减免协定,还需要基础设施的建设以促进贸易和劳动力国际分工的增长。这就是中国的"一带一路"倡议需要亚洲基础设施投资银行伴随的原因。

在这个过程中的一个特殊且重要的战略问题是,亚洲的不寻常之处在于它有两个而不是一个大陆规模经济体,分别是中国和印度。正是因为这个原因,中印关系将在21世纪扮演重要的角色:印度欢迎中国的新举措,并且成为亚洲基础设施投资银行的参与者。这尤其重要。

大陆规模经济体的发展趋势也解释了世界经济中的其他进程,并产生了明显的地缘政治后果。例如,过去一段时间拉丁美洲内部贸易显著增加,这削弱或取代了过去完全占主导地位的个别拉丁美洲国家和美国的双边贸易。同时,中国也取代美国成为越来越多的拉丁美洲国家的最大贸易伙伴。同样的,虽然还处在早期,但中国大力支持的非洲基础设施建设为非洲实现"大陆规模经济"奠定了基础,这也会向相同方向发展。

14 "一带一路"凸显中国思想领导力 *

    众所周知,中国主导的亚洲基础设施投资银行(以下简称"亚投行")2016 年 1 月 16 日在北京宣告开业。这说明,中国倡导的"一带一路"与诸如设立亚投行等机构的相关倡议已初步取得成功。从另一个层面看,"一带一路"倡议与亚投行的发展进程显示,中国已渐渐具有了西方所称的"思想领导力",即制定国际经济政策章程的能力。下文将分析这两个方面密切相关的原因。

    "一带一路"倡议在亚洲之外也颇具影响力,并凸显其重要性。欧盟最近顺应中国早前提出的"一带一路"倡议推出了增加基础设施投资的"容克计划"(Juncker Plan)。欧盟负责就业、增长、投资与竞争力事务的欧委会副主席于尔基·卡泰宁(Jyrki Katainen)访问北京时强调了"一带一路"倡议下的中欧经济融合。中国与欧盟成立了一个包括欧委会与丝路基金(The Silk Road Fund)专家在内的联合工作组,推进此项工作与其他形式的合作,以支持中国的"一带一路"亚洲基础设施建设政策。

---

* 本文写于 2016 年 1 月。

欧盟希望"容克计划"对接"一带一路"倡议的原因显而易见。国际金融危机爆发以来,中国与欧盟的经济表现对比鲜明。从 2007 年第三季度至 2015 年第三季度的 8 年间,欧盟 GDP 总增长 2.7%,即 GDP 年均增长率为 0.3%。同期中国 GDP 总增长 88.8%,即 GDP 年均增长率为 8.3%。也就是说,中国的经济增速是欧盟的近 28 倍。

中欧经济表现差异巨大的原因毫不为奇。最新数据显示,从 2007—2014 年,欧盟 GDP 增长所有组成部分的增长率均低于 2007 年水平,其中固定资产投资增长 12%。同期中国固定资产投资增长 110%。欧盟经济因为投资下降而陷入停滞,中国经济因为投资增长而快速增长。"容克计划"拟通过新增 3150 亿欧元的投资资金,主要用于基础设施建设,以解决欧盟的问题。

在此背景下,诸如美国财政部前部长劳伦斯·萨默斯(Laurence Summers)与《金融时报》首席经济评论员马丁·沃尔夫(Martin Wolf)等西方知名经济分析人士也认为,基础设施投资是金融危机后西方摆脱增长放缓的关键。萨默斯呼吁,"趁当前经济减速期,更新与扩建我们的基础设施";沃尔夫则呼吁"大幅增加公共投资"。"容克计划"是欧盟照此方向迈出的第一步。

显然,欧盟新推出的"容克计划"理念与中国早前倡导的"一带一路"理念有所重合。稍微有所不同的是,中国倡导的"一带一路"倡议与亚投行理念聚焦于基础设施与贸易。

二战后直到创建世界贸易组织之前,美国主导的所有贸易倡议重点集中在关税和法律改革。中国倡导的"一带一路"倡议与亚投行理念,以基础设施投融资作为核心要素,体现了中国在"思想领导力"方面的创新。

尽管遭到美国的反对,中国的新式倡议还是取得了重大成功;继英国决定加入亚投行后,欧洲其他国家也加入了亚投行。涉及更多欧洲国家的"容克计划"应运而生，与"一带一路"倡议趋同的理念也为中欧经济融合发展提供了基础。

乍看起来，"基础设施与贸易紧密挂钩"的理念不是先由西方提出来的，可能会显得奇怪。贸易与投资两者相关性所带来的积极正面影响在经济学上早有论述。哈佛大学杰弗里·萨克斯（Jeffrey Sachs）和安德鲁·华纳（Andrew Warner）两位教授对开放型经济优势进行研究后发现："开放型经济体投资占 GDP 的比重明显较高，其投资增长率高于世界平均水平 5.4 个百分点。"中国倡导的亚投行与"一带一路"首次明确将投资与贸易挂钩，体现中国具有"思想领导力"。

第一个方面是实践——中国国内经济结构相较西方具有优势，这是由于中国吸取了西方教训。西方资本主义国家一向认为"私企好国企坏"。因此，萨默斯、沃尔夫等提出的"由政府主导基础设施投资"的建议从意识形态层面遭到了强烈的反对，同时西方也几乎不存在这样的体制，足以实施此类政策。

中国则正好相反，正如中共十八届三中全会重申："我们必须毫不动摇巩固和发展公有制经济，坚持公有制主体地位，发挥国有经济主导作用。"中国经济结构是由国企与私企组成，不过国企占主导地位。因此，国企能在基础设施投资等方面发挥关键作用。

与中国的实际优势相并行的是，中国经济学家开始创建以基础设施发展为基础的学科。世界银行前高级副行长、首席经济学家林毅夫在其2013 年所著的《从西潮到东风：我在世行四年对世界重大经济问题的思考和见解》（*Against the Consensus：Reflections on the Great Recession*）中指出："全球应进行超越凯恩斯主义的基础设施项目投资。"但出于同样的原因，正如萨默斯与沃尔夫的建议遭到拒绝一样，林的建议也未被西方国家采纳。

中国新型智库所提出的同样的建议正在被中国政府所采纳，并付诸实施。我的中国同事——中国人民大学重阳金融研究院(以下简称"人大重阳")全体同人在执行院长王文的带领下，提供了许多研究报告和可操作性的建议。"一带一路"倡议在西方引起极大的关注：先是吸引媒体与经济出版物的关注，然后欧盟付诸实施，推出"容克计划"。这个明确的过程说明，中国的"思想领导力"在重大的经济政策领域开始有所体现。这个过程也反映了中国在经济思想领导力方面的总体经济地位与发展地位。

林毅夫在其任职世界银行期间提出了"新结构经济学"经济发展总体框架，随后他回到中国，推动新结构经济学研究中心于 2015 年 12 月正式成立。新结构经济学分析认为，如果一个经济体的发展是按照比较优势来发展，资本将不断增加，产业将不断升级。基础设施投资是这一过程中的一部分。由此可见，中国倡议的"一带一路"理念与同为中国人首创的经济理论——"新结构经济学"总体框架相吻合。

中国新型智库的发展过程也如出一辙。2014 年 10 月，中共中央总书记习近平在中央全面深化改革领导小组第六次会议上呼吁"建设中国特色新型智库"，并指出，要从推动科学决策、民主决策，推进国家治理体系和治理能力现代化、增强国家软实力的战略高度，把中国特色新型智库建设作为一项重大而紧迫的任务切实抓好。他还强调，智库要坚持中国共产党的领导，把握正确导向，充分体现中国特色、中国风格、中国气派。

西方一些人宣称，习近平的提议不可能实现，中国智库坚持中国共产党的领导会阻碍智库的思想原创性，智库具有中国而非西方特色会抑制其全球性影响力，中国共产党奉行的马克思主义会阻碍新智库的发展。但"一带一路"倡议所带来的影响显示，他们的说法彻底破灭。

原因其实显而易见。一家中国智库如果只会对西方思想鹦鹉学舌，根本不能引起国际人士的兴趣——如果中国的某个人主要模仿西方思想,那么西方读者阅读美国或者欧洲的原版书籍会比阅读中国的二手山寨作品更有兴趣。所以,只有中国特色智库才可能拥有全球影响力,正如"一带一路"倡议一样。

此外从理论层面来看,中国的马克思主义经济框架不但不是障碍,反而更有助于理解投资与贸易之间的紧密联系。在西方经济学中,"贸易"与"投资"是单独的分类。在中国的马克思主义经济学中,"贸易"与"投资"并不是分开的,而是"劳动社会化"发展的例子——贸易是劳动分工的直接形式,投资是生产过程中的间接劳动投入。中国共产党创建的马克思主义经济学框架不但不是障碍,反而有助于理解 "一带一路"理念。也就是说,"一带一路"、亚投行和其他倡议的政策意义与思想领导力源自中国经济与其理论框架的实践经验。

当然,中国的经济思想领导力要在西方形成影响力,仍然面临现实的困难。其中的一个关键因素是语言,只有少数中国当代经济学家的作品被翻译成最广泛的国际语言——英文,稍微多一些的其他中国经济学家的作品则只能在大学图书馆看到。因此,许多中国经济学家所著的卓有价值的作品应被人知晓,而不是仅仅因为缺乏翻译而不被国际知晓。中国智库——中国人民大学重阳金融研究院正在参与筹备的 2016 年北京 G20 峰会,将有助于中国经济学家的见解被更多的国际同行知晓。但要全面解决这些实际问题,让中国经济学家的声音常态化地在国际讨论时出现,则需要数年时间。

"一带一路"倡议能引起广泛影响,是因为"一带一路"倡议不仅是一种理论模式,而且对中国与其他国家来说是一项涉及数千亿美元投资的实际政策。因此,"一带一路"倡议沿线的国家具有付诸实施的动力,而不仅仅是纸上谈兵。这是"一带一路"与相关倡议不仅具有实际政策影响,而且能体现中国经济思想领导力的原因。

15 亚投行：为什么美国的 "零和游戏"输了 *

　　2015年的博鳌亚洲论坛主题为"亚洲新未来：迈向命运共同体"。习近平在讲话中阐述了中国在亚洲乃至更大范围内的"双赢"概念。站在外国人角度，我有机会通过分析习近平的此番讲话，审视中国外交政策的根本依据，并将其与美国——尤其是美国新保守主义——外交政策做对比。美国为什么未能说服其他国家不加入亚投行，下文的分析将给出答案。

　　通过分析，我们可以立即看出中国外交政策核心方针——"双赢"理念的优越性。与美国新保守主义的"零和"理念相比，中国的外交方针对其他国家越来越有吸引力。这也表明带有"中国特色社会主义"的马克思主义经济分析方法比美国"新自由主义"经济分析更具先进性。此外，习近平讲话中提及的亚投行、"一带一路"倡议等当前热门的经济议题背后还透露出一层更广泛的、国与国之间文化与文明的关系。

---

* 本文写于2015年4月。

"命运共同体"

现代经济学奠基人亚当·斯密在《国富论》中的首句话便开宗明义地提出了经济的核心问题:经济发展中最强大的力量是劳动分工,包括国际劳动分工。他写道:"劳动生产力、人类劳动技能以及思维判断力的大幅度提高,都是劳动分工的结果。"斯密在书中的所有分析都是围绕着这个基本点展开的。

此前虽已有人描述过劳动分工,但斯密的天才之处在于,他真正理解了它的含义——劳动分工的应用范围不仅在于国际贸易,在国家内部也有重大意义(世人皆知斯密强调劳动分工在国际贸易中的重要性,却忽视了他对后一点的理解)。马克思在"社会化劳动"的范畴之内进一步发展了这一概念。仅从劳动分工这个方面看待亚当·斯密和马克思,他们的分析可谓异曲同工。

劳动分工的细化产生了一个直接后果:生产者越来越依赖他人,即既需要来自他人的投入,又需要将产品卖给他人。这种劳动分工的最新形式便是当代的全球化,互联互通的生产网络遍布全球。作为一种先进的生产方式,全球化程度的提高不仅表现在零部件、贸易或原材料的跨国传输,也体现在投资、科技、教育、文化和人类文明的方方面面。中国的改革开放显示出,这个国家完全理解了全球化的含义。

马克思对社会主义中国的影响比亚当·斯密更加直接,但两人在劳动分工问题上并无根本性区别。从国家贸易保护主义在现代历史上出现的第一天起,马克思就对这种理论加以批判。

国际化生产为国家之间双赢关系打下了坚实的经济基础。通过在全球分工里专精于不同领域,每个国家都能实现比自给自足式模式更高的经济效率。经济实证研究非常清楚地显示,开放的经济体比封闭的经济体表现得好得多——中国的改革开放便是全世界最重大的案例之一。

所有国家的经济都面向国际开放,由此必然导致国家之间的相互关联程度加深,创造出一个"命运共同体"——这便是本届博鳌亚洲论坛的核心概念。国家之间要彼此增进贸易和投资,不但需要削减关税和建立自贸区等政策,还需为这种互动创造物质条件——比如建设港口、铁路、公路、机场和电信网络等基础设施。这便是中国提出亚投行等基建举措的重要性之所在。

中国的双赢 VS.美国的单赢

正如习近平在另一个场合中所指出的,国际劳动分工带来的优势意味着"一加一大于二"①。从亚当·斯密和马克思所代表的两条传统经济学都能分析得出同一个结论,即国际分工是一个互惠互利的过程。

因此,中国强调的"双赢"既不是一句空泛的口号,也不是某种让人"感觉良好"的心理暗示,相反,它是实实在在建立在基础性经济分析之上的。此外,不管其他国家是否拥有与中国外交政策相同的斯密主义或马克思主义基础,它们对中国"接地气"的务实提案肯定不乏兴趣。

亚投行的例子能很好地说明这一点。虽然美国试图说服其他国家不加入亚投行,但英国却一反常态地站到了美国的对立面,因为其看到了亚投行将带来的双赢局面。毫无疑问,中国是亚投行的赢家,将为亚洲的基础设施建设提供资金,从而促进中国的贸易发展。英国也将是亚投行的赢家,伦敦能够提供专业金融服务——基于这样的投入,英国从亚投行获得的利益甚至比其所占股本的比例还要高。

---

① "一加一大于二"指习近平在柏林与德国总理默克尔共同会见记者时提出的"中德关系发展到今天,两国务实合作的效应不再是简单的一加一等于二,而是远远大于二"。

与中国截然相反,美国阻止英国和其他国家加入亚投行,实际上提出了一套单赢的建议。在这种情况下,中国拥有将亚投行项目继续下去的财力,所以可能会成为赢家;但英国无法享受加入亚投行的好处,所以英国将成为输家。按照逻辑,英国青睐的方案,自然是"中国赢—英国赢",而不是美国提出的"中国赢—英国输"。

不同文明能不能互惠互利?

除了狭义的经济问题,劳动分工规模和深度的提升导致生产率提高,而这便是人类文明发展和文明之间相互往来的支柱——由此也引出习近平讲话所涉及的更广泛的主题。

人类起源于自给自足的小型社区。大约 5000 年前,这些社区发展成由城市统治的地域单位——产生了两河流域的美索不达米亚文明、尼罗河流域的古埃及文明、印度河流域的古印度文明,以及中原地带的古中国文明。正如习近平在博鳌亚洲论坛讲话中所说,"在漫长历史长河中,如亚洲的黄河和长江流域、印度河和恒河流域、幼发拉底河和底格里斯河流域以及东南亚等地区孕育了众多古老文明"。

公元前二三世纪,较大地域单位联合起来,构成了现代文化和现代国家的核心——在中国出现了秦汉大一统,在欧洲出现了罗马帝国,在印度出现了孔雀王朝。7 世纪以后,伊斯兰帝国在中东和中亚崛起,将中国、欧洲和印度这三大中心在经济上更紧密地联系在一起。1492 年,哥伦布横渡大西洋,为两岸建立了永久的经济往来,将所有大洲整合到一起,从而建立起有史以来首个真正的世界体系。

对外贸易、对外投资等领域在经济中所占的比重越来越大——这个过程的逐步深入便是现代全球化的实质。

更宽泛地来看,相较于文化和文明的一体化,全球经济一体化进程要快得多。诚然,在北京、纽约、巴黎、伦敦等世界大都市,人们都过着类似的现代生活:大家都开汽车、乘地铁、住公寓、玩智能手机、用社交媒体互动。全球文化甚至会出现短期性的集体"风尚"——韩国的崛起不仅表现在三星手机上,还体现在"江南 Style"视频全球播放超过二十亿次带来的轰动上!

但是追溯历史差异极大的人类起源,不同文化和文明之间依然存在着重大分歧。在现实生活中,我们无法强行将人性严格划分成"经济"和"文明"两个部分,真正的人同时拥有两个方面。所以在经济领域以外,不同文明和文化应如何彼此关联,以达到互惠互利的目的?

包容能解决"文明的冲突"

习近平已在不同场合好几次提到这个问题。他在博鳌亚洲论坛上的讲话主要是从政治方面进行阐述:

> 各国体量有大小、国力有强弱、发展有先后,但都是国际社会平等一员,都有平等参与地区和国际事务的权利。

他的讲话也涉及文化层面:

> 中国古代思想家孟子说过:"夫物之不齐,物之情也。"不同文明没有优劣之分,只有特色之别。要促进不同文明不同发展模式交流对话,在竞争比较中取长补短,在交流互鉴中共同发展,让文明交流互鉴成为增进各国人民友谊的桥梁、推动人类社会进步的动力、维护世界和平的纽带。

此前在联合国教科文组织总部的讲话中，习近平更加广泛地总结了中国对文化交流的思考，指出不同文明和文化都起源于人类经验的结晶：

> 文明是平等的，人类文明因平等才有交流互鉴的前提。各种人类文明在价值上是平等的，都各有千秋，也各有不足。世界上不存在十全十美的文明，也不存在一无是处的文明，文明没有高低、优劣之分。
>
> ……
>
> 文明是包容的，人类文明因包容才有交流互鉴的动力。海纳百川，有容乃大。人类创造的各种文明都是劳动和智慧的结晶。每一种文明都是独特的。在文明问题上，生搬硬套、削足适履不仅是不可能的，而且是十分有害的。一切文明成果都值得尊重，一切文明成果都要珍惜。
>
> 历史告诉我们，只有交流互鉴，一种文明才能充满生命力。只要秉持包容精神，就不存在什么"文明冲突"，就可以实现文明和谐。

因此，在中国的构想中，经济互动和文化互动是相辅相成的，它们都发源于一个共同的基础。经济的双赢源于全球分工；文化和文明的双赢来源于实践经验的相互作用，代表着人类文明发展的不同部分和各个方面。因此无论在经济上还是在文化与文明层面，中国提出的构想都是双赢的。

"美国例外论"

拿美国——尤其是美国新保守主义的概念与中国的视角作对比，将发现两者存在惊人的反差：美国的观点虽有个好听的名字，叫作"美国例外论"，但实际上它更准确的名字应该是"美国至上主义"——也就是说美国自认为比其他国家都优越,所以它应在前领导,其他国家随后跟从。正如美国外交政策专家迈克尔·曼德尔鲍姆所指出的那样,美国的外交政策是狭隘的:"美国的外交精英们有种坚定不移的信念,即世界需要美国的领导。"

美国前国务卿康多莉扎·赖斯为了证明这个概念,曾更宽泛地宣称:"美国的超然领导地位将保卫而不是阻碍全球进步。"

从流行话语的角度来看,美国频繁地宣称"美国是世界上最伟大的国家""美国是有史以来最伟大的国家",这套话语背后的逻辑是:包括中国在内的其他国家都是"低等国家"——因为既然美国"最伟大",那么自然其他国家都不如美国伟大。在这样的理论框架之中,美国将国际互动看作"零和游戏",而不是互惠互利的平等往来。一旦其他国家试图与美国建立平等关系,美国便会将其解读为"跟随者"的僭越,也就意味着美国将失去其"领导者"地位。

有了这种凌驾于别国之上的心态,美国自然另有一套经济分析。尽管美国经济学界偶尔也会象征性地提及亚当·斯密的名字,但其实他们早就抛弃了斯密的学说,即建立在互利性劳动分工基础之上的经济学观点(当然,美国更是从未认同过马克思主义经济学)。美国的"新自由主义/新古典主义"经济学早已取代了斯密等人的"古典经济学",并提出经济结构的基础是由彼此孤立、相互竞争的单位构成的。

亚当·斯密在经济学上的远大洞见得到了马克思的进一步发展,为理解个人发展与人类整体发展本质提供了理论基础——它们是并行不悖、相辅相成的——人类只有通过分工协作,才能提高生活水平以及充分满足个人需求。美国的新自由主义者将分工的概念替换为一场空洞的、虚假的、"所有人反对所有人"的竞争性战争。

不管在经济、文化还是文明层面,中国的概念都是双赢的、互惠互利的。与此相对，美国的概念都是竞争的、零和博弈的、美国享受至高霸权的。

中国的马克思主义观点不仅在基本理论层面更加正确，而且它在实践层面也正日益凸显——亚投行这个简单的例子已充分说明这一点。其他国家不甘于"追随"美国的"领导地位"，牺牲本国利益为美国创造单赢的局面；它们也不认为美国就应该处于更加优越的地位。这些国家支持中国提出的双赢政策，也认同中国向来秉持的相互尊重的外交态度。

中国的观念不仅表现在习近平在博鳌亚洲论坛的讲话上，更因为中国坚持双赢互惠的理念，美国在亚投行问题上才会遭遇"惨败"。

作为一名外国人，我认为习近平讲话的重要性不仅在于对亚投行和"一带一路"等倡议起到指导作用，更重要的是，它体现出中国的马克思主义"双赢"理念相对于美国新自由主义和"零和博弈"等外交理念的优越性。这种优越性为中国的外交政策带来了越来越明显的优势。

第五部分

中国与全球治理

16 APEC 峰会:中国人类命运共同体 VS.美国零和博弈*

中国全国人大外事委员会主任委员傅莹日前在"读懂中国"研讨会上作了以"在共同的屋顶下——中国的全球秩序观"(A Common roof-China View of Global Order)为题的演讲,其中就中美不同的地缘政治理念进行了分析。事实上,这也可能是本次亚太经合组织(APEC)峰会讨论的议题之一。傅莹指出:"围绕未来秩序的问题,在太平洋两岸的中国和美国进行着不同的争论。"

傅莹女士的演讲主要分析了中美政治与战略理念的差异及其对全球治理的影响。除此之外,她还具体谈到了中美经济理念的差异,对中国实现全面建成小康社会和"十三五"规划目标的影响。概括来说,中国正积极推进的《区域全面经济伙伴关系协定》(RCEP)与美国主导的《跨太平洋伙伴关系协定》(TPP),是中美不同经济理念的体现。因此,本文旨在分析 APEC 峰会背后的关键经济议题。

---

* 本文写于 2015 年 11 月。

中国的"人类命运共同体"理念 VS.美国的"零和游戏"理念

中国在亚太地区的基本经济理念很明确,用战略术语来说,就是习近平所提出的"人类命运共同体"理念。这种理念具体的经济基础源自亚当·斯密在经济学的奠基之作——《国富论》中的第一句话:"劳动生产力、人类劳动技能以及思维判断力的大幅提高,都是劳动分工的结果。"马克思则认为,"劳动社会化"建立在劳动分工的基础之上,能使经济效率最大化。他对劳动分工的认识与亚当·斯密的分析可谓异曲同工。但在现代经济社会,劳动分工已日趋细化。这必然意味着,劳动分工将不只限于国内,而且会延伸至全球——意即唯有全球化型经济体才能达到最高经济发展水平。

因此,没有哪个国家能建立一个高效的自给自足的经济体。国家想要有所发展,就唯有参与国际劳动分工——这就为"命运共同体"理念提供了经济基础。换句话说,"命运共同体"理念创造了 1+1>2 的基础。

中国、美国和整个太平洋地区国家能否保持最佳关系,取决于经济现实。中国与美国不仅是世界最大经济体,而且同时也是世界最大贸易国。因此,作为整个亚太地区最强劲的经济增长点,中美双方有潜力建立互利关系。而且中美建立互惠互利关系不仅是彼此的最优选择,还会成为整个亚太地区经济发展最强劲的增长引擎。这将会给中美双方与这个地区的所有其他国家的经济发展带来最强大的动力。此外,中美建立良好的合作关系符合中国的利益,因为这不仅有助于中国在"十三五"期间实现全面建成小康社会的目标,而且也同时符合正寻求最大化经济发展的整个亚太地区的利益。

这正是中国在经济层面积极推动 RCEP,在政治层面谋求与美国建立"新型大国关系"的原因所在。这样的发展方向符合寻求实现繁荣的亚太地区的需要。但遗憾的是,事实证明,美国目前正在寻求与中国直接对抗的道路。

TPP——美国在亚太地区创建"缓慢增长俱乐部"

要看清美国主导的TPP的真实本质,就有必要对其12个潜在签约国的基本经济数据作一个梳理。其中同属G7国家的美国、日本和加拿大,加上澳大利亚,4国GDP占了12国GDP比重的90%,参与国中的发展中经济体(墨西哥、马来西亚、智利、越南、秘鲁)加起来则仅占12国GDP比重的8%。

图16-1也显示,1985年的时候,12个TPP潜在签约国GDP占世界GDP的比重为54%,2014年这一比重则降至36.2%。因此,12个潜在签约国的GDP占亚太地区的比重并不算大。而且其中处于主导地位的发达国家与其中处于次要地位的发展中国家占世界GDP比重已大幅度下降。

TPP潜在签约国占世界贸易比重也大大低于其占世界GDP比重,且呈下降趋势——世界银行数据显示,其占世界商品贸易比重从1984年的33%降至2014年的25%。英国广播公司(BBC)等媒体机构声称"TPP

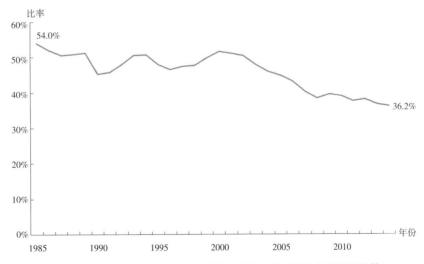

图 16-1　12 个 TPP 潜在签约国占世界 GDP 比重(根据当前汇率计算)

资料来源:根据国际货币基金组织2015年10月发布的《世界经济展望》数据计算。

参与国占世界贸易比重的 40%",是非常不负责任的说法,因为其是完全错误的。

TPP 参与国占世界贸易比重显著低于其占世界 GDP 比重显示,其是一群相对封闭的经济体,在世界贸易体系发挥的作用也低于世界平均水平。因此,TPP 根本不同于涵盖绝大多数世界贸易国的世界贸易组织或者中国倡导的涵盖绝大多数亚太经济体的 RCEP。

美国创建 TPP 是因为美国经济增长减速吗?

答案是,美国创建 TPP 是顺应其经济趋势。美国 GDP 占其主导的 TPP 国家比重的 62%。美国经常鼓吹的一个神话是,美国是一个充满活力的经济体。但事实是,美国经济正大幅度放缓,其占世界经济比重亦呈下降趋势。美国的神话源自最拙劣的一种统计花招,即"以个例代表总体",比如以苹果等真正成功的企业为例,掩盖其经济总体下降的趋势。事实上,按照当前汇率计算,美国经济占世界 GDP 比重从 1984 年的34% 降至 2014 年的 23%,同期美国经济占世界商品贸易比重则从 15%降至 11%。

更重要的是,美国经济减速已超过半个世纪。以能消除短期经济周期波动影响的 20 年移动平均线计算,美国 GDP 年均增长率从 20 世纪60 年代末的 4.4% 分别降至 20 世纪 70 年代末的 4.1%、2000 年的 3.5%、2015 年的 2.4%。详细的分析显示,这是源于美国固定投资占美国 GDP比重下降所致。但需要指出的是,就目前而言,美国想要快速扭转经济长达半个世纪的放缓趋势,这是不可能的。

美国的目标是让其他国家经济减速

鉴于短期内使美国经济加速没有可行性，因此维持美国经济与地缘政治优势的唯一方法就是设法使竞争对手的经济减速。一旦了解了这一点，那么美国拉着一帮增长相对缓慢和封闭的经济体加入 TPP 的目的，貌似不合逻辑，但也不言自明了。

没错，美国构建 TPP 的目的是设法减缓竞争对手的经济增速。要确保这一点，就必须确保美国私营企业在 TPP 参与国的合法权益，甚至确保其权利高于参与国政府。因此，私营企业（主要是美国的私营企业）有权在 TPP 框架之内在美国主导的法庭起诉参与国政府，影响被起诉国政府的决定。

正如美国知名经济学家杰弗里·萨克斯就 TPP 条款指出的："其共同点是，它们确保企业资本力量高于社会其他部分力量，甚至包括 TPP 参与国政府……协定最令人震惊之处是'投资者—国家争端解决机制'（ISDS）给予投资者过高的权利，以及版权和专利覆盖的不当扩张。我们曾经见过这样的案例：企业在现有的贸易和投资协定中利用 ISDS 机制骚扰政府，以避免政府实施法规和司法判决所带来的负面效应影响企业利益。TPP 的这种机制既危险也无必要……这会打击所有签约国的司法体系。"

TPP 的一些条款非常奇怪。比如，最令人吃惊的一点是，TPP 事实上给予软件公司（绝大部分是美国软件公司）法律保护，监控参与国政府。TPP 第十四、十七条款规定："TPP 成员国的任何一方不得要求软件设计方转让或提供源代码，这适用于进口、分配、销售的软件或者包括这种软件的产品。"同时，条款还指出，这不适用于银行、商业企业等"关键基础设施"。

简而言之，TPP 理念不是最大化帮助亚太地区国家实现繁荣，而是确保美国的霸权地位。正如傅莹所说："美国国内关注的焦点是如何确保美国在世界上保持领导地位。"因为美国经济短期内不可能增速，美国维持其主导地位的唯一方法就是减缓竞争对手的经济增速。这就是美国制定 TPP 规则的目的。

如果美国能成功减缓中国经济增速，那么将会对后者外交政策产生重大影响。因为这将减少中国经济对其他国家的吸引力。

当然，美国减缓竞争对手经济增速的战略直接违背了中国的利益。因为其试图阻止中国在"十三五"期间实现全面建成小康社会，然后迈入高度繁荣社会的目标。这也会减缓区域内总体经济增速。也就是说，TPP 损害的是整个亚太地区的利益。

亚太地区利益 VS.美国利益

因此，APEC 峰会上亚太地区利益与美国利益的博弈，实质上是中国正积极推进的 RCEP 与美国主导的 TPP 的角力。中国正积极推进的 RCEP，不仅符合中国和亚太地区利益，而且会最大化帮助亚太地区经济发展。相反，美国主导的 TPP 则是寻求在此框架内确保美国的主导地位，但这会减缓整个亚太地区经济发展。

因此，中国与其他国家要想在本次 APEC 峰会期间最大化其经济发展，就需要对 RCEP 与 TPP 完全不同的本质与目标作出回应。因为 RCEP 符合正寻求最大限度地发展经济的整个亚太地区的利益，其也代表整个地区人民乃至全球人民的利益。因为 TPP 的法律特征会导致美国经济增速放缓，给美国人民带来直接和间接的负面影响，TPP 也已受到美国国内主要政治反对派的反对。比如民主党的两个总统候选人希拉里·克林顿和伯尼·桑德斯与共和党热门总统候选人唐纳德·特朗普就明确反对

TPP。美国国会是否最终批准 TPP,还有待观察。

美国国内反对 TPP 的激烈程度将决定 TPP 能否被批准,将决定能否进一步阻碍目前美国试图扩大 TPP 的限制性框架。这样的新形势符合中国与其他亚太国家人民的利益。所以有必要与美国国内反对 TPP 的势力结盟,增强其力量。

至于总体框架内的策略, 除中国正在积极推动的自由贸易协定和 RCEP 外,TPP 强制参与国确保美国与其企业的权利凌驾于各参与国政府之上,这将不可避免地导致 TPP 参与国的反对情绪日渐增长,也将进一步使参与国的经济增速放缓,最终会导致参与国寻求与经济更快速增长的中国等非 TPP 成员国另行达成自由贸易协定或其他协定。

最后, 大家应该已完全明白, 美国的战略旨在将中国排除在 TPP 之外。事实上,这将会使美国通过 TPP 打击中国的目的落空。因为中国不受 TPP 限制, 因而不会像其他经济体一样受其影响经济增速放缓。如果在 TPP 外的中国继续保持更快的经济增速,那么这必然将导致其他国家转而与中国达成协定。因此,美国的目的是在以后与中国谈判。但美国的意图,是试图将抑制中国经济增长的规则强加于中国,以确保中国不再繁荣。

如果 TPP 最终获得批准,那么将损害中国和其他国家的利益。因此,可以想见的是,在一段时期内,TPP 将不会促进经济增长。这也给了中国视不同情况作出选择的机会: 要么与个别 TPP 成员国达成协议作为其 RCEP 战略的一部分;要么美国修订更多条款并清除 TPP 中一些更具危险性的条款,允许中国参与到更广泛的协议之中,以促使其经济更快速发展。

因此, 中美的不同理念涵盖本次 APEC 峰会背后的政治和全球治理,以及与整个亚太地区的繁荣等议题。亚太地区要么接受中国的"命运共同体"道路,最大化推动其实现繁荣;要么接受维系美国经济霸权的美国"零和游戏"的道路,从而遏制参与国经济增长并降低其国内生活水平。这会是本次 APEC 峰会讨论的主要经济框架议题。

鉴于这些议题涉及的层面非常广泛,它们将不会在本次峰会上最终得到解决,但这些议题将会决定亚太地区未来数年的命运。

17 举办 G20，中国期待设置全球议程 *

　　毫无计划和方向的澳大利亚布里斯班 G20 峰会，与备受瞩目的北京 APEC 峰会形成了鲜明的对比：首先，G20 东道主国澳大利亚颇受排挤，如英国《卫报》所描述的："奥巴马让气候变化问题成为焦点，澳大利亚本国的议程只能靠边站了。"

　　一些 G7 代表国试图将 G20 峰会聚焦"乌克兰事件"，"抱摔"普京。但这样的分化毫无意义，包括俄罗斯在内的金砖国家领导人以及联合国先前的投票都已经表明，世界上大多数政府都不会赞成美国和西欧国家对乌克兰的政策。

　　与之形成鲜明对比的是，北京的 APEC 峰会清晰地聚焦于亚洲基础设施建设和亚太自由贸易区这两个互相关联的主题上。峰会期间，中韩两国宣布中韩自由贸易区实质性谈判结束；峰会刚一结束，中美两国就发表了关于气候变化的联合声明。

　　然而这两大峰会的不同最主要的还不在于主办方。澳大利亚想要避

---

* 本文写于 2014 年 11 月。

开气候变化议程,还提出要与普京"正面交锋",这些徒劳之举都没有建设性可言,但却反映了世界经济的整体形势。

G7 国家经济"新平庸"困局

国际货币基金组织总裁克里斯蒂娜·拉加德形容目前的全球经济状况用了一个引人瞩目的新词:"新平庸"。世界经济增长的两大引擎欧洲和日本实质上是零增长;美国经济看似在复苏,2014 年第三季度,美国经济同比增长 2.3%,但实质上是低于历史水平的;巴西和俄罗斯两大金砖国家经济体相对停滞;一些撒哈拉以南非洲的经济体正在迅猛增长,但是这些经济体的影响力不够大,不足以决定全球经济形势。

只有主要的亚洲发展中经济体还在持续快速增长。2014 年第三季度,中国的 GDP 增长 7.3%,印度是 5.7%,虽然比起其增速最高峰都有所下滑,但还是远高于 G7 国家的增长。这两大经济体是亚洲经济增长持续位居全球首列的根本原因。

大众情绪和潜在的社会冲突同样反映了全球经济趋势。G7 国家公众的失望态度反映了这样一个现实:即便在某些情况下经济在复苏,但这种复苏并没有提高人们的生活水平。美国的工资中值比 7 年前还要低,英国也正在遭遇该国历史上最为严重的个人收入水平下降,许多南欧国家的失业率高得让人吃惊。美国财政部部长劳伦斯·萨默斯比拉加德更悲观,他认为美国和 G7 国家的经济形势是"长期停滞"——即旷日持久的低增长。

全球最有名的民意测验机构之一美国皮尤研究中心在反映这些经济趋势时得出结论称,在 G7 国家中,"悲观是普遍的"。在表达这种失望情绪时,《纽约时报》最近也用了"新平庸"这个词,它不但用来描述经济,甚至还称美国时尚潮流、电视节目等,也陷入"新平庸"。

悲观情绪引发动乱频繁

经济形势不佳让 G7 国家的政治氛围也一片暗淡。最近的美国民意调查发现,65%的美国人认为下一代会过得比这一代还糟。美国人对美国政治体制的信心跌到了低点,只有 13%的美国人相信政府大多数时候会做正确的事情。另一个民意测验则表明,只有 33%的人相信美国走在正确的道路上,62%的人认为美国的方向错了。在美国,民主党总统和共和党控制的国会之间僵持不下。而在欧洲,像法国国民阵线这样的种族主义右翼政党正在崛起,分离主义和独立主义的运动也风起云涌。

在一些发展中国家,缓慢的全球经济增长转化成比发酵的政治情绪还糟糕的社会动乱与武装冲突。从严重的恐怖主义到全面内战,一道不稳定的弧线正从西非穿过北非的大部分地区(利比亚、埃及),直到西亚和中亚的一些地区(叙利亚、伊拉克、也门、阿富汗和巴基斯坦部分地区)。这道弧线的西北部便是爆发内战的乌克兰。

皮尤研究中心的调查发现,在最大的几个经济体中,中国依然是例外,87%的中国人"对我们国家正在发生的事情感到很满意"。中国,尤其是西部的新疆也有恐怖袭击事件,但是与非洲和亚洲其他地区相比,这些事件都很微不足道。

将经济发展与公众情绪和社会稳定相互关联合情合理。皮尤研究中心的研究表明,一个国家几乎 2/3 的经济乐观主义和悲观主义情绪是由其经济增长有多快决定的。2014 年第三季度,中国经济增长速度是美国的 3 倍多,这就不难解释中美两国在公众情绪上的不同了。

中国的倡议对全球有益

针对这一背景,中国在亚太经合组织峰会和 G20 峰会上的倡议对中国和全球经济都是有益的。中国的增长还不足以决定 G7 经济体的形势,但是现在却强有力地影响着发展中经济体的大局。总体来讲,中国经济的增长正在为非洲和拉丁美洲的发展助一臂之力。但是中国能够最直接积极主导的地区还是亚洲这一全球增长的核心地区。

从汇率价格计算,中国是仅次于美国的世界第二大经济体。世界银行以西方经济学家青睐的购买力平价来估测,中国现在已经是世界最大的经济体了。即便是以汇率价格来衡量,中国 2013 年对世界经济增长的贡献是 11038 亿美元,而美国是 5550 亿美元,中国的贡献几乎是美国的两倍。中国是大多数亚洲国家的最大贸易伙伴。未来 10~20 年,亚洲范围内仅次于中国的最大经济体将是印度。以购买力平价来衡量,印度的经济已经超越日本。再看印度和日本的相对增长率就会发现,以汇率价计算,印度经济取代日本只是时间问题。中国已经是印度最大的贸易伙伴。中国和印度也共同成为快速增长的经济大国中最具潜力的国家。

然而阻碍印度发展的决定性挑战是基础设施的匮乏。这一现实为世界上最有潜在成效的经济合作创造了基础。中国可以为印度需要的基础设施提供资本,派驻建筑公司。这也是印度不顾美国反对,执意要加入中国发起的亚洲基础设施投资银行的原因。

中国往西最核心的基础设施项目是"新丝绸之路"。"新丝绸之路"两端将由世界最大的工业生产区域压轴,其一是中国,其二是世界最重要的能源产地中东。这将连接起帮助中亚、推动北亚地区发展的通途。

基础设施建设对东南亚同样重要。即便是现代工程师,也很难在中印之间建起一条直穿喜马拉雅山的通道。因此,"21 世纪海上丝绸之路"

与陆上丝绸之路同样必要。但是在东南亚,建设铁路、公路的可能性更大,中国将在其中扮演重要角色。

中国主办G20峰会意义重大

亚洲地区最可持续也是发展最快的经济体,也将成为其他经济体的最佳支持伙伴。从《中华人民共和国政府和大韩民国政府自由贸易协定》便可以看出,韩国很明显是打算将自己与中国的发展捆绑在一起。甚至连安倍似乎也认为与中国对抗会伤害日本经济,最近他也在试图缓解中日紧张局势。

当然,除了经济上的挑战,仍然还存在地缘政治问题。鉴于亚太地区经济发展的不均衡,中国提出的"亚太自由贸易区"计划是最佳发展策略,这一策略使得亚太地区最大可能地为世界经济发展贡献力量。

与此相反,美国除了试图阻碍亚投行以外,还极力倡导主要使美国受益的TPP,而且TPP狭隘地将中国这一世界最大贸易国排除在外。与中国主导的"亚太自由贸易区"相比,这一由停滞经济体主导、美国操纵的"跨太平洋伙伴关系"对世界经济来讲,本质上是雪上加霜。

基于以上因素,中国2016年主办G20峰会意义重大。2015年的峰会已经确定由土耳其主办。通常,G20东道主国会主导峰会的准备工作和议程设置。中国主办G20峰会的意愿表明中国希望设置全球日程。因此,希望中国能够将本届亚太经合组织峰会上已见成效的工作带到G20峰会。

因此,接下来的两年不仅是对中国经济战略的重要检验,也是对中国外交的检验。

18 G20 是改善全球经济治理的关键 *

自 2008 年全球金融危机之后,世界经济形势发生了重大改变,发展中国家——尤其是中国的地位发生了关键性变化。然而这些变化却没能在全球经济治理体系中得到充分反映。这一现象反映了全球各个经济体的结构及它们所选择的战略中的瑕疵。本文将分析这两个现象相互间的联系。

世界经济的几种趋势

首先我们来看全球经济结构。表 18-1 显示的是自国际金融危机以来世界范围内 GDP 和贸易在较长时间内的变化。我们选出了几个代表关键性变化的年份:

• 1989 年——"华盛顿共识"出炉,这是国际货币基金组织和世界银行推动并占主导地位的发展战略。

• 1993 年——部分国家的经济数据得以公开。

• 2007 年——全球金融危机爆发的前一年。

---

* 本文写于 2016 年 9 月。

● 2015 年——最新公布的数据。

表 18-1 显示,1989—1993 年之后,发展中经济体在世界经济中的比重迅速增加,这种趋势在 2007 年以后更为明显。

● 以当前的汇率换算,发展中经济体在全球 GDP 中的份额从 1993 年的 15%上升到了 2015 年的 35%。

● 以购买力平价计算,发展中经济体在全球 GDP 中的份额由 1989 年的 36%上升到了 2015 年的 53%。

● 发展中经济体的全球贸易份额由 1993 年的 18%上升到了 2015 年的 31%。

中国在发展中经济体中乃至全球的位置都在大幅度上升。

● 以市场汇率计算,中国占全球 GDP 的份额由 1989 年的 2%上升到 2015 年的 15%;以购买力平价计算,则由 4%上升到了 17%。中国在全球贸易中的份额由 1%上升到了 11%。

表 18-1　国际金融危机以来世界范围内 GDP 和贸易在较长时间内的变化

全球 GDP 和贸易				
年份	1989	1993	2007	2015
以当前汇率计算的全球范围内的 GDP 百分比				
发达经济体	84%	84%	75%	64%
发展中经济体	16%	15%	25%	35%
中国	2%	2%	6%	15%
中国在发展中经济体的比重	11%	11%	25%	42%
以购买力平价计算的全球范围内的 GDP 百分比				
发达经济体	63%	63%	55%	47%
发展中经济体	36%	36%	44%	53%
中国	4%	5%	12%	17%
中国在发展中经济体的比重	11%	14%	26%	33%
以当前汇率计算的全球范围内的商品和服务类贸易的百分比				
发达经济体	83%	83%	75%	69%
发展中经济体	17%	18%	25%	31%
中国	1%	1%	6%	11%
中国在发展中经济体的比重	6%	8%	26%	35%

资料来源:世界银行全球发展指标统计。

• 以当前的汇率计算,2015 年中国在发展中经济体 GDP 总额中占到了 42%,以购买力平价计算则为 33%,而其全球贸易的份额是 35%。

中国的发展模式

鉴于中国在全球发展中展现出最为成功的经济政策,其社会主义发展模式无疑要比国际货币基金组织和世界银行推动的"华盛顿共识"更为成功。

这一结论在表 18-2 中有所体现。表 18-2 不仅展示了中国的人均 GDP 年均增长率,还包括了越南、柬埔寨和老挝这三个深受中国发展策略影响的经济体的情况。

1993—2015 年,中国、柬埔寨、越南和老挝的人均 GDP 增长分别名列第一、二、三、四位。该排名未考虑一些边缘化的案例,例如人口少于 500 万或石油生产占主导地位的国家。1989—2015 年,中国、越南、老挝的人均 GDP 增长分列前三名。1978 年以来,中国的经济增长超过了其他任何一个经济体。

中国的经济发展模式与西方的资本主义模式在消除贫困方面的成果大相径庭。自 1981 年起,根据世界银行的贫困标准,中国有 7.28 亿人口摆脱了贫困。另一个社会主义国家越南在相同标准下的脱贫人数也达到了 3000 万。而世界的其他地方仅有 1.2 亿左右的人口脱离贫困。

综上所述,世界上 83% 的贫困人口在中国得以脱贫,85% 的人口在社会主义国家脱贫,而在资本主义国家中摆脱贫困的人口仅有 15%。

表 18-2　中国、柬埔寨、越南、老挝四国的人均 GDP 增长

	以通胀调整价格计算的人均 GDP 增长		
年份 国家	1978—2015	1989—2015	1993—2015
	年平均增长率		
中国	8.6%	8.8%	8.8%
柬埔寨	无	无	5.5%
越南	无	5.4%	5.4%
老挝	无	4.8%	5.2%
各国平均数 [1]	1.6%	1.8%	2.3%
各国中位数 [1]	1.5%	1.6%	2.0%
国家	排名		
中国	1	1	1
柬埔寨	无	无	2
越南	无	2	3
老挝	无	3	4
参与数据统计国家的总数 [1]	70	85	94

注：1. 包括 2015 年非以石油为主导、人口在 500 万以上的经济体。
资料来源：世界银行全球发展指标统计。

全球治理中存在的问题

如果正如上述事实所展示的中国的经济发展战略力压"华盛顿共识"一筹，那么为什么国际货币基金组织和世界银行还要继续力挺这一失败的经济模式呢？答案很大程度上在于当前全球经济治理体制存在结构性的问题——尽管这些体制已不能应对上述分析的世界经济的变化。

这些问题在表 18-3 中有清晰的体现。表 18-3 对在国际货币基金组织与国际复兴开发银行这一世界银行最为重要的放贷机构的表决权份额与世界范围内的 GDP 比率进行对比，并分析了三组经济体：美国、除美国以外 G7 的其他成员国，以及最为重要的发展中经济体——金砖五国。主要问题如下：

- 国际货币基金组织的关键决策需要 85% 的多数票才能通过，而一

个重要的事实是,美国占有 16.6% 的表决权,这就意味着美国在国际货币基金组织中是唯一一个拥有否决权的国家。而在世界银行的体系中,美国也同样是唯一一个拥有否决权的国家。

• 除去美国,G7 中的其他成员国相对于它们在世界范围内的 GDP 份额享受了过多的表决权。在当前的汇率中,它们的 GDP 份额是 22%,而它们在国际货币基金组织中却拥有 24.9% 的表决权。若以购买力平价计算,它们仅有 15.6% 的全球 GDP 份额。这表明它们过度占有了国际货币基金组织的表决权。

• 金砖国家作为世界最重要的新兴经济体,没有得到应有的份额。以当前的汇率计算,它们在全球份额内的 GDP 比重是 22.2%,若以购买力平价计算,则是 30.8%,而它们在国际货币基金组织中的表决权仅有14.1%。这主要是由于中国的表决权不足。以当前的汇率计算,中国在全球范围内的 GDP 份额为 14.8%,若以购买力平价计算,其份额为 17.2%,而中国却仅有国际货币基金组织 6.1% 的表决权。

在全球治理结构不合理的状态下,未能给予以中国为代表的发展中国家应有的参与度,这无疑导致了诸如"华盛顿共识"这样失败的发展策略继续存在。

表 18-3　世界范围内 GDP 份额与
在国际复兴开发银行及国际货币基金组织内的表决权

国家及经济体	世界范围内 GDP 比率		表决权份额	
	购买力平价	当前汇率	世行国际复兴开发银行	国际货币基金组织
美国	15.8%	24.4%	16.6%	16.6%
美国以外的七国集团成员	15.6%	22%	24.2%	24.9%
日本	4.2%	5.6%	7.2%	6.2%
德国	3.4%	4.6%	4.2%	5.3%
法国	2.3%	3.3%	3.9%	4.1%
英国	2.4%	3.9%	3.9%	4.1%

国家及经济体	世界范围内 GDP 比率		表决权份额	
	购买力平价	当前汇率	世行国际复兴开发银行	国际货币基金组织
意大利	1.9%	2.5%	2.5%	3.0%
加拿大	1.4%	2.1%	2.5%	2.2%
七国集团全体成员国	31.4%	46.4%	40.8%	41.5%
金砖五国	30.8%	22.2%	13.6%	14.1%
巴西	2.8%	2.4%	1.8%	2.2%
俄罗斯	3.2%	1.8%	2.9%	2.6%
印度	7.0%	2.8%	3.0%	2.6%
中国	17.2%	14.8%	5.1%	6.1%
南非	0.6%	0.4%	0.8%	0.6%

资料来源:世界银行国际复兴开发银行、国际货币基金组织表决权及世界银行世界发展指标统计的全球范围的 GDP 份额(%)。

G20 的关键作用

鉴于国际货币基金组织和世界银行的转变需要漫长的时间,我们需要加强 G20 的作用,贴近全球经济治理布局并更好地反映世界经济的真实结构。

回顾 1989 年,那时 G7 还不是正式的决策组织,但因为其成员国的 GDP 份额以当前汇率计算占全球的 2/3(67.4%),在世界经济平台上起到了举足轻重的作用, 因此 G7 政策上的协调事实上对于世界范围内的经济政策的制定起到了主要作用。但是到了 2015 年,G7 在世界范围内的 GDP 比重跌至半数以下(46.4%),而若以购买力平价计算则由 1990 年的 47.1% 滑落至 2015 年的 31.8%。

与 G7 日趋减弱的作用相比,G20 的经济体更具有决定性。以当前汇率计算,其占据了全球 85% 的 GDP,若以购买力平价计算则是 80%。G20 成员国之间的协作将会对世界经济政策起到重要作用。

因此,强化 G20 的作用是在世界经济的新结构下加强全球经济政策协调和治理的关键步骤。

19 不要只关注上合"朋友圈"内的事 *

2018 年上合组织青岛峰会即将召开，关于此次峰会的分析有很多，其中大多是聚焦在上合组织内部各成员国之间的关系。但国际局势稳定对上合组织发展的重要性日益明显。因此有必要对上合组织外部面临的国际形势，尤其是西方经济体陷入"新平庸"/大停滞背景下所带来的地缘政治动荡影响进行分析。

上合组织周边地区的地缘政治动荡显而易见：

● 上合组织的西面，军事冲突范围从西非与北非延伸至叙利亚和伊拉克。只不过西非与北非是小打小闹(尼日利亚极端组织"博科圣地"肆意猖獗、索马里极端组织"青年党"与政府军频频交火、沦为失败国家的利比亚乱成一锅粥，等等)，叙利亚和伊拉克则陷入全面战争。至于黑海西部和北部，2014 年乌克兰爆发政变及武装冲突，高加索部分地区恐怖主义问题依然存在。

● 上合组织的南面，阿富汗战争仍在继续。

---

* 本文写于 2018 年 6 月。

● 上合组织的东面，美国继续在南海和台湾问题上对中国进行挑衅，同时对朝鲜进行军事威胁。

● 至于全球层面，美国对俄罗斯实施制裁，对日本、加拿大、墨西哥和欧盟等美国重要盟友产品征收关税，其国内反华强硬派甚至主张对中国产品加征关税。

鉴于周边地区动荡，成员国覆盖欧亚大陆绝大多数的土地，人口占全球总人口40%以上的上合组织的重要性不言而喻。

有观点认为，就地缘政治形势与全球经济之间的关系而言，地缘政治风险对经济增长构成威胁。本文将要说明的是实际情况恰恰相反：经济增长放缓如西方经济体深陷"新平庸"/大停滞会造成地缘政治动荡。

这反过来会对上合组织成员国发展前景产生重要影响。如果地缘政治动荡是西方经济体长期缓慢增长的结果，而非原因，那么西方经济体这种长期缓慢增长的模式，以及地缘政治动荡仍将继续。因此，上合组织作为稳定的堡垒的重要性将进一步增加。

本文旨在说明，上合组织面临的国际形势是，虽然西方经济体不会发生1929年式的灾难性危机，但其陷入"新平庸"引发的地缘政治动荡将持续相当长一段时间。

西方陷入"大停滞"

大多数媒体在分析全球经济形势时，是用"大衰退"（Great Recession）这个词描述2008年国际金融危机后的西方经济形势，而与1929年的"大萧条"（Great Depression）形成对比。但"大萧条"说法具有误导性，因为根据其词义，20世纪30年代经济活动是陷入长期低迷，而2008年后的形势则是衰退后迎来急剧复苏，"萧条"和"衰退"这两个用词的对比代表了人们对两次经济危机后不同经济走势的看法。但正如下文所示，事实正好相反：2008 年国际金融危机后西方经济体经济缓慢增长持续的时间长于 1929 年后。

鉴于此，如果觉得有必要在标题中加个"大"字，以凸显西方当前的经济形势，最好用"大停滞"或者"新平庸"来代替 。因为这些事实对于了解全球地缘政治形势至关重要。下文将对此进行详细分析。

1929—1940 年与 2007—2018 年 G7 的 GDP 增长率比较

首先分析代表西方主要经济体的 G7 整体经济形势。为便于大家对此有直观的认识，图 19-1 为大家呈现 1929—1940 年与 2007—2018 年 G7 的 GDP 增长率比较。有必要指出的是，1929—1940 年与 2007—2017 年数据均为实际数据，2018 年数据是引用 IMF 最新预测数据。

• 1929—1940 年 G7 总体 GDP 增长 20.2%。应特别指出的是，1929 年后 G7 经济衰退比 2007 年后更严重，但复苏相对迅猛快速。也就是说，从某种意义上来说，将 20 世纪 30 年代的危机称为"大衰退"更合适。之所以使用"大萧条"这个词，是因为它适用于 20 世纪 30 年代的美国形势。但事实将证明，美国只是个非典型的个例，不能代表西方经济体的（主要指 G7）整体趋势。

• 相比之下，2007—2018 年 G7 的 GDP 仅增长 13.8%，显著低于 1929 年后的增速。

因此，将 20 世纪 30 年代的阶段称为"大萧条"，把 2007 年后的阶段称为"大衰退"带有明显的误导性。这恰恰掩盖了西方主要经济体在 2008 年金融危机后，GDP 增速慢于 1929 年后的事实。

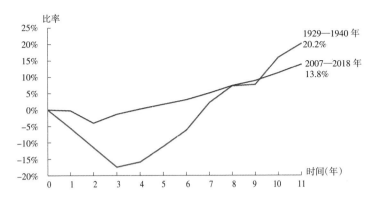

图 19-1　1929—1940 年与 2007—2018 年七国集团 GDP 增长率比较
（以剔除通胀因素后的美元计价）

资料来源：根据安格斯·麦迪森《世界经济千年史》、IMF《2018 年世界经济展望报告》数据计算。

下面将对 G7 各成员国经济形势做进一步的分析。

日本 1929—1940 年的 GDP 增长 63.7%，2007—2018 年则仅增长 13.3%，前者近乎是后者的 5 倍。

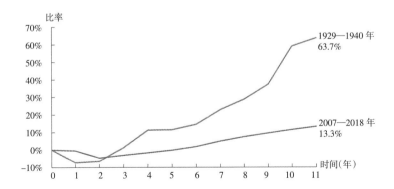

图 19-2　1929—1940 年与 2007—2018 年日本 GDP 增长率比较
（以剔除通胀因素后的美元计价）

资料来源：根据安格斯·麦迪森《世界经济千年史》、IMF《2018 年世界经济展望报告》数据计算。

德国的经济表现与日本如出一辙。1929—1940 年德国 GDP 增长 43.8%,而 2007—2018 年仅增长 15.2%,前者几乎是后者的 3 倍。

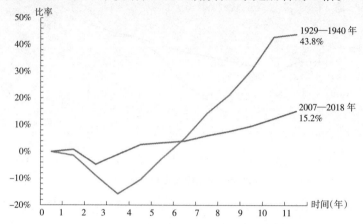

图 19-3　1929—1940 年与 2007—2018 年德国 GDP 增长率比较
(以剔除通胀因素后的美元计价)

资料来源:根据安格斯·麦迪森《世界经济千年史》、IMF《2018 年世界经济展望报告》数据计算。

英国在 1929—1940 年 GDP 增长 31.5%,2007—2018 年仅增长 13.3%,前者几乎是后者的 2.5 倍。

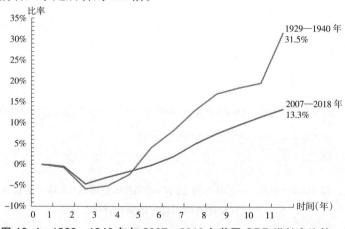

图 19-4　1929—1940 年与 2007—2018 年英国 GDP 增长率比较
(以剔除通胀因素后的美元计价)

资料来源:根据安格斯·麦迪森《世界经济千年史》、IMF《2018 年世界经济展望报告》数据计算。

意大利在 1929—1940 年 GDP 增长 24.2%，而 2007—2018 年增长-4.1%，可见，前者远高于后者。

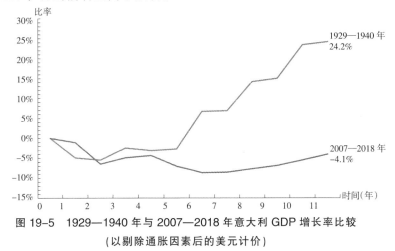

图 19-5　1929—1940 年与 2007—2018 年意大利 GDP 增长率比较

（以剔除通胀因素后的美元计价）

资料来源：根据安格斯·麦迪森《世界经济千年史》、IMF《2018 年世界经济展望报告》数据计算。

美国在 1929 年后，复苏远慢于 G7 其他成员国，花了 7 年时间才恢复到 1929 年的经济水平。

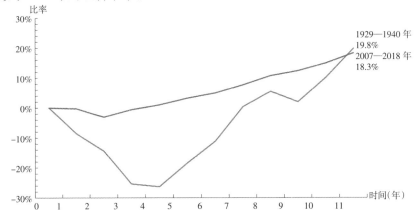

图 19-6　1929—1940 年与 2007—2018 年美国 GDP 增长率比较

（以剔除通胀因素后的美元计价）

资料来源：根据安格斯·麦迪森《世界经济千年史》、IMF《2018 年世界经济展望报告》数据计算。

1929—1936 年,美国 GDP 增长仅为 0.4%,意大利为 6.9%,英国为 13.0%,德国为 14.3%,日本为 22.9%。因此,"大萧条"适用于描述 1929 年后的美国形势。然而事实证明,其他 G7 国家的经济复苏要比美国强劲多了,它们在 20 世纪 30 年代后期经济有了较快增长。所以因为美国这一个个例,而用"大萧条"来形容 1929 年后的全球经济形势,有以偏概全之嫌。

尽管美国复苏缓慢,但 1929—1940 年美国 GDP 仍增长 19.8%,而 2007—2018 年仅增长 18.3%。同样是 11 年,预计到 2018 年年底,美国 GDP 增速也还是会慢于 1929—1940 年的增速。

美国和 G7 其他主要成员国德国、日本和英国的复苏,是 1929—1940 年 G7 整体 GDP 增速显著快于 2007—2018 年的主要原因。而加拿大和法国,这两个较不重要的 G7 成员国,其 1929—1940 年的 GDP 增速慢于 2007—2018 年增速。

加拿大作为 G7 最小的经济体,1929—1940 年 GDP 增长 20.2%,2007—2018 年增长 20.4%,两个阶段相差不大。

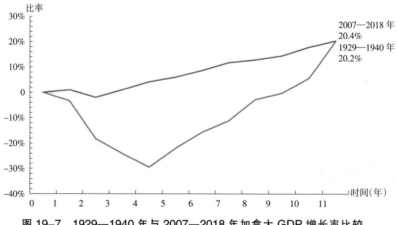

图 19-7 1929—1940 年与 2007—2018 年加拿大 GDP 增长率比较
(以剔除通胀因素后的美元计价)

资料来源:根据安格斯·麦迪森《世界经济千年史》、IMF《2018 年世界经济展望报告》数据计算。

法国是 G7 中 1929 年后 GDP 增速明显慢于 2007 年后增速的国家，主要是由于 20 世纪 30 年代，美国和英国放弃金本位制时，法国仍坚持金本位制。正如图 19-8 所示，直到危机爆发 10 年后，法国 GDP 增速仍未恢复至 1929 年的水平，甚至直到 1940 年遭受德国入侵经济严重衰退之前，也仅比 1929 年多了 3.4%。相比之下，2007—2018 年法国 GDP 增长已经达到了 9.5%。

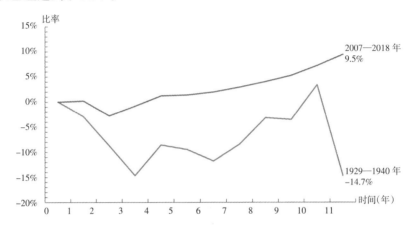

图 19-8　1929—1940 年与 2007—2018 年法国 GDP 增长率比较
（以剔除通胀因素后的美元计价）

资料来源：根据安格斯·麦迪森《世界经济千年史》、IMF《2018 年世界经济展望报告》数据计算。

1929 年后与 2007 年后阶段的整体比较

现在大家应该明白，为何将 2007 年后的阶段称为"大衰退"和 1929 年后的阶段称为"大萧条"具有极大误导性了吧，总结原因如下：

• 2007—2018 年 G7 的四大经济体——美国、德国、日本和英国，以及意大利的 GDP 增速慢于 1929—1940 年的增速。

• 只有加拿大 1929—1940 年的 GDP 增速与 2007—2018 年的增速基本相同。

● G7 中只有一个经济体——法国 1929—1940 年的 GDP 增速显著慢于 2007—2018 年的增速。但美国、德国、日本、英国和意大利在 G7 的主导性远超过法国。

G7 陷入大停滞带来的地缘政治影响

一旦了解了当前世界经济形势,就应用正确的说法来描述国际金融危机以来 G7 所面临的局面,并对由此产生的地缘政治动态有一个清晰的认识。下面再对 2007 年后与 1929 年后的形势作一个梳理。

1929 年后发生的经济闪崩随即引发政治危机:

● 1931 年,日本开始军事侵略中国;

● 1931 年,英国放弃金本位制,导致当时的国际金融体系崩溃;

● 1932 年,罗斯福参选美国总统,提出罗斯福新政;

● 1933 年,希特勒成为德国总理。

但 1929 年危机后经济强劲好转也意味着这些政权,包括新上台的政权,并未在内政方面遭到严重程度的政治对抗——日本军国主义在国内并未受到普遍反对,希特勒在德国大受欢迎,英国保守党政府人气如日中天,任职时间最长的美国总统罗斯福彼时新上任,风头正旺。因此,虽然经历了经济崩溃到复苏引发的世界地缘政治剧变,但 G7 主要国家的内政相当稳定。法国则是其中的例外,它是 1929—1940 年 GDP 增速显著慢于 2007—2018 年的唯一的 G7 国家。1936 年,大受欢迎的人民阵线政府组织的大规模罢工令法国全国陷入混乱。这从负面证明,经济增长低迷会引发政治动荡。

2007 年后的形势则明显不同,至少三个重要因素可以证明,2007 年后最初的经济衰退不及 1929 年后来得迅猛。

● 1929 年后,美国通过《斯姆特—霍利关税法案》,英国实行保护性关税,以及纳粹推行保护主义,将世界经济割裂为一个个相对孤立的集团; 2007 年后,虽然保护主义带来破坏性,但到目前为止破坏规模相较 1929 年后要小。

• 1929 年后仅仅两年,金本位制国际货币体系便崩溃了;与之相反的是,2007 年后以美元为中心的国际货币体系虽然有这样那样的弊端,但仍然存在。

• 1929 年后,就社会保障而言,西方国家福利制度微不足道,因此在经济衰退和失业率上升的情况下,投资和消费均崩溃了;而 2007 年后社会保障的存在意味着,尽管投资严重下降导致增长缓慢,但消费并没有因为失业率上升而崩溃,因此整体经济下滑并没有发生类似 1929 年后的闪崩。

这些因素意味着,2007 年后 G7 只是陷入了长期停滞,即“新平庸”,而并未发生类似 1929 年后的经济闪崩。

2007 年以来的实际发展形势与 IMF 的预测均印证了这一点。

• 根据 IMF 预测,2017—2022 年, 即国际金融危机后 10~15 年,G7 的 GDP 将增长 9.1%,年均增长 1.5%,而 1929 年后同期 G7 的 GDP 总增长 39.6%,年均增长 6.9%。

• 颇具戏剧性的是美国的经济表现格外引人注目。根据 IMF 预测,2017—2022 年,美国 GDP 将增长 11.1%,年均增长 1.8%,而 1929 年后同期美国 GDP 增长 92.5%,年均增长 14.0%。

总之,IMF 对 G7 的预测显示,2017—2022 年 G7 的 GDP 增速将继续慢于 1929 年后同期增速,而过去 IMF 对西方经济体的预测则一向略微过于乐观。

G7 经济与政治形势对上合组织的地缘政治影响

2007 年后与 1929 年后 G7 截然不同的经济发展表现, 有助于了解上合组织当前面临的世界地缘政治形势。

1929 年后 G7 所发生的经济闪崩随即引发政治危机,2007 年后则陷入长期缓慢增长,即陷入"新平庸"/大停滞,意味着政治动荡会慢慢积累,并最终集中爆发。

- 2010 年,"阿拉伯之春"爆发,导致中东国家和发展中国家普遍陷入动荡。

- 2012 年,发达国家民粹主义运动兴起,最先是勒庞在法国选举中异军突起。

- 2015 年,英国激进左派候选人杰里米·科尔宾(Jeremy Corbyn)当选工党新任党魁;2016 年 6 月,英国脱欧公投。

- 2016 年,特朗普违背共和党和民主党建制派意愿,出人意料地当选美国总统,其就任总统以来,美国社会陷入严重冲突。

- 2017 年 5 月,马克龙击败法国传统的右翼和左翼政党当选法国总统。

- 2017 年,默克尔遭遇最严峻的挑战,一度面临组阁困难,把德国带入二战以后从未有过的宪政危机之中。

- 意大利民粹主义政党五星运动党和联盟党组建联合政府。

由于 1929 年经济闪崩后随即快速复苏,并在二战后持续繁荣,这成为国际金融危机前最具破坏性的国际经济案例,进而导致人们有时有一种倾向:西方经济体要么是经历衰退,要么是经历繁荣。但这并非实事求是,每一个历史阶段都有其特殊性。

由于上文概述的原因,西方经历类似 1929 年后的严重经济衰退并非完全不可能,但可能性非常低,除非贸易保护主义势力在国际上完全占据主导地位。西方经济体的基本特征并非"繁荣"或"崩溃",而是长期缓慢增长。这反过来会引发地缘政治风险,而这便是上合组织面临的国际形势。

- 由于西方经济缓慢增长,动荡仍将持续,可能会上升为恐怖主义、武装冲突,甚至在某些情况下一些发展中国家有爆发全面战争的可能。

- 主要发达经济体不会有发生大的武装冲突的风险,但政治动荡仍将继续。

- 由于美国经济整体增长缓慢,以及随之产生的内政动荡,美国政府单方面有可能会继续采取危险举动。

- 美国经济缓慢增长正逐渐导致美国丧失全球经济霸主地位,但同时美国的兵力仍然强大无比,由此带来的风险是美国新保守派支持在国际事务上优先选择军事解决方案,甚至进行先发制人的军事行动。

在这种国际形势下,覆盖欧亚大陆大部分地区,总人口占世界总人口40%以上的上合组织的重要性不言而喻。上合组织成员国都希望保持或创造政治和地缘政治稳定,为经济增长和社会发展创造条件。这充分证明,中国为推动和巩固上合组织经济、社会、军事等领域合作所提出的倡议和主张都是正确的。

但正如上文所述,上合组织不仅面临内部挑战,而且也面临国际挑战——西方陷入"新平庸"/大停滞。因此,上合组织应对这两个方面作出准确的应对。

第六部分

中美关系

20 中国要避免"修昔底德陷阱"
唯有足够强大 *

近年来热炒的"修昔底德陷阱"说法,源自古希腊历史学家修昔底德对古希腊的两个城邦国家雅典与斯巴达战争所作的总结,即一个新崛起的大国必然要挑战现存大国,而现存大国也必然来回应这种威胁,这样战争变得不可避免。以此类推,中国是"新崛起的大国",美国是"现存大国",两国之间爆发严重的冲突不可避免。

但雅典和斯巴达战争与所谓的"修昔底德陷阱"既有相似之处,也有不同之处。分辨这些差异至关重要,因为两者不可同日而语。此外,中国古代智慧和希腊智慧有共通之处:"中国人在两千多年前就认识到'国虽大,好战必亡'的道理。"下面我将结合中国古代智慧与中国现代的马克思主义分析,证明中美可以避免"修昔底德陷阱"。

和平的经济收益大于战争

雅典和斯巴达战争与"修昔底德陷阱"的第一个根本性区别是经济。

---

* 本文写于 2016 年 9 月。

事实上,在工业革命之前的古代世界,经济增长速度是微不足道的——年增长率可能低于 0.1%。国家间不存在经济合作以促进经济显著增长的客观可能性,通过战争掠夺别国资产、奴役别国人民等则成为合理的政策。

工业革命大幅度促进经济增长,进而从根本上改变了战争与和平的相对经济利益。韩国仅用一代人的时间就实现了从低收入到高收入或接近高收入国家的跨越,这在以前是不可能的。从第二次世界大战直到国际金融危机之前,发达国家生活水平增长几乎未曾间断过。相比之下,20世纪几乎所有参与战争的主要国家(英国、法国、德国、日本),不管他们是输或赢,伴随而来的是经济衰退,而和平则带来经济扩张——美国是一个例外,它因为二战实现了其历史上最快的经济增速。第一次世界大战造成了巨大的灾难,终结了欧洲作为近五百年来世界最有活力经济中心的地位。同样,二战后,美国发动的战争导致其绝对优势相对下降。越战引发经济动荡造成的通胀,使得美国花了 20 年的时间才恢复元气。据估计,美国 2003 年入侵伊拉克耗资 1 万亿至 3 万亿美元,这导致奥巴马不得不大幅度削减美国军事支出,以稳定国际金融危机后的美国经济。

英国历史学家泰勒说过,能否保持大国地位取决于是否拥有打一场大规模战争,以及避免打仗的成本大于收益的能力。

除了成本外,根本的原因是,和平与经济上升、战争与经济下降的关系显而易见。亚当·斯密最早提出,劳动分工是提高生产率的最重要因素。这包括国际劳动分工,而国际劳动分工需要和平的环境。因此,在当今时代,和平的经济收益几乎总是大于战争的经济收益。

工业革命以来的战争教训

　　许多西方历史学家倾向于集中精力研究类似 1914 年或者最近发生的重要洲际冲突，而非"修昔底德陷阱"。笔者将根据工业革命以来所爆发的冲突教训分析中美爆发重大冲突的可能性有多大。

　　19 世纪时，英国是"现存大国"，美国是"新崛起的大国"，当时美国的经济增速比英国快得多。到 19 世纪 70 年代，美国的经济规模开始大于英国；到 1918 年，美国超过英国成为世界上最强大的国家。这个实例证明，"修昔底德陷阱"并不必然存在——当时的"现存大国"英国和当时的"新崛起的大国"美国之间并未发生重大战争。原因何在？

　　如果英国对美国发动战争，那么英国将不可避免地被击败，因此英国从未着手对美国发动战争——自杀对英国资本主义来说并非一个理性的政策！英美关系证明，"修昔底德陷阱"是可以避免的。那么中美从下述冲突中可借鉴什么经验呢？

一战：衰落的大国具有侵略性

　　一些西方历史学家在分析 1914 年爆发的一战时，将中美关系与英德关系相提并论——美国相当于 1914 年的"现存大国"英国，中国则相当于"新崛起的侵略性大国"德国。但是，这种类比可以得出完全相反的结论！

　　历史学家分析了德国选择 1914 年发动侵略战争的动机。原因是，当时德国正在经济上追赶英国，但在与俄罗斯的经济竞争中日益处于下风，且与美国相比，其军事地位日益恶化。1912 年，德国总参谋长冯·毛奇发表了臭名昭著的声明："既然战争不可避免，那就越早越好！"据他解释，就对比俄罗斯与德国的军事实力而论，德国军队财政开始吃紧，意即德国当局感到他们权力的顶峰已过去,德国军力现已大大变弱。

中国目前的形势与 1914 年的德国完全相反。与最强大的经济对手美国相比,中国的经济实力并不弱。中国的军事地位仍远不如美国,但其军事实力正日益增强。因此,对中国来说,合理的政策是坚决反对侵略,等待时机。时间在中国而非美国的一边。事实上,如果真要对 1914 年前的情况做类比,扮演德国好战角色的最佳候选人非美国莫属。美国的军事实力现正处于顶峰,但经济活力和经济增速不及中国。

大量的证据支持这一论点。最近的例子就是美国侵略伊拉克的战争,而中国没有这样的记录。对 1914 年类比的结论是,日益衰落的大国——美国是具有侵略性的。

二战:国家虚弱会导致战争

历史学家对二战的发生并不感到意外。英国和法国对纳粹采取姑息态度,导致纳粹德国坐大,从而让希特勒有能力发动战争。同样的,苏联军队在 1939—1940 年与芬兰的战争中明显露出疲态,导致希特勒得出他可以在 1941 年袭击苏联的结论。二战表明,一个国家虚弱会导致其快速陷入战争。

冷战:美国虚弱时"爱好和平"

接下来谈 1945 年之后的美苏冷战。美国和苏联都没有发动对彼此的战争的原因不足为奇——彼时两国都有核武器,如果两国真的发动战争,那么两国都将毁灭。因此,两国间的冲突只是局部的,并且都是通过代理人进行。最重要的是,冷战检验了两国的相对经济活力——苏联的国力在 20 世纪 70 年代初达到顶峰,当时其经济规模达到美国的 40%~45%。但到 20 世纪 80 年代初,苏联没有启动中国式的经济改革,导致其经济陷入停滞。苏联并不是在军事上被打败了,而是因为其经济失败了。

冷战的深层教训是,当美国国力虚弱时,它就"爱好和平",比如美国在 20 世纪 70 年代初和中国的关系解冻,在越战失败的背景下缓和与苏联的关系。但到 20 世纪 80 年代美国恢复实力时,启动了更具侵略性的政策。当时,苏联在军事上是强大的,但经济虚弱。因此,美国在经济上对苏联施加压力——里根当时加强军备建设并非旨在打仗,而是为削弱苏联经济。

美对华动武需要两个条件

当前的中美关系可借鉴什么历史经验,以避免"修昔底德陷阱"呢?

其一,如果中国示弱,那么美国就会变本加厉地针对中国推行侵略性的政策。戈尔巴乔夫时期所犯的那个灾难性的错误导致了苏联的解体。戈尔巴乔夫的首席外交政策顾问格·阿尔巴托夫曾对美国称:"我们将解除贵方的后顾之忧,不再当美国的敌人。"他还主张对美国作出最大幅度的让步。美国一方面笑纳了这些让步,另一方面加快分裂苏联的进程,推动北约军事部署逼近俄罗斯边境。

戈尔巴乔夫时期的这一教训体现了冷战的本质——当美国感觉自身虚弱时,会采取"友好"的立场;当美国感觉自身强大时,则会推行侵略性的政策。

中美关系截然不同于冷战时的美苏关系。当时,苏联军力强大,但经济虚弱;虽然美国不拥有压倒性的军事优势,但其在经济上更强大。因此,美国的战略是转移斗争焦点到经济竞争。中美的相对优势截然相反。中国的经济增速远快于美国,但美国拥有全球的军事优势。所以美国的战略是:试图将斗争焦点引向军事紧张,比如在南海挑衅中国,试图减缓中国经济增速,比如将中国排除在贸易协定之外。

美国试图将斗争焦点转移到军事领域会导致"修昔底德陷阱"不可避免吗？不会！因为美国内部并非铁板一块，其社会分为几个阶级。

美国单单加强军备对付中国，就需要大量调配民用资源到军事用途，更别提与中国打仗了。因为美国经济增长缓慢，年增长率约为 2%，这意味着美国民众生活水平增速会放缓或下降，从而引发民众的强烈不满。

只有在满足两个条件的情况下美国才会对中国动武。

首先，如果美国民众遭受巨大的失败，无力阻止其生活水平的大幅度下滑，然后主要的资源可在无阻力的情况下转移到军事支出。当然，当美国民众感到其重大利益受到威胁时，正如二战时感受到日本的威胁一样，会对其他任何国家展现同样程度的抵触情绪。因此，中国避免威胁美国的核心利益是完全正确的。但 1945 年以来的趋势显示，美国民众越来越不愿意为非核心利益作出牺牲，这在很大程度上是因为美国发动的战争是祸及经济产生的一种副产品。

按照时间顺序，美国民众对战争的抵触程度如下：对朝鲜战争的抵触微不足道；对越战的反对力度最初很小，但后来渐渐增大，直至迫使美国政府结束战争；2003 年反对入侵伊拉克的力度最初就很大，现在则是压倒性地把伊拉克战争视为灾难；大多数美国民众反对在中东卷入新的战争。由于中国不寻求对抗美国的冒险政策，因此没有迹象表明，美国民众愿意为对中国动武作出牺牲。

其次，如果中国经济严重放缓，美国就有可能对中国发动战争。这样美国可以在不对其民众造成重大经济负担的情况下，在军备建设上超过中国。中国无法决定性影响美国的趋势，但最基本的条件是，中国必须足够强大才能避免"修昔底德陷阱"，而这取决于中国的经济成就。

这两个条件是相互关联的。中国越强大，美国民众为对抗中国所付出的牺牲就越大,因此他们就会越不愿意忍受这一点,认为"中国增强实力会激怒美国"的想法完全违背事实。中国实力虚弱才会使美国敢于对中国动武。

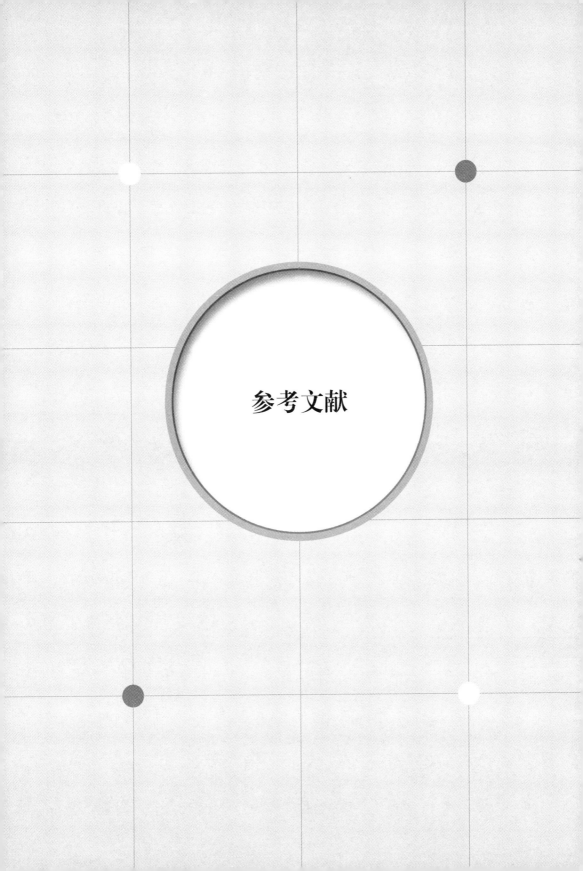

参考文献

一、专著

1. [德]马克思:《资本论》(第1卷),Penguin 出版社,1988年。

2.《马克思恩格斯全集》(第5卷),伦敦 Lawrence and Wishart 出版社,1976年。

3.《马克思恩格斯全集》(第6卷),伦敦 Lawrence and Wishart 出版社,1976年。

4.《马克思恩格斯全集》(第25卷),人民出版社,2001年。

5.《邓小平文选》(第二卷),人民出版社,1994年。

6.《邓小平文选》(第三卷),人民出版社,1993年。

7.《习近平谈治国理政》(第一卷),外文出版社,2018年。

8.《习近平谈治国理政》(第二卷),外文出版社,2017年。

9. [美]戴尔·乔根森,[日]黑田东彦、元桥一之主编:《亚洲生产率研究:经济增长和竞争力》(*Productivity in Asia: Economic Growth and Competitiveness*),Edward Elgar 出版社,2007年。

10. [美]查尔斯·琼斯:《经济理论中的中间产品和薄弱环节》(*Intermediate Goods and Weak Links in the Theory of Economic Development*),伯克利大学和美国国家经济研究局出版,2008年。

11. [美]戴尔·乔根森、弗兰克·戈洛普、芭芭拉·弗劳梅尼:《生产率与美国经济增长》(*Productivity and US Economic Growth*),弗劳经济科学出版社,1987年。

12. 经合组织:《生产率指标简编(2017)》(*Compendium of Productivity Indicators 2017*)(Kindle 版本),经合组织出版社,2017年。

13.《凯恩斯文集》(第七卷),剑桥大学出版社,2013 年。

14.[美]戴尔·乔根森等主编:《亚洲生产率研究:经济增长和竞争力》(*Productivity in Asia: Economic Growth and Competitiveness*),Edward Elgar 出版社,2007 年。

15.[美]罗伯特·许:《对 1979—1988 年中国经济理论的研究》(*Economic Theories in China 1979—1988*),剑桥大学出版社,1991 年。

16.[美]罗伯特·巴罗、[西]夏威尔·萨拉伊·马丁:《经济增长》(*Economic Growth*),麻省理工学院出版社,2004 年。

17.[美]米尔顿·弗里德曼:《消费函数理论》(*A Theory of the Consumption Function*),普林斯顿大学出版社,1957 年。

18.[英]亚当·斯密:《国富论》(第一卷),自由基金出版社,1981 年。

19.[英]张夏准:《资本主义的真相:自由市场经济学家的 23 个秘密》(*23 Things They Didn't Tell You About Capitalism*),伦敦 Allen Lane 出版社,2010 年。

二、网络资料

20. 习近平:《决胜全面建成小康社会 夺取新时代中国特色社会主义伟大胜利——在中国共产党第十九次全国代表大会上的报告》,人民网,2017 年 10 月 18 日,http://cpc.people.com.cn/n1/2017/1028/c64094-29613660.html。

21. 习近平:《关于〈中共中央关于全面深化改革若干重大问题的决定〉的说明》,人民网,2013 年 11 月 16 日,http://politics.people.com.cn/n/2013/1116/c1024-23560847.html。

22. 新华社:《温家宝在联合国大会一般性辩论会上发表了题为"认识一个真实的中国"的演讲》,新华网,2010 年 9 月 24 日,http://www.xinhuanet.com/2010WenUN/2010-09/24/content_11340091.htm。

23. 新华社:《中国仍是世界最大发展中国家》,新华网,2011 年 7 月 1 日,http://www.xinhuanet.com/china/cpc2011/2011-07/01/content_12817816.htm。

24. 新华社:《真理之光更加灿烂——专家学者谈〈共产党宣言〉发表 170 周年》,人民网,2018 年 3 月 28 日,http://world.people.com.cn/n1/2018/0223/c1002-29830764.html。

25. 康妮·兰伯:《"破烂国家"言论之后——特朗普致信非洲国家领导人表尊重》,哥伦比亚广播公司新闻频道,2018 年 1 月 26 日,https://www.cbsnews.com/news/donald-trump-rwanda-paul-kagame-african-union-warmest-regards-shithole-countries/。

26. 韩碧如:《习近平承诺中国共产党的根基是回归马克思主义》(Xi Jinping pledges return to Marxist roots for China's Communists),《金融时报》,2016 年 7 月 1 日,https://www.ft.com/content/be1b2528-3f57-11e6-8716-a4a71e8140b0。

27. 韩村乐:《中国经济增速放缓,习近平承诺将进行经济改革》(Despite Slump, China's Xi Jinping Pledges Economic Reforms),《华尔街日报》,2015 年 9 月 22 日,https://www.wsj.com/articles/despite-slump-chinas-xi-pledges-economic-reforms-1442894460。

28. [英]吉迪恩·拉赫曼:《解读特朗普在达沃斯论坛晚宴上的讲话基调》(Trump's speech to set tone at Davos party),《金融时报》,2018 年 1 月 21 日,https://www.ft.com/content/a9b6a1f6-db74-11e7-9504-59efdb70e12f。

29. 理查德·米尔恩:The Cogs are Clogged,《金融时报》,2010 年 2 月 15 日,http://www.ft.com/cms/s/0/0e5c21aa-1a6a-11df-a2e3-00144feab49a.html。

30. [美]罗伯特·科斯塔:《班农称特朗普的讲话充满杰克逊主义》(Bannon calls Trump's speech"Jacksonian"),《华盛顿邮报》,2018 年 1 月 20 日,https://www.washingtonpost.com/local/2017/live-updates/politics/live-coverage-of-trumps-inauguration/bannon-calls-trumps-speech-jacksonian/?utm_term=.6e5405e6289c。

31. [美]麦克·马斯特和科恩:《美国优先并非意味着美国独行》,《华尔街日报》,2017 年 5 月 30 日,https://www.wsj.com/articles/america-first-doesnt-mean-america-alone-1496187426。

32. [英]欧乐鹰:《中国政府运用巨额资金刺激经济发展》(Show Me The China Stimulus Money),《华尔街日报》,2014 年 2 月 11 日,http://online.wsj.com/news/articles/SB1000142405270230367400457743376368351 5828。

三、其他

33. 任若恩、孙琳琳:《1981—2000 年中国工业的全要素生产率增长研究》(Total Factor Productivity Growth in Chinese industries, 1981-2000),2005 年 6 月 27 日—7 月 1 日在第五届国际投入产出会议上的演讲。

后　记

我为何对中国经济如此痴迷?

我想在此说明一下，我写关于中国经济的文章已超过 20 年,本书所论述的问题源自于我这些年的研究框架,而非因为某个昨天或者当中国的成功在西方是个流行的话题时才研究中国经济。我 1992 年所写的文章《中国的经济改革为何成功,而俄罗斯怎么会落败？》的日期和标题说明,我的分析是具有连贯性的。当然,现在我有在人大重阳工作的巨大优势。因此,我想借此机会与大家分享我在人大重阳工作的一些经历,希望能对大家有所助益。

作为外国人,我的固有劣势是显而易见的。这意味着我无法深入追踪经济细节。当然,在外国人的眼里,研究中国经济这么多年的我算是一个中国通。但我深知,与人大重阳同事的讨论也在不断地提醒我,有许多中国经济学家比我更懂中国经济。因此,我希望能在不同的领域为中国智库或者中国做出一些自己的贡献。

首先需要说明的是, 我二十多年前预测中国经济将获得长期成功,并非因为我多么了解中国经济,而是依据基本的经济理论。但经济理论不仅仅是对拉动经济发展的最重要因素予以研究。综观历史,中国经济取得成功或失败,不是取决于小的政策细节。在长期经济框架内,中国偶尔也会犯个别错误(产生低于平均水平的结果),这反过来会纠正或启发个别政策(产生高于平均水平的结果),确保不会再犯同样的错误。正如习近平在庆祝中国共产党成立 95 周年大会上的讲话所指出的:"95 年来,中国共产党之所以能够完成近代以来各种政治力量不可能完成的艰巨任务, 就在于始终把马克思主义这一科学理论作为自己的行动指南,并坚持在实践中不断丰富和发展马克思主义。这使我们党得以摆脱以往一切政治力量追求自身特殊利益的局限,以唯物辩证的科学精神、无私无畏的博大胸怀领导和推动中国革命、建设、改革,不断坚持真理、修正错误。"①中国经济取得成功,归功于对拉动经济发展的最重要因素的正确了解,以及立足于此制定的政策。经济理论对这些因素有精确的分析。

作为一个专门研究中国的外国经济学家,我第一次研究中国经济是基于国际经济视角。因为中国是世界上最开放的三大经济体之一,中国经济与国际经济之间的相互关系对中国经济起着决定性作用。我和我的中国同事的最卓有成效的讨论也是基于这个领域。因此我希望在本书中为大家呈现这些内容。

就像有人在12000米高度飞越喜马拉雅山一样,他不可能看清许多地形特征,但是他会对山峰的总体轮廓认识得更为深刻。

我二十多年前(那时我与中国并无直接接触)准确预测到中国将取得世界最伟大经济成就的原因,不是基于中国具体的经济政策,而是中国经济的最主要特征。②那时我就明白,中国经济改革将取得非凡成就。但我现在有一个优势——我在中国智库工作。这不仅是愉快的体验,而且更重要的是我将真正作为亲历者研究中国经济。

正如上文所概述的,中国经济取得成功并不仅仅归功于实用主义,而是归功于其所发展形成的世界上最先进的经济思想。人大重阳的中国特色并不是基于其身处中国的事实!人大重阳近年来所取得的成就,源于其坚持在国际层面发展中国特色社会主义、社会主义市场经济理论的中国特色,即人大重阳的中国特色源于其坚持并发展中国经济思想。因为拥有世界上最先进的思想,所以短短几年人大重阳成绩斐然。当然,在这个框架之内,人大重阳也可以整合并吸收那些非中国人的思想。

---

① 习近平:《不忘初心 继续前进》,《习近平谈治国理政》(第二卷),外文出版社,2017年,第33页。

② 此分析总结出自笔者在邓小平诞辰110周年之际,为纪念这位伟人所写的文章《邓小平是迄今为止世界最伟大的经济学家》。显然,我起这个标题,并不是认为邓小平的最伟大成就是作为一个经济学家——他还是中国人民的伟大领袖。

关于经济理论问题,值得引用俄罗斯伟大的作家托尔斯泰的一个著名的故事。托尔斯泰称,他在街上看到一个男人蹲下来,并怪异地挥舞着双臂——他得出结论,这人是个疯子。但当他走近时,他看到那个男人正在一块石头上磨一把刀。经济学也是同理。阐明经济学理论中最重要的问题,比如计量经济学中有时出现的晦涩难懂的技术术语,对于制定经济政策具有重要的现实意义。这正是我写本书的目的。

这些想法促成了本书的问世,我也借此机会向人大重阳的所有中国同事表示感谢,因为这归功于他们给予我的灵感和帮助。遗憾的是,由于篇幅限制,我不可能一一列举他们的名字。因此,我只在这里提到两个人:第一个是人大重阳执行院长王文,他是一个令我又爱又恨的人——爱他是因为他时常提出一些挑战性的问题和意见,帮助我改善工作质量;恨他是因为他的高要求让我不得不更努力工作,尽力完善他不够满意的地方。第二个是人大重阳学术合作部主任杨清清,她在将本机构外国工作人员的想法转化为实践,并帮助他们融入单位工作方面,展现了了不起的能力。

因为本书主要是由我过去一段时间发表的文章构成,所以我也在此向与我合作的中国媒体编辑表示感谢。在此我要特别感谢与我合作多年的新浪网财经科技事业部财经内容中心主编王元平和编辑贾韵航,《观察者网》前评论组高级编辑兼财经新闻组组长高艳平和编辑马密坤,《中国网》编辑李珅、李会茹和徐林。另外,还要郑重感谢人民出版社编辑刘敬文、天津人民出版社副总编王康,他们对本书的出版做出了巨大贡献。

三十多年前,当我开始研究中国经济发展理论时,我从来没有想过自己会有机会来到中国。我之所以研究中国经济思想和理论,是因为我知道它们是世界上最先进的思想和理论。后来的事态发展证明,我当时的想法是正确的。这些思想和理论现已帮助中国取得了人类历史上主要国家中最伟大的经济成就——这对中国乃至全人类来说都是一个巨大的进步。此外,正如本书分析所示,其他国家不能照搬中国,但借鉴中国可以帮助他们取得经济成功。我很久以前就意识到邓小平和陈云开创的中国经济政策在实践和理论上的正确性,虽然那时我与中国并无直接的联系,但中国引人注目的发展成就充分证实了这一点。

习近平在其当选中共中央总书记后的第一次记者会上,精准阐释了中国的民族复兴与人类发展进步之间的关系:"在五千多年的文明发展历程中,中华民族为人类的文明进步作出了不可磨灭的贡献⋯⋯我们的责任⋯⋯继续为实现中华民族伟大复兴而努力奋斗,使中华民族更加坚强有力地自立于世界民族之林,为人类作出新的更大的贡献。"[①] 在经济学领域,包括理论和实践,这个过程目前正在进行中——中国取得了决定性的新成就,这不仅是对中国自身而言,而且是对所有国家而言。对我这个外国人来说,不再只是从远处学习中国,而是作为亲历者直接参与世界上最重要的实际经济发展和世界上最先进的经济讨论。因此,我深感荣幸。如果本书的分析能对中国任何的经济讨论做出任何贡献,那么这将给予我莫大的快乐。

[①] 习近平:《人民对美好生活的向往,就是我们的奋斗目标》,《习近平谈治国理政》(第一卷),外文出版社,2018 年,第 3 页。